浙江省普通高校"十三五"新形态教材
"十三五"高职高专电子商务专业规划教材

U0598258

Chuangyi Yingxiaoxue

创意营销学

孙祥和　王　红◎编　著

ZHEJIANG UNIVERSITY PRESS
浙江大学出版社

图书在版编目(CIP)数据

创意营销学 / 孙祥和,王红编著. —杭州 :浙江
大学出版社,2019.7

ISBN 978-7-308-19389-4

Ⅰ.①创… Ⅱ.①孙… ②王… Ⅲ.①市场营销学
Ⅳ.①F713.50

中国版本图书馆 CIP 数据核字（2019）第 155207 号

创意营销学

孙祥和　王　红　编著

责任编辑	徐　霞	
责任校对	高士吟	
封面设计	春天书装	
出版发行	浙江大学出版社	
	（杭州市天目山路 148 号　邮政编码 310007）	
	（网址：http://www.zjupress.com）	
排　　版	杭州林智广告有限公司	
印　　刷	绍兴市越生彩印有限公司	
开　　本	787mm×1092mm　1/16	
印　　张	12.75	
字　　数	258 千	
版印次	2019 年 7 月第 1 版　2019 年 7 月第 1 次印刷	
书　　号	ISBN 978-7-308-19389-4	
定　　价	39.00 元	

第二次世界大战以来,世界经济步入快速发展时期,工业生产能力一下子得到很快提高。20世纪20年代初,福特汽车公司创始人亨利·福特曾傲慢地说:"只要顾客购买了颜色是黑色的汽车,他就可以随心所欲为车辆改换颜色。"(Any customer can have a car painted any color that he wants so long as it is black.)但是,在今天,这样的底气早已一去不复返。

如果20世纪还有商品短缺的国家,卖方市场在全球区域仍然或多或少地存在,那么到了21世纪,这样的卖方市场区域已经所剩无几。从衣服、食品到住房、汽车,几乎所有商品都或多或少地出现过剩甚至严重过剩。一些经济学家纷纷出招拉动消费、促进经济更快增长,五次续任美国联邦储备委员会主席的艾伦·格林斯潘积极鼓励金融创新,金融衍生品得到了急速扩张,最终,随着美国房地美公司的轰然倒下,其诱发的全球性金融危机至今影响尤深。有关人士分析预测,这次金融危机远非此前历次金融危机那么简单和容易过去,这次金融危机的影响之深远、原因之复杂尚无人能够剖析得透彻。从前的经济危机往往仅仅发生在一个国家或一个区域,而现今全球经济一体化向纵深发展,任何一个国家的经济和社会发展再也不能独立于世界经济一体化而存在。一国的经济危机通过全球一体化进程而迅速向周边和全球扩张,鲜有国家能够幸免于其外。

本质上讲,2008年的这次全球性金融危机仍然是商品过剩的危机。因为商品过剩,国家通过扩张金融来刺激消费以促进商品销售,特别是耐用消费品的销售和消费,试图把经济推向永久性繁荣。但天下没有不散的筵席,也不会有永久的繁荣,依靠扩张金融来过度刺激消费的政策最终把危机推向更深更远。

但危机从来都是危和机的并存体，"没有夕阳的产业，只有夕阳的企业"。管理大师彼得·德鲁克说过，企业只有营销和创新这两大任务。在买方市场情况下，同样的商品，花色、品种、品牌繁多，消费者眼花缭乱，只有得到消费者的青睐，企业才能在市场上分得一杯羹。在增长压力和发展动力的驱动下，营销导向是企业必须做出的政策选择。市场上不断有新的营销模式推出，又不断有更新的营销火花迸发。世界上从来不缺营销的创新、创意，只缺少发现创新和创意的眼睛。

这是一个需要创意且创意风行的时代，作为弄潮儿的创意者们正叱咤风云、呼风唤雨。营销世界是一个由创新和创意主导的世界，唯有创新、创意方能爆发蓬勃生机和旺盛生命力。学习市场营销知识不能只停留在教科书中，我们需要时刻保持对现实和生活的敏感性，从实践中不断汲取营养。

怀着无比的惊叹和艳羡，我们走进创意，走进创意营销学。这是一个"idea"和"marketing"融合的世界，创业者们异想天开，用他们的"idea"春风化雨，抓住"marketing"，引领消费，刺激需求，开拓创新，实现自身追逐利润的目标，促进经济增长。创业、创意、创新，三者在含义上有所区别，但在本质上却是不可分割的统一体。

创业是企业家的行动，现在全球范围内兴起的创业教育让创业成为能够通过教育来提升的事业。创意是实践的结晶，与发明和创业一样，亦是可以通过教育和培训来提升的。从创意生成的状态上看，"创意不过是旧事物之间基于某种契机而形成的组合"。创业的教育始于模仿，创意营销亦可以从模仿开始。我们现在所生活的时代里，几乎所有商品都进入过剩状态，唯有创意却永远不会过剩。

本书采用单元模块体例，包括六大单元28个模块。具体为：

单元一，"从0到1的突破"，计2个模块，引导学生加强对创意的认知、对创意营销的认知；

单元二，"在营销中解读创意"，计6个模块，分别从创易、创艺、创异、创忆、创议以及创义等六个角度解读创意；

单元三，"发现顾客尚未满足的需要"，计6个模块，指出对于新产品、新事物，有时候市场调研存在缺陷，需要洞悉和挖掘客户需求，发现和满足

他们的需求；

单元四，"适应生活方式改变"，计 5 个模块，探讨市场营销变迁和市场机会分析，熟悉精准营销和差异化营销，实现与用户一起成长的目标；

单元五，"组合拳和适应性匹配"，计 4 个模块，学习自觉创意的方法和技巧、策略，认识市场营销组合；

单元六，"创意营销人生及素养"，计 5 个模块，提升市场营销理念，培养创意营销思维。

光有认知是不够的，我们必须应用；光有意愿是不够的，我们必须行动。

——歌德

创意衍生的价值是无价的，但创意本身并不值钱。创意不落地，营销白费力。创意只有与创业、与实践很好地结合起来，才能够实现创意自身的价值。愿本书能够陪伴你走进一个崭新的辉煌世界，愿本书能够助推你成为营销领域新的创意案例缔造者。祝愿你与成功相约并进！

作　者
2019 年 6 月

目 录
CONTENTS

从 0 到 1 的突破

通过本单元内容的学习,你将达到以下学习目标并完成能力训练任务:

【学习目标】

知识目标	能力目标
1. 认识创意和市场营销的概念; 2. 理解创意营销的概念; 3. 理解创业、创意、市场营销三者间的关系。	1. 能够发现和分析身边的创意; 2. 能够通过阅读案例理解创意营销的相关概念和理念。

【能力训练任务】

1. 思考创意对于创业和市场营销的重要性;

2. 积极培养自己的创意意识;

3. 认真完成实训任务,加深对本单元知识的理解。

本单元内容学习建议学时:3 学时。

创意营销往往从发现商业机会开始。

在政治经济学领域,价格总是围绕价值上下波动,但在营销学上,价格却经常明显偏离价值本身。一件东西值不值钱或值多少钱,不仅取决于本身值多少,更取决于怎么卖。一瓶水,在大超市里卖 1.5 元,在旅游景点就要卖 3 元,在咖啡厅里可以卖 10 元……这是销售的地点不同所导致的价格差异。如果说这瓶水是从法国运过来的,或者是从几千米海拔的高峰取来的,那么它就能够标价 30 元、300 元……这是水源不同所导致的价格差异。再往上,如果这瓶水是美容院里由专门的喷雾设备喷洒到你脸上或身上,并告诉你是在为你补水养颜;由知名演艺明星说,喝了此水,能够"逆生长";让英国女王在结婚纪念日喝一口,然后去拍卖;类似于马云这样的富豪偶然遭遇在沙漠里被困了五六天,这瓶水魔术般放到他面前……这瓶水究竟能够卖出怎样的价格,就得依靠我们的想象了。

巴菲特的慈善晚宴,每年的拍卖价格起落很大,有人也就是去吃了顿饭,有人获得了启发和智慧,有人能跟巴菲特合作,还有人好好炒作,让自己在国内媒体上成了财经名

人。愿意出多少钱,关键看在你眼中这东西值多少。① 据传,马云曾经摆过画摊,把自己画的马以高价卖出,受到了买画者的追捧。买画的人买的也许不是这幅画,而是一个跟马云亲切握手、拍照、顺便唠嗑几句的机会,以及让自己出现在聚光灯下的广告效应。

模块 1　创意源于细微的观察和思考

被誉为"美国当代最成功、最伟大的企业家"的杰克·韦尔奇说过:"未来,知识将不是最重要的,最重要的将是振聋发聩的创意。创意和智慧、经验、知识一样,同具有资本的属性。"发现身边的创意机会,是创意营销的开始,也是创业人生、创意人生的开始。

二维码 1-1-1

【案例 1-1】

13 岁男孩的生意:卖"报税贴纸"8 周赚 3000 英镑

2014 年 10 月,英国修改法例,不再要求车主在车窗上贴"报税贴纸",13 岁的哈维很好奇,若少了报税提示,会不会有车主忘记报税。于是他上网查找资料,发现仅 3 月份一个月就已经有 6000 人忘记报税,被罚款数额达每人 500 至 800 英镑,于是,他注册了公司,设计了 8 款"报税贴纸"。当他收到顾客的资料后,就会上网替他们查看报税截止日期,并把这些数据印在贴纸上,再寄给他们,每个贴纸收费 4 英镑,只是开始了 8 周,他已经赚了 3000 英镑。他对售卖报税贴纸的前景表示乐观,"4 英镑与 500 英镑(罚款)对比,根本不可以比较","车主只需花费少许金钱,就可以预防自己逾期报税而被罚款的危机,即使当局会发报税提示,购买报税贴纸也没有坏处,只是多一重保障"。

(案例来源:英国 13 岁男孩卖"报税贴纸"8 周赚上万元[N].烟台晚报,2015-05-27(B15).)

【案例思考】

1. 重大事件的背后,为何能挖掘出众多商机?

2. 什么样的"利益"能够吸引顾客的需要?

【创意启迪】

重大事件的背后,往往存在无限商机。信息是公开的,但善于分析该信息对公众的影响,并通过周密的计算(仅 3 月份一个月就已经有 6000 人忘记报税),抓住潜在客户的心理诉求(4 英镑(贴纸收费)与 500 英镑(罚款)对比,根本不可以比较),就能够得到意想不到的效果。

---

① 白晶晶.营销学[N].金华日报,2013-12-27(10).

【理论阐述】

一、创意的概念

有一则寓言这样讲,上帝为人间制造了一个怪结,被称为"高尔丁"死结,并许诺:谁能解开奇异的"高尔丁"死结,谁就将成为亚洲王。所有试图解开这个怪结的人都失败了,最后轮到亚历山大,他说:"我要创建我自己的解法规则。"亚历山大抽出宝剑,一剑将"高尔丁"死结劈为两半。于是他就成了亚洲王。这个寓言深入浅出地道出了"创意"二字的真谛。也许,创意本身就是个怪结,没有人能把它解开,它也没有一个真正意义上的解释和定义。但可以肯定的是,创意绝不是一般意义上的模仿、重复、循规蹈矩、似曾相识,大多数人都能想到的绝不是好的创意,实际上这根本就谈不上创意。好的创意必须是新奇的、惊人的、令人震撼的、有实效的。"物以稀为贵"是事物不变的通则。死结就意味着根本无法解开,既然上帝跟我们开了个玩笑,那么,我们就必须采取超乎寻常的非凡手段。

亚历山大给了我们一个很好的启示,今天的创意者是否也应思考一下,他用剑劈,我们能否用火烧?

创意是点子(creativity),是主意(idea),是个外来词。1989年版的《辞海》中还没有收录这个词,但在中国,创意自古就有。

1900余年前,东汉哲学家王充在《论衡·超奇》开篇赞美孔子:"孔子得史记以作《春秋》,及其立义创意,褒贬赏诛,不复因史记者,眇思自出于胸中也。"其大意是:孔子读了史书之后,以自己的观点创意写了一本叫《春秋》的书,而不同于他读的那些书。

"创意"这个词被王充提及,并用在了孔子身上。

营销思维和产品思维都是王充所说的"创意",营销即产品,产品即营销,品牌需在营销中建立,用营销才能建立品牌。

孔子作《春秋》,题材并没有增加,但加进去了自己的观点和创意,于是成了有别于此前的史书。

创意是引领未来发展的原动力。

著名广告大师詹姆斯·韦伯·扬在他的著作《创意的生成》(*A Technique for Producing Ideas*)中称,创意是人们经济、文化活动中产生的思想、点子、主意、想象等新的思维成果,或是一种创造新事物、新形象的思维方式和行为。[①]

好的创意就是要寻求消费者的兴奋点、产品的卖点、企业的亮点、消费者对企业及其产品的共鸣点,以引起人们的注意并最终让消费者做出购买决定。

---

① [美]詹姆斯·韦伯·扬.创意的生成[M].祝士伟,译.北京:中国人民大学出版社,2014.

所以说,市场营销首先是一种商机的发现。

从一开始,我们就应该把创新工作看成是一项"事业",而不是一项"职能"。这就意味着我们要抛开传统的时间顺序——首先是"研究",其次是"发展",再次是"制造",最后是"市场营销",[①]而将"市场营销"排在时间的第一顺序——首先是"市场营销",其次是"研究",再次是"发展",最后是"制造"。

二、创意的智慧是永恒的财富

第二次世界大战期间,在奥斯维辛集中营里,一个犹太人对他的儿子说:"现在我们唯一的财富就是智慧,当别人说一加一等于二的时候,你应该想到大于二。"

1946 年,他们来到美国,在休斯敦做铜器生意。一天,父亲问儿子一磅铜价格是多少?儿子答 35 美分。父亲说:"对,整个得克萨斯州都知道每磅铜的价格是 35 美分,但作为犹太人的儿子,你应该说 3.5 美元。你试着把一磅铜做成门把看看。"

20 年后,父亲死了,儿子独自经营铜器店。他做过铜鼓,做过瑞士钟表上的簧片,做过奥运会的奖牌,曾把一磅铜卖到 3500 美元。

1974 年,美国政府因资金拮据无法清理自由女神像翻新后扔下的废料而向社会广泛招标。由于美国政府出价太低和处理垃圾环保要求太严,好几个月过去了,都没人应标。正在法国旅行的他听说后,立即飞往纽约,看过自由女神像下堆积如山的铜块、螺丝和木料后,他未提任何条件,当即就签了字。

就在很多人等着看他笑话时,他开始组织工人对废料进行分类。他让人把废铜熔化,铸成小自由女神像;把水泥块和木头加工成底座;把废铅、废铝做成纽约广场的钥匙。最后,他甚至把从自由女神像身上扫下的灰包装起来,出售给花店。

不到 3 个月的时间,他让这堆废料变成了 350 万美元,每磅铜的价格整整翻了 1 万倍。

智慧是永恒的财富,它引导人通向成功,而且永不会贫穷。一磅铜的价格到底是多少?这不取决于一磅铜的实际价值是多少,而取决于支配它的人的智慧有多少。

我们不能想当然以为有了知识就能获得财富,事实上我们必须将所获得的知识,经过思考与运用转化为智能,只有这样才能创造出利润。

一磅铜的价格到底是多少?这并不重要,重要的是销售它的人给它赋予了多少文化价值。故事中顾客所购买的也并不是真正的铜,而是一种包含在其中的自由女神像的文化价值。就像人不可能只为了居住而去购买住房,他们购买的还有归宿感和安全感;人们不可能只为了御寒而去购买服装,他们购买的更是信心与形象。所谓"工夫在诗外",进入新经济时代,如何向营销活动中注入文化要素,赋予其新奇、独特的文化概

---

① [美]彼得·德鲁克.管理:使命、责任、实务[M].王永贵,译.北京:机械工业出版社,2009.

念,在当前显得尤为重要。

中国的计算机事业其实是发展得很晚的,但网址大全却是中国人的首创。一个因种种原因未能读书的小伙子为生计踏入网吧做管理员,因为发现网址输入的不便竟然设计出了网址大全。

爱迪生最重要的发明是什么?有人说是电灯,有人说是留声机、电影摄影机。然而,没有任何发明比爱迪生所发明的"发明"更有价值。1917年1月,爱迪生受邀研究美国如果参加第一次世界大战,应作何计划和借助何种发明来作战,从而让发明成为有计划、有目的、有方向的自觉行动——他发明了"发明",从而让原本以为只有发明家才能够做成的事情,变成普通人也能够做成。爱迪生平生两千多项发明,其价值可能都远不及他所发明的"发明"对人类事业来得重要。

二维码 1-1-2

其实爱迪生并非是唯一发明电灯泡的人,英国物理学家约瑟夫·斯旺与爱迪生同时发明了电灯泡。就技术来说,斯旺的电灯泡比爱迪生的要好,于是爱迪生买下了斯旺的专利特许权,并将其应用在自己的灯泡工厂里。爱迪生不仅详细思考了灯泡技术上的要求,还思考了围绕灯泡所可能形成的产业。他不断完善电灯泡的设计,以适合于电力

二维码 1-1-3

公司的使用。他筹措了资金,并获得了给灯泡用户的接线权,使他的灯泡用户享用到电,另外他还安排了分销系统。斯旺是一名科学家,他只是发明了一项产品。然而,爱迪生却创造了一个产业。因此,爱迪生能够销售并安装电力设施,而斯旺只能苦苦寻思谁会对他的技术成就感兴趣。[①]

模块 2　创意营销的概念

生活中并不缺创意,缺的只是发现创意的眼睛。很多时候,营销创意来源于对生活中细节的把握。

二维码 1-2-1

【案例 1-2】

赤脚走进名鞋店

英国伦敦南部一条大街上有一名为"罗毕"的鞋店,店内所卖的皮鞋款式多样,质量也不错,但因同一条街上鞋店太多,竞争激烈,罗毕的生意一直不太好。一天,

---

① [美]彼得·德鲁克.创新与企业家精神[M].蔡文燕,译.北京:机械工业出版社,2007.

店里来了两位时尚女性,她们试穿了很多双鞋子,最后选定了两双。结账时,其中一人对同伴说:"今天购物真是累死了。一次次地脱鞋穿鞋,真是又烦又累,太不方便了!"

听到顾客的抱怨,鞋店老板陷入沉思。既然许多顾客选购时都抱怨换鞋太麻烦,若能让顾客赤脚进店就少了不必要的麻烦,顾客购起物来就要轻松多了。但如何才能让顾客自觉自愿地赤脚进店呢?放上许多拖鞋?肯定不行,仅仅一双拖鞋是不可能让顾客自觉地脱鞋的。那该怎么做呢?

后来,鞋店老板从一些重要场合中地上铺的红地毯得到了启发。于是,他在店内铺上了名贵地毯,并将店名改为"赤脚鞋店",又在门口设置了鞋架。然后,在门口贴出一份告示:"店内铺有名贵地毯,顾客可脱鞋进店购物,并由本店员工代为擦鞋。"顾客赤脚行走在名贵的地毯上,还能享受擦鞋服务,自然乐意。结果许多顾客慕名而来,鞋店销量大增。

(案例来源:张忠文.赤脚鞋店:赤脚走进名鞋店[N].东方烟草报,2013-08-05.)

【案例思考】

1. 对于顾客的抱怨,案例中的鞋店老板为何能化"顾客的抱怨"为"顾客的舒心"?

2. 营销人员如何才能拓展营销业绩?

【创意启迪】

"赤脚鞋店"的做法并不复杂,商家只是在服务客户方面动了脑筋,想客户之所想,从细微之处下功夫。虽然只是细微之处的改变,却让客户感到了舒适和温馨,赢得了客户的心。而且这种改变也不需要耗费太多的资金或时间,把庆典上铺红地毯的做法借鉴过来就行。

【理论阐述】

一、市场营销的概念

市场是不断变化的,市场营销的概念随着市场的变化而不断变化。因此,我们需要动态地理解市场营销的概念。

通俗地讲,市场营销(marketing)是个人或群体通过创造产品和价值,并同他人交换产品和价值,以获得其所需之物的一种社会和管理过程。营销的核心内容包括产品的研究与开发、沟通、分销、定价以及服务等。"现代管理学之父"彼得·德鲁克认为市场营销的终极目标是"消除单纯的销售活动"。

市场营销者(marketers)则是指寻找一个或更多的能与他交换价值的预期顾客的人。而预期顾客是指营销者所确定的有潜在愿望和能力并进行交换价值的人。

二、认识创意营销

（一）创意营销的概念

一谈到营销就想到创意。创意必须以科学、严谨的营销管理过程为基础，创意只有与各种营销组合工具密切配合才能起到促进销售、占领市场的作用。营销是一个分析、规划、执行和控制的过程，是从市场研究、确定目标市场、产品定位到策略规划、计划实施、效果反馈的完整过程，是产品、价格、渠道、促销的完美组合。我们只看到宝洁公司的广告做得好、做得猛，事实上他们的分销渠道、人员推销照样出色。

营销是用过程来生产创意。营销既然是一个过程，其前期的市场研究与产品开发就显得特别重要，前期工作做好了，后期将产品推向市场则是水到渠成、顺理成章的事情。香港李锦记历经百年而不衰，在今日的香港市场中更是调味品的排头兵，这和其严谨科学的营销管理是分不开的。李锦记的营销组合其实很简单：广告＋分销。李锦记在电视、广播等家庭主妇最可能接触的各种媒体中大做广告，并在电视节目和超市中做现场演示，教授人们如何使用这种调味品。同时注意产品分销渠道的畅通和广泛，实现在各大超市、便利店的最大销货率，既让顾客知晓又能让顾客时时处处能够买到。成功的营销组合使产品获得了极大成功，李锦记的销售额得到了大幅增长，稳居同行业首位。

创意营销不是故弄玄虚的花架子，也不是神秘不可知的玄学，而是实实在在的科学，只有在科学基础上强调营销的艺术性才是正确的态度。

关于创意营销的概念，目前尚无定论。可以这样理解，创意营销就是用创意吸引客户，让客户了解公司，了解公司的产品或服务，以低成本快速提升公司知名度，促进销售业绩增长及产生其他良好效果。创意营销需要较好地借助外力的作用，以收到"一分投入十分收获"的效果。

创意营销在不同时期有不同的话题，在不同的事件中会有不同的企业借用。每年都会有经典的创意营销案例产生。在互联网和信息技术应用环境下，企业创造性地运用现代技术手段和方法，创造和提供令消费者需要且满意的产品/服务的价值，通过构建独特的商业模式和新颖的营销方法传递价值，引起消费者的关注、兴趣、体验、购买和分享，以实现价值的交换，企业由此获得持久和稳定的收益。

（二）创意营销的特点

创意营销往往具有如下特点：

创意营销设计得好，往往能够达到投入少、见效快的效果。例如，企业可借助传统媒体、网络媒体等免费的宣传渠道，进行口碑宣传。通过创意增强吸引力，让客户更好地了解企业，从而增加企业知名度，提升经营业绩。

创意营销将统一的创意理念贯穿产品研发、生产、推介和销售等各个环节，避免了传统模式中生产与营销脱节的矛盾。但也正因为如此，创意营销需要管理者有极强的创意能力和指挥协调能力，需要实施者有极强的执行力和团队合作意识。媒体经营者不但要精心策划社会效益和经济效益"两个效益"明显的营销项目，而且在项目实施过程中要加强协调、指导和督促，项目操作人员则必须团结协作、扎实工作，只有这样才能确保创意营销项目的顺利实施。

创意营销的核心切入点是产品或服务，营销策划人员要通过对产品内容和形式的创意策划，提高产品对用户的吸引力。"以需求为导向，以问题为导向"是创意营销做得比较成功的经验，营销策划人员通过调研发掘用户的需求，然后在创意策划的基础上充分整合自身优势资源，形成丰富扎实、特色突出的核心内容，并在内容呈现形式上精心设计、巧妙包装，使产品在内容和形式上都具有独到的创意元素和价值元素，能够最大限度地满足用户的多层次需求，让用户真正觉得物有所值甚至物超所值。

创意营销的最终落脚点是市场。营销策划人员要通过销售渠道、销售手段、销售策略等的创新，最大限度地扩大产品的知名度、影响力，进而提高产品的市场占有率。一些媒体为此进行了不懈探索，譬如通过举办各种公益活动吸引媒体注意力、开展互动性强的社区活动来吸引受众参与、在各种媒体终端同时进行全方位推介等，这些活动既充盈着职业精神的气息，也闪烁着创意策划的光彩。

（三）创意营销与营销创意

与创意营销相关的概念是营销创意。营销创意是指企业在制订营销计划的过程中所产生的创新理念或活动，包括为实现营销目标而采取的方法、时间计划和资源分配等，但它不描述营销活动的具体过程。

营销创意是有计划的营销行为的一个组成部分，不仅包括产品策略的创意，还包括品牌创意、广告宣传创意、企业形象创意等。企业的整个生产经营活动是一个创意的系统工程，创意能使企业保持永恒的魅力，激发企业永远追求时代特色。从数量和质量上来说，营销创意与产品创意相比都毫不逊色。营销创意是整个营销策划过程的基础，决定了营销策划的方向。

应该说，创意营销和营销创意在本质上是相通的，是你中有我、我中有你的关系。

（四）创意制胜战略

在快速变迁的时代，面对新环境、新挑战，我们需要靠创意取胜，只有突破传统的束缚才能赢得财富。研究发现，对于绝大多数处在激烈竞争中的初创企业来说，精巧构思的新经营招数往往能使企业更容易打开局面并在短期内赢得利润。

一个日本商人从菲律宾进口了一种在热带海洋中长大的虾，进口成本仅为每公斤1美元，该虾抵达日本后被装入盒子并取名"偕老同穴"。这样做既没有增加成本，也没有复杂的工艺，却一下子卖到每公斤260～270美元，而且供不应求。

二维码1-2-2

这其实就是一种在石头缝里长大且只能在石头里度过一生的雌雄虾。这位日本商人的高明之处在于敏锐地捕捉到这种虾的精神寓意——从一而终、白头偕老，从而赋予其预示婚姻幸福美满的功能，并将其定位为送给新婚夫妇的结婚礼物，进而抢占了商业先机。

二维码1-2-3

创意制胜，需要凭借创意、点子、想法创业并取胜。

【思考题】

1. 如何理解创意的概念？创意是否是"舶来品"？

2. 如何理解创意营销的概念？在中国古代商业领域，有哪些值得称道的创意营销典故？

3. 市场在哪里？为什么需要创意？

4. 创意从何而来？如何培养自己的创意意识？

5. 阅读案例"聪明的报童"，理解消费者、市场占有、潜在消费者、忠诚客户等营销名词。

聪明的报童

某一地区，有两个报童在卖同一份报纸，两个人是竞争对手。

第一个报童很勤奋，每天沿街叫卖，嗓子也很响亮，可每天卖出的报纸并没有很多，而且还有减少的趋势。

第二个报童肯用脑子，除了沿街叫卖，他还每天坚持去一些固定场所，一去就给大家分发报纸，过一会再来收钱。地方越跑越熟，报纸卖出去的也就越来越多，当然也有些损耗。而第一个报童能卖出去的报纸越来越少，最后不得不另谋生路。

第二个报童的做法大有深意：

第一，在一个固定的地区，对同一份报纸的需求，读者客户是有限的。买了我的，就不会买他的，我先将报纸发出去，这个拿到报纸的人，是肯定不会再去买别人的报纸的。这就等于我先占领了市场，我发的越多，其他人的市场就越小。这对竞争对手的利润和信心都构成了打击。

第二，报纸不像别的消费品有复杂的决策过程，随机性购买者多，一般不会因质量问题而退货。而且钱数不多，大家也不会不给钱，今天没有零钱，明天也会给。文化人嘛，不会为难小孩子。

第三，即使有人看了报，退报不给钱，也没有什么关系，一来总会有积压的报纸，

二来他已经看过了报纸,肯定不会再买同一份了,那他就还是自己的潜在客户。

企业在从事营销活动时,应讲究营销策略,了解客户需求,开发并留住潜在客户,实现客户满意和企业效益提高的双赢结局。

6.阅读案例"不淘金、专淘水的小农女""弯腰捡到两个亿",理解创意的来源、创意营销与创业的关系。

不淘金、专淘水的小农女

19世纪美国加州发现金矿的消息使得数百万人涌向那里淘金。17岁的小农女雅姆尔也在其中。一时间,加州的淘金人水源奇缺、生活艰难。小雅姆尔发现远处的山上有水,于是,她在山脚下挖渠引水,积水成塘,将水装进小木桶,每天跑十几里路去卖水,做无本的生意。许多年过去了,不淘金、专淘水的小农女雅姆尔获得了6700万美元,成为当时为数不多的富人之一。

弯腰捡到2亿日元

2012年5月的一天,毛利元新到岗亭去交停车费。他的钱包里刚好有一把硬币够交停车费。当他把硬币拿出来交给收费员时,一不小心硬币掉进了岗亭边的排水道里。他看着掉进排水道里的硬币,无奈地摇摇头,因为排水道是用铁锁锁住的。

下班后,毛利元新去停车场开车,从办公室到停车场有一段路,他路过每一个排水道时,都下意识地弯腰看一下。他惊奇地发现,很多排水道里都散落着一些闪亮的硬币。毛利元新看到这里眼前一亮:在东京,每天像我一样把硬币不小心掉进排水道里的人应该不在少数吧?如果能把全东京排水道里的硬币都捞出来,应该是一笔不小的财富!

说干就干,他利用业余时间做了大量的咨询和调查,发现几乎每个被咨询和调查的人,都有把硬币不小心掉进排水道的经历。东京的行政管辖区域有2158平方千米,人口大约为1300万,加上紧密相连的横滨、琦玉、千叶所组成的都市圈人口,共有3500多万。在这些人当中,假如有一半人不小心把硬币掉进排水道一次,那么整个东京的排水道将是一个"黄金水道"!

他回到公司,立刻向老板辞了职。经过几天的忙碌,他成立了自己的打捞公司,并拿到了政府颁发的打捞许可证。多数排水道污浊并散发着恶臭,而毛利元新却乐在其中。每天,他和他的员工像一只只快乐的老鼠一样,穿梭在东京的地下排水道里。他们一边帮政府疏通排水道,一边捞取排水道里的硬币。一切正如毛利元新所料,经过一年多的努力,他已经成功地从东京的地下排水道里捞出硬币90万枚,价值超过2亿日元(约合人民币1200万元)!获得极大成功的毛利元新并不满足于这些,他还盯上了大阪、名古屋、横滨等大城市,继续拓展自己的"黄金水道"。

(案例来源:倪西赞.弯腰捡到两个亿[J].莫愁·天下男人,2013(12).)

单元二 在营销中解读创意

通过本单元内容的学习,你将达到以下学习目标并完成能力训练任务:

【学习目标】

知识目标	能力目标
1. 认识简单、艺术、差异化、回忆、争议、情义等对创意营销的意义; 2. 理解"奥卡姆剃刀"原理在创意营销中的应用; 3. 理解极简营销、艺术营销、差异化营销、回忆营销、冲突营销、情感营销。	1. 能够从创艺、创易、创异、创忆、创议、创义等六个维度理解创意营销; 2. 能够通过阅读案例解读营销中的创意。

【能力训练任务】

1. 在营销中解读创易、创艺、创异、创忆、创议和创义;

2. 积极培养自己的创意意识;

3. 认真完成实训任务,加深对本单元知识的理解。

本单元内容学习建议学时:6学时。

对事物的细致观察和思考是产生创意的源泉。创意源于生活,因此我们需要留心生活中的点点滴滴。营销中的创意既不像高尖端技术那样让人望尘莫及,也不需要厚实的物质基础和强有力的经济后盾,让人止足不敢前进。很多创意就像弯腰那么简单,路过她的人只留下一阵风,而弯下腰的人却捡到了财富。创意把现实中的美、生活中的艺术注入营销产品或营销活动中,让人受到艺术的熏陶。

模块1 创 易

创意其实很简单,只要你用心去体会,到处都充满着创意的美好。虽然探索创意营销的过程往往会很复杂,但其目的是要让营销更加简单、容易。

二维码2-1-1

【案例 2-1】

能被记住的营销才是有效果的营销

案例一：本店只要 20 元就能吃饱喝足

在别的餐厅竞相提价、提升客户消费额的时候，有一家店却打着"只要 20 元就能吃饱喝足"的口号在经营。这家店不仅有名师主厨，而且菜品也颇具特色，同时该店的广告牌上还注明若在店里消费超过 20 元，店家还得受罚。

面对这样明摆着亏本的生意，有的人在讨论老板的宝气，有的人在等着看这家店究竟能撑到哪一天，有的人则把这样的傻瓜营销当成茶余饭后的笑料。在人们纷纷不看好的时候，这家店的生意却一路攀升，分店越开越多，每天来用餐的消费者也源源不断。

案例二：做江湖菜，耍江湖风范

在重庆，一家主营江湖菜的中大型餐厅（餐厅面积 400 多平方米，能容纳 200 多人同时用餐）在开业初期，告知前来就餐的消费者，"餐费可以随意给"。

这可把大家逗乐了，这不明摆着要亏钱嘛，甚至有人说，这难道是新店在作死？结果却出乎意料，几乎没有一桌跑单的，有按照消费原价给的，有按照打折后的价格给的，也有去掉零头后给的，甚至有的人还会多给。

案例三：把餐厅盈利的 10% 回馈给客户

美国波士顿有一位餐厅老板，每年都会从自己餐厅的盈利中抽出 10% 回报给顾客。

该老板从一开始就记录下每一位来餐厅消费的顾客的信息。这样做并不是玩什么营销手段，而是通过其留下的信息在年底将部分盈利回报给这些消费者。

（案例来源：极简营销，能被记住的营销才是有效果的营销[EB/OL].（2017-03-03）[2018-08-15]. http://www.sohu.com/a/127811087_465925.）

【案例思考】

1. 在这三则案例中，"傻老板"们为什么能赢得消费者？

2. "傻老板"们为什么能够收获丰厚的经营业绩？

【创意启迪】

在复杂多变的社会中，当套路营销越来越被大师嫌弃的时候，人们更喜好朴实的餐厅，而那些被世人视为"傻子营销"的方式，却往往能够带来意外收获。"傻老板"们看似愚蠢的做法，实则是大智慧，他们凡事站在顾客的角度去思考，付出的真诚自然会换来好的回报。20 元用餐的低价吸引了无数人的眼球，虽然很多人并不相信物美价廉，但大家都打从心底希望自己得到物美价廉的实惠。在回馈顾客的案例中，餐厅老

板通过这一措施感动了消费者,不仅留下了最忠实的顾客,同时也把宣传的效果做到极致,毕竟绝大多数人都不愿意把已经落袋的钱再吐出来。在该案例中,吐出来的10%,赢来了更多的10%。来餐厅的消费者和老板之间不仅仅是一顿饭的关系,更多的是像多年的老朋友,来该餐厅吃饭成为消费者心中不想失去的一种用餐习惯。

【理论阐述】

一、奥卡姆剃刀定律

14 世纪,英国经院哲学家威廉·奥卡姆主张唯名论,只承认确实存在的东西,认为那些空洞无物的普遍性概念都是无用的累赘,应当被无情地"剃除"。他主张"如无必要,勿增实体",即简单有效原理,"切勿浪费较多东西去做用较少的东西同样可以做好的事情"。此说后被称为奥卡姆剃刀定律。这把剃刀曾使很多人感到威胁,被认为是异端邪说,其本人也因此受到迫害。然而,这并未损害这把剃刀的锋利,相反,经过数百年的岁月,奥卡姆剃刀已被历史磨得越来越快,并早已超出原来狭窄的领域,而具有更为广泛、丰富、深刻的意义。

奥卡姆剃刀定律在企业经营管理中进一步演化为简单与复杂定律:把事情变复杂很简单,把事情变简单很复杂。因此,我们在处理事情时,要把握实质、把握主流,解决最根本的问题,不要把事情人为地复杂化。

事实上,虽然我们都知道不应该将简单的事情复杂化,但在面对情况不明的用户、时刻变化着的市场时,我们必须先将产品繁杂化,待市场一一验证后,再做剔除工作。

二、极简营销

对消费者而言,其最直观的感受便是这个企业是生产或销售什么的,这个品牌代表了什么。例如,加多宝就是一个卖不上火的凉茶的,海飞丝就是去屑的等。消费者心中所能接受的东西极为有限,因此对于营销而言,最重要的就是让企业、品牌和产品(服务)在消费者心中占据一定的地位。

我们必须相信,简单化的产品才是伟大的产品。

就像 iPhone 手机一样,苹果公司将 iOS 系统的体验做到极致简约,并在简约的基础上再将功能强大化。

1997 年以前,苹果公司有 60 多个产品项;1997 年以后,苹果公司削减到只剩 4 个产品项。

在信息过载的互联网时代,乐于接受新事物、拒绝说教的 85 后、90 后以至 95 后逐渐占领主流的消费市场,他们更偏好极简主义。极简主义作为一种新的生活方式,以简约到极致为准则,追求感官上的简约、整洁,品味和思想上的优雅,已逐渐掀起一

股新的风潮。

所谓极简营销，就是集所有优势于一点，而这一点，往往会成为营销引爆点。

要想做到极简营销，我们需要把握好以下三个基本点。

（一）产品简单化

洞悉产品的本质——购买理由：消费者购买产品往往只需要一个购买理由即可。产品的开发过程，就是找到这个购买理由，并把这个购买理由物化为产品的过程。例如：

"开宝马，坐奔驰。"

"去屑就是海飞丝，柔顺就选飘柔。"

"农夫山泉有点甜，水中贵族百岁山。"

"OPPO 是拍照手机，VIVO 是音乐手机。"

产品的功能是为了解决人的需求问题，一款产品哪怕只解决了一个问题，也可能因此而畅销。

（二）表述简单化

利用形象思维而不是逻辑思维，表述出一个消费者乐意购买的画面。

从人类大脑的运行机制来看，我们更倾向于记住那些具体、直观、形象化的东西，而不是那些复杂、抽象的东西。

因此，形象思维就是最简单的一种信息分析、传播与接收的思维机制。

形象思维可以具体表现在文案视觉化方面。试比较以下文案的视觉化效果：

"小体积大容量的 MP3"vs"把 1000 首歌放到口袋里"（iPod）。

"出色的拍照效果"vs"能拍星星的手机"（nubia Z9）。

"不会在手里融化的巧克力豆"vs"只融在口，不融在手"（熔岩蛋糕）。

"抓住机会，即使你能力不强，也有可能成功"vs"台风口上，猪也会飞"（雷军）。

1. 一个字（词）的魅力

当今社会瞬息万变，资讯信息过多过滥，冗长的描述很难让客户对品牌或产品有一个直观的印象。怎样用一个词语将品牌形象化、具体化，是一个值得思考的问题。

在中国油烟机市场，老板电器一直屈居行业第二的位置，这种情况一直持续到2014 年。就在这一年，老板电器突然发力，在油烟机领域一举成为当年的销量冠军，反超的秘诀仅仅是老板电器在自己的油烟机产品的宣传方面，突出了三个简单的字——"大吸力"！就是这三个简单的字，却深深地击中了中国消费者的痛点。

当老干妈在中国占据了"辣酱"这个词时，当星巴克在全世界占据了"咖啡"这个词时，当吉列在过去 100 年里占据了"剃须刀"这个词时，当提到老板油烟机就是"大吸力"时，当提到海飞丝洗发水就是"去屑"时，它们就很容易长期获得客户的青睐，在市

场竞争中占据优势地位。

再如在汽车领域，一些品牌汽车以一个词或一个字表达出品牌的诉求，体现出简约的魅力，如雷克萨斯以"匠心"作为灵魂驱动力，体现了雷克萨斯对于细节极致的渴求，并将其升华为毫不妥协、追求完美的精神理念；宝马以"悦"作为品牌核心诉求，让宝马用户在体验到纯粹的驾驶之悦外，还享受到了梦想之悦、责任之悦和分享之悦；东风风神 AX5 以"趣"作为产品的设计准则，意在让当下的年轻一代产生与生俱来的认同和共鸣。

当一个字（词）能够占据消费者心智时，它所能带来的财富价值几乎是无可估量的！它甚至不会随着时间的流逝而改变，而且更能在时间的长河里，源源不断地带来客户。

2. 一句话的共鸣

在同质化越来越严重的商品社会，消费者在购买商品时会犯"选择恐惧症"。如何将品牌的主张或产品的口号浓缩成简单直白的一句短语，并引发共鸣，这是一门不易掌握的功夫。能被记住的不一定是好文案，真正的好文案应该是那种一眼就能直击人心、让人深藏心里的文案。

耐克"just do it"简单易懂的三个单词锐利地区分开与其他运动品牌的定位，强调行动的意义，鼓励人不只在运动上，而是在人生每个层面上都可以一拼短长；李宁那句"一切皆有可能"已经成为国内运动品牌创业的代表性呼声，既可以说是一种激励，也反映出一种信念；小米"为发烧而生"来源于对消费群体的精准细分，这不仅是一句宣传口号，更是喊出了"米粉"们的心声。

3. 一群人的定位

品牌不能取悦所有人，关键是你是谁，以及你要吸引谁。情感因素是人们接受信息渠道的"阀门"，选择具有共同认识的客户群体，通过产品认知、品牌感受和文化渗透，将用户的情感共鸣与一个品牌的体验享受联结起来才是极简主义营销的正确"打开方式"。

例如，小米手机在细分市场方面做得非常精准，选择 25～35 岁、偏爱用手机取代电脑来处理商务事务等的发烧友群体，小米认为这些人代表消费前沿，对消费具有示范作用，随之带来的会是群体的跟风；宝马 5 系汽车，在产品理念中明确地将目标客户群体定为"坚持梦想者"，契合当前中国最朴素的创业精神，获得了中国商务精英和创业者的广泛好评。

（三）传播简单化

传播要想有效，必须激活受众的固有记忆，而不是执着于自以为是的创意。最好的创意，存在于消费者的过往记忆里，这就是集体潜意识。

找到一个符号,包括语言符号、图形符号等,如耐克的"√"、麦当劳的"M",激活某个集体的潜意识,这样做可以降低品牌的识别成本和记忆成本。

二维码 2-1-2

顾客的记忆往往来自对同一个信息的不断重复,而这个信息,最好能浓缩其经历,因为人们更容易理解自己曾经经历过的事。我们需要集中优势兵力,在一个记忆点上进行压倒性的投入,抓住本质,极简一切,找到产品的营销引爆点。

模块 2 创 艺

"现代营销学之父"菲利普·科特勒说,营销并不是以精明的方式兜售自己的产品或服务,而是一门真正创造顾客价值的艺术。艺术创意与市场营销具有天然的联系。艺术创意不仅是构成产品的形式因素,其由审美价值、象征价值等创造的客户价值也会影响产品的定价。

二维码 2-2-1

【案例 2-2】

耐克城体验店

一进入位于纽约的"耐克城",你看到的不仅是一个购物场所,你仿佛置身于一个体育运动博物馆和信息中心。"自信"这一主题对于形成这种整体顾客印象起到了极大的作用。在这里,运动鞋按尺码陈列于大房间四周的搁架上,存货位于陈列品下方墙的里面。你可以挑选你喜欢的运动鞋,然后在搁架下方寻找适合你的尺码。你还可以马上获得最新的体育赛事结果,或提出要求取得有关体育人物(如卡尔·刘易斯、乔丹等)的录像与录音信息。以旋动识别为标记的信息亭加强了"自信"这一主题。

进入耐克城,你会体会到体现体育力量和运动的美学理念。从旋转门进去,你就像进入了体育赛场,眼前是七台录像机,其中有些正在直播体育赛事。这种风格强化了体育馆的主题。开放式正厅给人一种体育馆的感觉,地板上铺着的毯子,外部墙砖、木制的座位、时钟以及保护性挡球网……所有这些设计都是为了创造出与不同凡响的运动表现相匹配的整体印象。

耐克城为消费者提供了更为个性化和相互作用的体验,它的经营方式超出了一般销售产品的意义,而更加像是健身、激励和推动人们成功的地方,置身于这样的环境中能给你的眼、耳和指尖带来无数惊喜。它将健康知识和体育历史知识传递给人们,用鼓舞人心的话语和关于人类成就的故事来催人奋进。这些感官的、理智的、情感的交

流,相互重叠,紧密结合,产生了非常感人的效果。人们对"耐克城"情有独钟、依恋不舍,正是因为耐克把它的商店变成了人们体验的入口和旅游胜地。

【案例思考】

1. 有了耐克城的体验,消费者为什么会购买更多耐克产品并更加信任耐克?

2. 耐克城体现出了创意营销的哪些特征? 你还知道哪些商品也营建了类似"耐克城"的展示和体验中心,其效果怎么样?

【创意启迪】

艺术创意作为一种有效的市场营销手段,广泛应用于体验营销、商业娱乐秀等营销领域,通过增加客户的心理价值从而增进整体的客户价值。正如《理性》(Reason)杂志前编辑弗吉尼亚·波斯特莱尔所说:"实际上,我们正置身于无形经济世界,其中最重要的财富来源都是非物质的。对于以高度强调美感、娱乐、注意力、学习、乐趣和精神满足为特征的这种新经济,要把它看成和钢铁或半导体等有形经济产出一样真实,显然我们对这种变化还不够适应。"艺术创意正是这样一种非物质的赋形力量,它丰富市场营销模式,变革经济发展方式,促进经济转型、企业结构调整和消费结构升级。

1991年,耐克运用艺术创意在芝加哥开设了第一家耐克城体验店,这是一种从未在品牌营销中出现的方式。店铺完全是个剧场:空气里萦绕着立体声音乐,大屏幕上播放着许多经典的比赛,运动鞋被精心地摆放在照明玻璃框内,如同美术馆中陈列的艺术品。商店里还悬挂着迈克尔·乔丹空中灌篮的巨幅海报。商店的建筑风格、布局、摆设和整个氛围都在讲述着耐克的品牌故事,传递着耐克的运动精神。"耐克城是复杂的美学战略的结晶,其风格和主题创造出体育运动主题公园这一重要的整体顾客印象。"1996年,耐克城体验店的观光客户人数超过了艺术馆,耐克城成为芝加哥最热门的景点。

【理论阐述】

营销是一门艺术。营销的主体是人,营销的客体也是人,只是营销的工具不同而已。人是主观的,有自己的想法、自己的观点。所以,营销不仅应注重产品的品质和技术,更应关注消费者的内心世界,思考如何以营销的艺术性满足他们的欲望。

人同时又是客观的,不免受所处环境的影响,拥有某个人群特有的文化、思维方式,如西方人崇尚自由、东方人追求天人合一等。所以即使营销作用的人群不尽相同,但他们所处的特定环境,决定了这部分人群具有共同之处。营销工作就是在大的环境背景下通过研究,找出其共同之处,并将这种变化转变为不变的规律,以不变应万变。

创造商业传播过程中的基本艺术美感,无论是产品工业设计、商品形态、包装设计还是服务形式、广告表现等,甚至传播手段,只有具有艺术美感的商业形态才是具有魅

力的。"未来的营销一定是艺术和科学、理性和感性、创意和技术的结合。"时趣（Social Touch）CEO 张锐这样说。

在信息泛滥的当今时代，消费者的免疫能力逐渐增强，营销的艺术性能够以其独特的亲和力迅速提高品牌知名度，强化消费体系，建立客户信任。同时，营销的艺术性还能够利用文艺行为独特的新闻效能在短时间内获得社会媒体的大量关注及报道，在和谐的氛围中迅速提高产品知名度、美誉度，以口碑传播和主动传播的渠道取得目标消费者的青睐，深化品牌效益。

一、艺术创意与体验营销

菲利普·科特勒认为，营销是通过创造和交换产品及价值，从而满足个人或群体欲望和需要的社会和管理过程。营销的重点是要"创造和交换产品及价值"，满足消费者的"欲望"和"需要"。"欲望"和"需要"不仅包括物质需求，也包括精神需求。在商品日益丰富并过剩的形势下，精神需求更应得到重视。艺术创意之于产品，就是要创造一种实用与审美体验相结合的商品，并促进销售。在消费社会中，"平凡与日常的消费品，与奢侈、奇异、美、浪漫日益联系在一起，而它们原来的用途或功能则越来越难以解码出来"[①]。传统营销过于理性化和规范化，市场上的商品反映的是生产商的利益而非消费者的需要。继产品经济和服务经济之后，体验经济时代已经来临。企业不再仅仅提供商品或服务，而是提供最终的体验，充满了感性的力量，给顾客留下难忘的愉悦记忆。

从产品到体验的过程就是一个经济价值依次递增的过程。"一种为体验所驱动的营销和管理模式"将逐步取代以功能价值为核心的传统营销。传统营销的主要原理和观念描述的是产品的本质、消费者的行为和市场上的竞争行为，用来指导开发新产品，规划产品线和品牌，设计传播方式以及对竞争行为做出反应。而体验营销相关理论则认为，顾客既是理性的又是感性的，也就是说消费者可能经常做出理性决策，但他们同样受感情驱使，其消费体验常常倾向于追求梦幻、感觉和乐趣，因此体验营销主要关注顾客体验、消费场景氛围的营造。

世界著名的玩具公司美泰（Mattel）一直奉行创新的经营理念，"芭比娃娃"（Barbie）是他们最具创新精神的产品。"芭比"是伴随着美国 20 世纪 60 年代儿童一起成长起来的，她的形象千变万化，代表了智慧、独立、积极进取的时代女性。她曾穿过行政套装、挎着公文包，也曾用过名片、报纸、信用卡、计算器，还曾当过"宇航员"、形象代言人、亲善大使等。这些层出不穷的创新设计，使"芭比"最终以完美的体形、灿烂的笑容和"丰富的工作经历"征服了许多人的心。总部设在纽约的 Slade Architecture

---

① 迈克·费瑟斯通.消费文化与后现代主义[M].刘精明，译.南京：译林出版社，2000：124.

事务所为上海芭比娃娃旗舰店做了一个漂亮的设计以诠释其意象。Slade 的设计包括芭比的过去、现在和未来,以及产品的包装、艺术饰品、时装及建筑意象。Slade 为商店塑造了一个现代化的身份,表达芭比新潮的时尚感。整个空间都是粉红色调的,有效彰显了女性追求浪漫的特征,一个 3 层的螺旋式楼梯,内附 1600 个芭比娃娃产品。当女孩们踏进芭比梦幻接待大厅,来到芭比上海旗舰店的那一刻,她们正走向梦想成真的天堂,开始体验童话般的浪漫,实现她们唯美的梦。

二、从体验到参与

《名侦探柯南》中有句名言:"人是有感情的动物,因为无法看见,所以十分善变。"人们希望通过消费体验到愉悦、幸福、爱情、活力等情感。

快速成长起来的小米科技公司非常注重用户的参与感,剧场式发布会是小米最显著的标志之一,也是每年小米品牌建设中最关键的环节。在新的消费时代,小米创造了更为纯粹的发布场景和体验感知,努力使发布会成为具有"沉浸感"的剧场式发布会。所谓沉浸,就是产品够分量,内容够明晰,气场够强大,让与会者全身心地投入到"超临场感"中。尽管小米发布会的核心是产品,但会场的重中之重是雷军的演示文稿。这一核心要素会在前期准备时经过反复修改才最终确定。演讲过程中会爆发多少次掌声,有多少个尖叫点,这些都需要预先做出合理安排。小米要求最好 5 分钟就会出现一个尖叫点,这样贯穿全场才能做到参与者没有厌倦感。为了吸引观众的眼球,小米还将演示文稿的视觉效果发挥到了极致,每一张 PPT 的艺术设计都达到了海报级的视觉冲击力。与此同时,小米还将发布会时间控制在 90 分钟内,因为这是听众疲劳感的阈值。发布会上新产品是唯一的明星,产品有料才能获得大量的传播。有些企业的新品发布会把心思和资金投入到诸如请某某明星登场、请一些"高大上"的模特、抽奖等方面,虽然耗费巨大,但由于重点没有放在新产品上,往往事倍功半。

三、艺术创意与客户价值

艺术创意有其自身的价值,它产生于产品进入流通与消费领域时人们对它的体验,顾客一旦参与到体验营销中来,在体验过程中产生的愉悦感、优越感和满意感就能够将产品及其品牌的艺术创意价值转化为顾客价值,从顾客的精神层面促进消费。艺术创意在企业营销领域的应用首先应该解决一些基本问题,即对所交换的价值要有一个清晰的认识。传统观念认为价值交换就是在市场上将商品与服务换成货币以及为企业发展提供所需资金的过程。而客户价值中心说则要求创造出比竞争对手更好的客户价值,并且不断寻找新途径来满足客户需要,这对企业艺术创意的营销十分有用。例如,谁是我们的客户?我们怎么才能为客户创造更多的价值?我们究竟是以客户为

中心还是以产品为中心？

客户价值（利益）的来源可分为三大类：经济价值、功能价值和心理价值。在市场中，产品经常以经济价值的形式提供给顾客。经济价值实质上是某一产品相对于其他产品而提供给客户的净财务收益。功能价值是指产品为客户提供的功能上的或实用的利益。服务是功能价值中特别重要的一类。顾客将从售前、售中和售后服务中获得价值。心理价值与我们的艺术创意息息相关，基本上来源于产品的形象，包括对产品的"感觉"（如年轻态、运动型、奢华型或高科技型等），以及这种感觉与客户需要表现的形象相匹配的程度。心理价值往往能够促进经济价值的增长。

以 smart 汽车为例，其作为奔驰旗下的年轻品牌，是奔驰与时尚手表 Swatch 品牌合作的产物。名称中的"s"代表了斯沃奇（Swatch），"m"代表了梅赛德斯-戴姆勒集团（Mercedes-Benz），"art"代表了艺术，而 smart 本身又具有"聪明机智"的意思，这也契合了其开拓年轻人市场的设计理念。"内心年轻"源自品牌和产品的感染力，smart 品牌不是简单地按照性别、年龄、收入、学历背景来划分目标客户，而是按照生活方式和兴趣爱好来归类。smart 首先就时尚、电影、运动、音乐这四个最受年轻人欢迎的主题展开营销。smart 的年轻生活哲学能打动所有内心年轻的人。尽管人不可能永远年轻，但 smart 车主是一群拥有年轻心态的人。耐克城也正是这一理念的实践者和得益者。

20 世纪 20 年代初期，意大利米兰的阿莱西（Alessi）公司是一家"铜、银金属加工铸造厂"（阿莱西在米兰商品展览会上的广告语），经过几十年不断的变革和不厌其烦的实验，到 20 世纪 70 年代，阿莱西转型成为"意大利设计工厂"。在这个过程中，阿尔贝托·阿莱西（Alberto Alessi）兼顾了传统的坚持与创新的努力，将一个传统的加工黄铜、镍银片的铸造厂打造成为一个既能够完美诠释后现代生活潮流又能够理想化地表达意大利设计多样性的跨国公司。20 世纪 70 年代，阿莱西开始勾画公司哲学，其新理念在于批量生产能够满足艺术标准的产品。在阿莱西的设计中，后现代生活方式通过赋予完美产品以幽默感的方式得以适当的表达。今天，没有性格特征的商品恐怕很快会被淘汰。消费者面对的将是众多个性鲜明的商品，体验的是在其中随心挑选的乐趣。在注重审美体验的同时，营销过程的艺术创意还应结合特定时代、地域的文化大背景，创造出一些富有地方特色的、本土化的创意和营销策略。

21 世纪初，可口可乐公司就一直结合中国几千年以来形成的民俗风情和民族习性，在中国完全采用本土化的品牌成长管理策略。公司在 2002—2005 年春节期间连续四年配合春节促销活动，分别推出了小阿福、小阿娇拜年的系列品牌活动——春联篇、剪纸篇、滑雪篇、金鸡舞新春篇。2006 年春节，可口可乐又推出了以"带我回家，欢欢喜喜过春节"为主题的促销活动。这些具有强烈中国色彩的广告把可口可乐与中国传统春节中的民俗文化及符号（如鞭炮、春联、十二生肖等）结合起来，传递了中国人传

统的价值观念——新春如意,合家团聚。年复一年的积累,可口可乐逐渐与中国春节传统的风俗习惯一起融入中国人的生活。通过这样的关联,可口可乐不知不觉地与中国人拉近了距离,走上了中国人春节传统大年夜饭的餐桌。品牌营销和传统民俗文化相结合,并通过艺术创意的表现方式传达出来,使可口可乐公司获得了巨大的经济效益。

二维码 2-2-2

模块 3 创 异

对于想赢得竞争优势的商家来说,与商业竞争对手有所区别,在一定程度上建立品牌差异化传播,进而使品牌与竞争对手之间尽量有所区别,形成自身独特的品牌主张、品牌策略、品牌营销模式、品牌运作风格等,以及提炼出与众不同的商品或服务卖点,是至关重要的。

二维码 2-3-1

【案例 2-3】

我们只以利润率为基础定价

美国哈里斯民调公布的 2017 年度餐饮品牌报告显示,汉堡餐厅类的人气王由杰瑞一家所经营的五个好汉(Five Guys)拿下,它挤下的是多次蝉联冠军的加州"土特产之王"IN-N-OUT。在该报告中,麦当劳排名第七,肯德基和汉堡王甚至连前十都没挤进。

五个好汉是一家绝不送餐的汉堡店,即使你是美国五角大楼的海军上将,你的外卖请求也会被拒绝,只得来自提。

杰瑞一家完全没有经营餐厅的经验,但杰瑞信奉"如果你有好的产品,以及合理的价格,在干净的地方卖出去,任何人都能在食品业里赚钱"的理念。

他们坚持使用当天的新鲜食材,在柜台标明本日材料的原产地。牛肉饼在铁板上现烤,肉也是未经过冷冻的;面包由供应商当天烘焙;成袋的新鲜土豆堆在门店里,厨房需要土豆了就直接去餐厅拿,土豆切好后用上好的花生油炸制。

除了基础的四款汉堡,客人们可以自由选择多达十几种的配料和口味组合,饮料也是可组合的。五个好汉的一位供应商说,"客人都爱死了这种刚从烤架上做出来的汉堡"。口口相传,越来越多的人到五个好汉店里排队,杰瑞为此特意准备了一大盒花生,让客人在等餐时随意取食。

杰瑞会时不时地调整汉堡的价格来体现原料成本的涨跌,"我们只以利润率为基础定价"。有一次,飓风毁了当地的番茄作物,五个好汉的汉堡价格从 17 美元涨至 50

美元。当时杰瑞的儿子们强烈反对父亲减少番茄切片数量的打算。"他们是对的，"杰瑞说，"宁愿涨价，我们也必须坚持水准。"

所以他们选择加盟商的时候也非常注意保持水准。首先选择有经济实力的加盟商，一次性必须加盟 5 家店，这就直接排除了那些想随便赚一笔就离开的人。另外，加盟合同相当具体，除了标明每天食材的产地，还严格规定了"必须放 2 根培根条""4 根腌菜"等配料数量，且必须是指定的品牌。

加盟商还得同意五个好汉的管理计划——加盟商必须拿出 1.5% 的收入来作为员工奖金。"这是让年轻员工们注重服务的好办法。"杰瑞说，当然这也能让加盟店保证服务质量。

（案例来源：张德鑫.小鲜肉汉堡大战——杰瑞：成本透明的策略"我们只以利润率为基础定价"[J].市场营销（实践），2017(10)：76-79.）

【案例思考】

1. 杰瑞一家所经营的五个好汉（Five Guys）汉堡店与其他汉堡店有什么不同之处？

2. 在竞争激烈的汉堡市场，五个好汉汉堡店为什么能够赢得人气王的地位？

【创意启迪】

求异思维是在思维中自觉地打破已有的思维定式、思维习惯或以往的思维成果，在事物各种巨大差异之间建立"中介"，突破经验思维束缚的思维方法。求异思维是有创见的思维，通过这种思维，不仅能揭露客观事物的本质及其内在联系，而且能够在此基础上产生新颖的、超出一般规律的思维成果。对于一件商品而言，只有能够在众多普遍的商品中为消费者提供超越大众的并且让人满意的服务，才能赢得更多消费者的喜爱。赚钱的方式千千万，重在选择。坚持与众不同，往往会遇到很大的压力和遭遇很大的风险，但正如美国著名橄榄球教练卢·霍兹所说，"做正确的事，尽力去做，用自己希望被对待的方式待人"，付出总会有回报。

【理论阐述】

一、差异式营销

为了能够在不同程度上满足自己的客户，也为了让自己的商品能够实现与众不同的效应，很多商家倾向于采用差异式的营销方式。这种差异可以是商品设计上的差异、产品本身的差异，也可以是服务上的差异。

不同的商品应当有专属于自己的形象设计，这样才能在消费者当中获得明显的辨识度。我国的名酒都有自己独特的形象设计，如茅台专注于做国宴美酒的形象，剑南春则以大唐盛世的形象吸引消费者，金六福则从名字本身出发塑造了福酒的形象。这

些酒从外观到文化渊源等诸多角度孕育出专属于自己的酒形象，能够让消费者很容易地联想到与之相对应的类型。

除了基于商品形象的差异式营销外，基于商品本身特征和式样的差异式营销也很普遍。比如，宝洁公司生产的洗发水系列产品，针对用户对洗发水去屑、柔顺、营养、护发等方面的不同需求，宝洁相应推出了海飞丝、潘婷和沙宣等洗发水品牌，每一种都会给用户带去不一样的体验。再如，海尔冰箱为了满足世界各地人们不同的审美需求，为冰箱外观设计了欧洲、亚洲和美洲三种不同的风格。

企业在对商品进行了外观和质量本身的差异式营销后，还可以在营销服务上进行差异式营销。比如，有的电脑公司对产品的保修期是一年，有的则会是两年；有的商家会为客户提供上门维修服务，有的则需要客户自己去找维修商。差异式营销方式也会对商品后续的销售产生重要的影响，好的服务自然会有更多的收益，坏的则相反。

差异式营销的方式不仅能够将企业的风险分散化，而且能够扩大企业的盈利范围，在更大范围上满足消费者的需求。但是这种方式也存在一定的局限性，企业会承担更多的成本压力，所以在采用营销方式时需要结合企业自己的实际情况。

二、找到自己独一无二的卖点

企业和行业要想获得发展，需要进行竞争分析。竞争者就是那些与我们有同样目标的人。尊重竞争者，但不要畏惧他们。创意营销需要从竞争的角度去分析竞争者们，并为自己的品牌定位选择竞争者，用竞争者的优缺点来提升自己，并重新定位自己。

企业经常置身于竞争之中，要在竞争中胜出，就必须有自己独特的优势。而且，如果这个优势只是昙花一现，则毫无意义。因此，企业必须拥有不断产生"优势"的"源泉"。

能够成为"优势"的内容有很多，例如：能提供比其他公司"更加方便的场所"；能提供比其他公司"更加便捷的快递"……企业应根据自己所从事的工作或所处的立场，想想自己可以创建什么样的"优势"？

2007年，艺龙旅行网（以下简称艺龙）的市值只有携程旅行网（以下简称携程）的1/14，但是到2012年时，艺龙的市值已经达到了携程的1/5。艺龙采取的重要手段就是不跟强大的敌人产生正面冲突，而是从有差异化的侧面出发，避免同质化，寻找新的机会，最终实现了互联网旅游业的快速增长。

艺龙主要从以下四方面来做差异化文章：

一是用户差异化。携程的主要客户是四、五星级的酒店，布局的城市主要集中在一、二线大城市。艺龙则放弃大城市和四、五星级酒店，从小酒店和二、三线城市出发，

找到了差异化的用户群体，开拓了自己的市场。

二是产品差异化。在携程不断扩充产品体量、增设产品线的时候，艺龙放弃了度假和差旅服务市场，而是以酒店业务为核心，把机票业务作为辅助性产品，集中优势兵力专攻一点，从而形成了单点突破的优势。

三是产品渠道差异化。艺龙转变营销策略，从线下营销转变为线上营销，变从前的线下发卡，为现在的线上口碑传播。2009 年，艺龙接受人人网公司入股，与人人网展开有效合作，推出诸如"VIP 会员通过人人网注册为艺龙网会员，即可获得 300 元消费券"等活动，进而把巨大的人人网用户优势转化为在线旅游业营业收入，找到 SNS（社会性网络服务，Social Networking Services）的盈利突破点。之后，艺龙又与腾讯、招商银行等开展在线合作，改变营销方法后，反而提高了效率、拓宽了渠道。

四是盈利模式差异化。在盈利模式上，艺龙采取了开放平台的策略，既做 B2C，又做 B2B，同时对当当、京东、招商银行、苏宁易购等开放平台。艺龙不但为京东商城的旅游频道提供技术支持，而且通过京东平台获得了 2 万多家酒店预订的佣金收入。这种 B2B 模式虽然利润不高，但是给艺龙带来了不少增量，最重要的是提高了品牌的影响力。

在止痛药市场，泰诺击败占"领导者"地位的阿司匹林，靠的也是采用差异式营销策略。由于阿司匹林有潜在的引发肠胃微量出血的可能，泰诺就对此发布针对性的广告，宣传"为了千千万万不宜使用阿司匹林的人，请大家选用泰诺"，最终，泰诺在竞争中胜出。又如，农夫山泉通过天然水与纯净水的客观比较，确定天然水优于纯净水的事实，并宣布停产纯净水，只出品天然水，鲜明地亮出了自己的定位，从而树立起专业的健康品牌形象。

可采眼贴膜是一个近年迅速崛起的女性化妆品品牌。品牌推广投入不大，但入市启动速度却非常快，迅速在市场上占领了一席之地，品牌知名度和销售量都得到了快速提升。其成功的关键在于找到了合适的、求异的路径。可采眼贴膜主要有以下两个与众不同的地方：一是在产品概念方面，可采的产品开发与诉求概念主要是从中草药养眼法入手，宣扬其产品具有防止黑眼圈，缓解眼疲劳，减少眼袋与鱼尾纹的独特功效。这对于大部分依赖中草药独特功效的消费者来说，更容易对品牌产生信任感。可采以纯名贵中药植物为主要原料，集人参、黄芪、当归、珍珠、芦荟等 26 种植物于一体的产品设计更加强了品牌的可信度。二是通路运作真空切入，先走药店终端，回避了初期竞争的风险。当销量迅速倍增以后，再普及到超市，入驻商场，回避了通路运作的风险。

正如在一个装满石头的玻璃缸里还可以再加入沙子、水和色素等一样，市场空间永远没有饱和的时候，饱和的只是经营决策者的思维。

只有突破传统思维的局限，我们才可以在一个竞争激烈的市场中找出新的路子，拓出一片更加宽广的天地。

即使是卫生纸,也能做成国宝级品牌。卫生纸一向难登大雅之堂,现在却能同奢侈品争宠。因为它不是一般的厕纸,而是风靡欧洲"纸巾界的劳斯莱斯"——史上最"色"的厕纸:Renova"瑞诺瓦之爱"。它被众多明星大咖指定为御用纸品,甚至连葡萄牙总统带团出访,也会把 Renova 作为国礼馈赠他国元首。

为何一款厕纸能在世界顶级时尚圈声名鹊起?首先它的颜色就不一样,"谁规定手纸一定是白色的?"Renova 在 2005 年就推出了黑色系列手纸——从此上厕所的感觉都不一样了。Renova 随后又推出了 Colors 系列,如红、绿、橘、粉、紫等色系,每一种都是那么绚丽耀眼,让你件件都爱不释手。仅仅有"色"就叫好卫生纸了?它的品质与用料也能顶级到令人瞠目结舌。Renova 坚持使用昂贵的植物染料和天然素材,采用树龄超过 30 年的檀香木(专门种植的经济林)为原料,天然檀香味,越放越沉。100％原生木浆,食品级染料无荧光剂、漂白剂,且在使用时不会有脱色现象发生,经过皮肤科和妇科认证,其吸水、吸油能力强,无纸屑,扔进水里更是能迅速水解,直接冲水不堵塞马桶。Renova 极其柔软的三层纸设计,不会有"擦屁股抠破纸"的尴尬。

一般男人对卫生纸的要求就是"是卫生纸就行"。Renova 却偏要与众不同!它给自己的定位是"男人也喜欢的卫生纸",这就体现了它亲肤且有品位。

为了塑造"全球最性感纸巾"的形象,Renova 还掀起了厕所文化革新。2012 年,Renova 在里斯本中心区的购物广场打造了史上最性感的公共厕所。

二维码 2-3-2

Renova 的品牌里还有着很多极致潮货,为了方便出行时使用的 Renova 手帕巾系列,同样有着绚丽的颜色,采用了天然素材,不添加荧光剂与增白剂。

模块 4   创   忆

具备"创易"与"创异"基础的商业品牌,很容易创造出个性鲜明的记忆点,再施以行之有效的营销手段,更能够达到让目标消费者长期记忆、有效记忆或者联想记忆的传播效果。

二维码 2-4-1

【案例 2-4】

不卖流行卖怀旧

佐丹奴最近推出了一款全球限量发行 2000 件的 Li Lei & Han Meimei T 恤。T 恤上的人物就是 80 后们再熟悉不过的中学英语教材中的人物:Li Lei 和 Han

Meimei。这款 T 恤的销售对象是曾经从 1990 年至 2000 年使用过人教版英语教材的过亿的学生,这些学生今天已经成为具有很强消费能力,时尚、感性的中青年消费者。

若干年后,当已经走上工作岗位,甚至成家立业的 80 后们再看到这些熟悉的形象,那段尘封的学生时代的记忆如星火般被点燃,继而如火山一样喷发。Li Lei & Han Meimei T 恤的销售异常火爆,2000 件 T 恤被迅速抢购一空,购买的主要人群就是那些对 Li Lei 和 Han Meimei 有着集体回忆的 80 后。

设计 Li Lei 和 Han Meimei 的衍生产品并不是设计者一时的心血来潮,产品能够畅销,也不是市场的偶然现象,因为从一年多前,有关 Li Lei 和 Han Meimei 的话题就已在网上被广泛热议,商机已经隐现。在搜索引擎上进行关键词搜索,有几万条相关的信息:有同人漫画,有以 Li Lei 和 Han Meimei 等人物为基础的另类英语学习教材,还有狗尾续貂的故事等。80 后们一同议论那个青涩的学生时代,晒着共同的回忆,宣泄着曾经压抑的观点与主张。

在线下,还有以 Li Lei & Han Meimei 命名的乐队,追捧者众多,当然,主要也都是 80 后。Li Lei & Han Meimei 乐队把英语课文中的英文歌修饰后重新演绎出来,还把《让我们荡起双桨》等那个时代的学生歌曲加入时尚流行元素进行重新翻唱。回忆,展露出了惊人的市场价值,而回忆这座冰山的一角下面又是什么呢?

(案例来源:史光起.回忆营销:用生命痕迹打动你[J].企业家信息,2011(4):77-79.)

【案例思考】

1. 回忆为何能打动很多人的心怀?

2. 愉悦的回忆能够打动人们的心怀,那么,痛苦的回忆能否引发营销的创意?

【创意启迪】

物质营销时代渐行渐远,情感营销逐渐成为市场主流,消费者越来越看重购买物品时获得的心理满足、情感表达等因素。在这些感性因素中,有一种很难察觉,却强如火山一样潜伏着的情感需求,它需要提醒、引领、点燃。它就是沧海桑田,"物是人非"后留下的点滴痕迹——回忆。

【理论阐述】

我们耳熟能详的回忆有:

"车到山前必有路……"(广告词)

"美好时光——海苔。"

"永远像过去一样好。"(英国 Hovis 面包的广告语)

我们还可以借用既有文化成果:2011 年翻拍承载 80 后青春记忆的青春偶像剧《将爱情进行到底》(1999 年),2018 年再次翻拍……

以物理属性商品为载体,销售它所包含的感性内涵——回忆,或以回忆为焦点,引起消费者的关注与共鸣,继而促销产品的营销方式,称为"回忆营销"。企业在采用回忆营销方式时,需处理好集体与个体、过去与未来、显性与隐性、正面与反面等多方面的关系。

一、集体与个体

集体回忆是指在一个群体中,大家对曾经一起分享、构建和传承的事物的共同回忆。集体回忆的召唤需要一些载体或道具,比如纪念馆、纪念碑等。更为广泛的集体回忆称为社会性回忆,包括一代人曾经参与的流行风潮、参与过的劳动、居住过的地方等。

集体回忆是岁月中流淌的情感,是大家过去心思的凝聚,若与营销有效结合则可以带来惊人的销售力。

香港一家名为 GOD 的连锁商店专门出售怀旧产品——20 世纪 80 年代的痰盂、果盘等生活用品,风行全国的大白兔奶糖等食品,中山装和前进帽等服饰。其中一款避孕套,包装上还印着过去商家最爱打的广告语:"居家旅行必备。"这些产品价格都很贵,销售却很不错。它贩卖的远不仅是有实用功能的商品,更是上面承载的集体回忆。

再看个体回忆。当前市场被不断细分,个性化定制成了消费者的新宠,从而衍生了"专属回忆市场",照相机与照片冲洗店就属于这个范畴。随着多媒体技术与科技的发展,专属回忆市场远远不止于此。美国有家公司,可以把顾客想保存的东西存放在能抵抗地震的保险柜中。除了保存回忆,他们也帮助顾客创造回忆,比如搜集顾客出生日或重要纪念日当天发行的报刊,顾客出生时所在地样貌的照片、视频,帮助记录婴儿的第一声啼哭,制造和记录浪漫的约会与婚礼等。在这家公司的帮助下,顾客可以保存大量的回忆,当若干年后"取出"这些回忆,谁能说这不是一笔财富呢?

二、过去与未来

当一件事物流行后,时隔一年若有人再提起会被认为是老土,但若十年之后再提起可能就又成了流行。大多数企业依靠挖掘过去岁月中的记忆点来做文章,即寻找营销对象群体 10 年前、20 年前,甚至更长时间以前的记忆。当然,这种集体回忆点可以是一个相对较小的细分内容,如德国的老爷车只是为了吸引人数并不多的怀旧爱车一族。

与挖掘昨天的记忆价值相比,开发与记录明天的记忆将是一个更大的市场。前面提到的那家美国公司,其很多业务就是制造记忆,销售未来有价值的回忆产品。曾有一对旅游爱好者情侣用全国旅游来纪念爱的行程——每到一地,他们都会在当地邮局寄一封信回家。当他们举行婚礼时,贴满一面墙、带有全国各地邮戳的信封不仅记录了他们爱的行程,也成了一生的美好回忆。为今天留下一些痕迹,为明天留下一些回忆,将会成为越来越多人的选择。企业若能围绕记录与制造回忆来开发市场,这将有

非常大的空间。

三、显性与隐性

应用回忆营销，企业可以销售承载着回忆的功能性商品（显性）。例如，在案例2-4中，佐丹奴把当年中学英文课本中的男女主角——李雷与韩梅梅印在T恤上出售给那些拥有集体回忆的80后。企业也可以出售以回忆为主体的纯感性商品或副商品、相关元素等（隐性），如商品的标志、音乐、广告词、活动主题等。回忆作为一种拓展性极强的感性因素，其应用方式很多、范围很广。

某地产公司的一则售房平面广告，其主体画面是一栋别墅，下方写着一句广告词："此情此景让我忆起了童年，坐在树下听父亲讲故事……今天，我已长大，看着已经驼背的父亲与同我当年一样大的儿子，我多么希望这样的回忆能再现并把它传承下去……"该广告旨在引起30～45岁、感性的中产阶层人士的情感共鸣，效果非常明显。

德国奔驰汽车公司把第一批生产的一辆梅赛德斯轿车拿来拍卖。拍卖结果并不重要，奔驰公司只是借此举来吸引大量五六十岁、经济收入丰厚人士的关注，因为这些人从这辆梅赛德斯身上似乎看到了当年的德国、当年的街道、当年的自己……一段时间内，奔驰公司与梅赛德斯轿车受到了目标群体广泛的关注。之后，奔驰公司顺势推出了新版梅赛德斯轿车，销售异常火爆。

四、正面与反面

回忆会触动人类情感深处最敏感的神经。企业在开展营销工作时，无论是有意还是无意，都要注意是否会引起消费者的负面情绪。值得注意的是，引爆的回忆点一定要是正面、美好的。

香港特区政府曾为了城市建设需要而清拆爱丁堡广场码头、皇后码头和天星码头，此举引发了众多香港市民的抗议，因为这些地方有着太多的集体回忆。为此，香港特区政府于2007年1月提出将集体回忆作为是否清拆香港历史建筑的参考因素之一。

五、过度与不足

如果企业只是将回忆作为噱头来吸引眼球，后续却无法拿出有品质保障的商品或服务，或者只是做做表面文章，结果只能是让消费者乘兴而来，失望而去。因此，企业应该把能为消费者带来什么样的实质利益作为首要思考的问题。这种利益可能是物质的，也可能是精神的，或者是两者的结合，切忌虚张声势，空洞无物。单纯的噱头只会很快地被遗忘，因为回忆只是商品总体价值中的一部分，而非全部。

另外,营销中的记忆元素要适当,不可过度或死板教条地执拗于对回忆的模仿。商品中的营销创意要适合当下的市场环境。如复古装——加入回忆元素的服饰,虽然是以多年前的服饰元素为基础,但由于同时加入了大量符合当代审美需求与生活习惯的时尚元素,就容易让复古装成为拥有回忆的流行品。

六、回忆营销的原则与技巧

回忆营销可以有许多应用模式与应用领域,并不能被程式化或模块化,需要通过案例来启迪思维。尽管如此,实施回忆营销仍有一些原则与技巧可循,体现在以下六个方面。

一是兼顾回忆感性价值与物理属性价值。一件包含感性回忆的商品,应同时具有实用的物理属性功能,比如带有回忆元素的服装、居室等。一件商品既要能够满足消费者的情感需要,又要能够满足其实际需要,这样才能热卖。2007年曾有一款带着很多80后集体回忆的老牌汽水饮料再次包装上市。该汽水饮料依然使用曾经的名称,包装也基本不变,但融入了更多的时尚元素。可以说,外观等感性因素做得很到位,但遗憾的是,汽水的口味与品质欠佳。消费者满怀欣喜地购买后基本都不会再继续购买,这种汽水随即销声匿迹。这是一个没有兼顾商品两方面价值的失败案例。

二是传播方式的选择对位。当一件商品包含了高比重的感性价值因素后,其市场传播定位点会发生改变,传播方式自然也随之改变,若找不准这个传播定位的点,则传播效果将大打折扣。比如,销售一套给年轻人阅读的图书,传统的传播方式包括在书店中张贴海报或播放网络广告等,而一套包含了回忆元素的图书,可以把图书介绍设计成一张老式信纸,并且以"班主任""老师"的口吻来推荐图书,投递给目标客户。虽然只是一张商业信函,但经过一番包装后,该图书被阅读及购买的概率就会大大提升。

三是更适用于感性商品领域。和礼品、服装、餐饮等相比,回忆营销在理性商品中的作用就相对弱得多。消费者购买理性商品时更多考虑性能、价格、质量、售后保障等问题。当然,企业也可以进行探索与创新,比如前文提到的地产广告案例,虽然地产公司出售的是理性产品,其传播手法却是在感性的回忆上做文章。

四是找准"核心回忆点"。连接商品与消费者的核心是一个具有集体回忆的事件、物品或思想,可以称之为"核心回忆点"。回忆能引发人们的共鸣,但不同的"核心回忆点"产生的认同与共鸣的强度、效果却大为不同,因此,这个点要找得巧、找得准,过于平淡或错位的点很难唤起多数人的共鸣。一家地产公司,曾有过这样一则平面广告,其主题是描述记忆中当年的房舍与情景,以唤起目标消费群体的记忆。值得注意的是,广告要让消费者想起美好的回忆,而不可以有错位或不良的关联联想。试想如果消费者把你现在出售的房子和几十年前的房子产生联想,那么结果可想而知。最后该

广告将回忆点改为只唤起消费者对当年那段岁月的情感回忆,而非对房舍的回忆,其效果才有所改善。

五是从整体营销战略的角度进行思考。回忆营销虽然是一种战术层面的技巧,但必须注意,不要赢了局部却输了整体。回忆营销战术不仅要精妙有力,更要辅助于整体战略。我国曾经兴起过一阵怀旧热,就是挖掘十几年前甚至是几十年前的老品牌,重新包装上市。但是,市场反应大多并不理想,很大一部分原因就是这些品牌只单单在感性与回忆上做文章,产品设计、质量、渠道都跟不上,没有全局的战略协同,最后回忆点成了一个单纯的噱头,自然无法长久。

六是认真执行每一个细节。回忆营销不仅涉及市场调研、概念提炼、市场推广及与消费者的对接,还涉及产品研发、生产、管理等问题。因此,企业切忌以为有了精妙的点子就可以成功,而是应该精确设计每一个环节,而后踏踏实实地去执行每一个细节。一件带有回忆的感性商品,做工若是很粗糙,其感性认同度也会大打折扣;一件很完美的感性商品,如果忽视了对营销人员的培训也可能导致失败。一个动漫展览会展示了一套20世纪七八十年代风行的动漫形象收藏卡片——阿童木、机器猫、唐老鸭、花仙子……这些都是记忆中让我们着迷的卡通形象,它们做工精致,包装礼盒也很漂亮。但营销人员向顾客推介商品时,却只介绍了物品多么华丽精美、性价比高,只字不提感性的回忆元素,这就完全忽略了激发回忆的创意,无法达到期望的效果。

当今的时代,有太多吸引我们眼球的事物,但是在喧嚣之后,积淀在我们心底且能够历久弥新的,只有回忆。随着社会的进步、生活水平的提高,人们感性需求爆发的时代已经到来,一张泛黄的老照片、一本残破的日记、一件结婚时的婚纱……这些物品的价值已经远远超出了其本身的实物价值。

二维码 2-4-2

回忆营销作为一种建立在情感回忆基础之上的感性营销方式,超脱了物理属性价值层面,这种方式虽然不华丽、不张扬,却是那样的深刻,让人铭记。

模块 5 创 议

"互联网+"时代,各种信息让人眼花缭乱,消费者目不暇接,关注度成了稀缺资源。营销人员既要善于利用冲突,也要善于制造冲突,以吸引大众与媒体的关注。

二维码 2-5-1

企业应尽量创造、嫁接或借用热门话题引发议论,这对于商业品牌是极为有利的传播因素,当然,也应避免过度炒作,凡事过犹不及。

【案例 2 - 5】

冲突营销的花样玩法

美国一家互联网企业要推广自己的网站,但是费用预算只有区区 30 万美元,这对互联网这种烧钱的行业来说简直就是毛毛雨,该怎么办呢?他们找到一座美国小镇,和镇长及名流贤达商量,能不能把小镇的名字改成网站的名字?作为报酬,他们给镇上捐 30 万美元,用于改造图书馆。这个建议太匪夷所思了!小镇的领导们不敢擅自做主,便召开全镇大会讨论,镇民们陷入了热烈的争论中。这场争论还引起了当地报纸、电视台的注意,纷纷进行了报道。

实际上,这家企业根本没打算捐款,也没打算让小镇改名,这帮家伙只是希望让这场争论越热闹越好。于是,他们推波助澜,最后引起了各大媒体的注意。结果呢?镇民们经过民主投票,否决了改名字的建议,这家企业没花一分钱就完成了宣传网站的任务。

(案例来源:姚群峰.冲突营销的花样玩法[J].销售与市场(管理版),2016(4):71 - 73.)

【案例思考】

1.争议的话题为什么容易引起人们的注意?

2.怎样让争议成为营销的创意来源?

【创意启迪】

著名哲学家黑格尔认为,制造各种目的和性格的冲突是戏剧的中心问题。人们天生喜欢看热闹。冲突、争议能够制造热闹的景象,冲突越强烈,就越热闹,人们也就看得越入迷。没有冲突就没有戏剧。

【理论阐释】

创造有争议的营销创意,就是在经营冲突,其常见的方法有两种:一是吵架、攻击与打赌;二是制造争议话题。

一、吵架、攻击与打赌

人们关注冲突,尤其是名人、知名企业之间的争议、攻击、打赌等。通过这样的事情,企业不用花费推广费用,却能吸引大众眼球和媒体关注。

在营销领域,大部分冲突都是表演出来的,双方你来我往,面红耳赤,甚至火药味十足,其实都是演给台下"观众"看的。马云与王健林的打赌、雷军与董明珠的打赌,其实都是一种跨界的、超长期的冲突,双方可以不时地拿打赌来说事,以维持市场热度。马云与王健林的打赌其实是演戏。董明珠在演讲时就透露,"雷军与我对赌是央视挑逗安排的"。

经营冲突的理想境界是,观众越聚越多,广大粉丝加入阵营,摇旗呐喊,一些媒体煽风点火,一些媒体火上浇油,还有一些媒体头头是道——这样才够热闹。

冲突能够节省广告费。乔布斯每次发布新产品，都是从"攻击"竞争对手开始的。小米在近年的崛起过程中"吵架"不断，对手包括奇虎360、魅族、锤子、华为等。被称为"红衣大炮"的奇虎360董事长周鸿祎，甚至会打一些早知道会输的仗，其目的就是吸引人们的注意。情怀满满的罗永浩也是"吵架"高手，每吵一架人气都能暴涨一大截。

几大电商巨头也都擅长"吵架营销"。2014年年底以来每年都在上演的京东与天猫间的"猫狗大战"就是经典案例。就在两大电商巨头自卖自夸、相互揭短、互吐口水的过程中，被吵晕了头的消费者们加快了"剁手"的速度。当当与京东、阿里巴巴与京东、国美在线与苏宁易购也经常在微博上"吵架"，让广大网民看得不亦乐乎。

二维码2-5-2

另外，一些名人、"大V"在微博上经常语出惊人，做出某种偏激的姿态，抨击时政，扮作什么"公知""左派""右派"等，相互攻击，其实无非是为了吸引眼球、营销自己罢了。

"我拿着望远镜也找不到竞争对手"，马云这句极具挑衅意味的话，很可能会得罪所有同行，但这句话成功吸引了关注，引起了广泛传播。这其实是马云的深思熟虑之作。

二、制造争议话题

这个世界不是非黑即白的，大多数时候，我们都处于灰色地带之中。很多事情本身就有多种衡量标准与角度，通常没有绝对的对与错。例如，对历史事件和历史人物的评价，涉及伦理的话题，以及"转基因""中医""吃狗肉"等话题，由于信息不对称、立场与角度不同等原因，人们很难有一致的观点和看法，争议性比较大。

这几年火爆的《中国好声音》（2016年暂更名为《中国新歌声》，2018年又改回）节目，每季都会出现一些有争议的选手，正因为他们不是绝对的"对"，也不是绝对的"错"，才会引起观众的争论，使节目得到持续曝光。

曾经有企业为了宣传一次展会，宣称将采用麒麟作为中国的象征物和展会的吉祥物，并向社会征求意见，引发了大众的议论。随后，该企业抛出话题引导讨论：中国的象征物是龙还是麒麟？该企业还列出了麒麟象征中国的几个理由，拥护者众多，当然反对者也不少。在讨论中，很多人知道了此次展会。最终，麒麟与龙分别作为吉祥物出现在展会上——皆大欢喜。

当然，制造争议话题时要小心谨慎，既要确保话题足够开放，人们能够畅所欲言，又要把握尺度，控制争议可能导致的负面效果，防止产生仇恨，爆发战争。例如，某企业为了引起大众关注，在招聘时出怪招：不招生肖属猪和属狗的员工。这一举措果然引起了广泛关注与讨论，此事被多家媒体报道，但是人们纷纷谴责该企业用人歧视、封建迷信，给企业造成了负面影响。

二维码2-5-3

模块6 创 义

营销有两个层面：理性层面和感性层面。从不同层面打动消费者，效果也是不同的，随着产品同质化现象越来越严重，消费者对产品的需求从功能满足上升到情感满足和个人价值的实现等方面。从理性层面打动消费者，消费者可能愿意买单；而从感性层面打动消费者，消费者可能会欢天喜地地买单。因此相对于消费者的理性诉求，迎合消费者的感性诉求，更能吸引消费者。从消费者的内心出发，探究他们的特性与真实需求，是一种主攻消费者内心的营销方式。

二维码2-6-1

【案例2-6】

"椰菜娃娃"诞生记

美国玩具市场上首屈一指的是一种名叫"椰菜娃娃"的玩具。就是这个身长仅有40厘米的娃娃，使得许多人在圣诞节前夕，冒着寒气逼人的北风，在各家玩具店门前排起长队，竞相"领养"，连美国总统夫人也把这种娃娃作为圣诞礼物送给儿童。

掀起这场"椰菜娃娃"风潮的，是美国奥尔康玩具公司的总裁、28岁的青年罗波尔。罗波尔小时候听过一个童话，说小孩都是从菜地里长出来的，于是他将自己设计的一种玩具娃娃，取名为"椰菜娃娃"。起初，这种玩具销售量很小，购买者大多是玩具收藏家，至于后来波及半个世界的抢购风潮，则是由一系列别出心裁的创意所引发的。

许多年以来，美国社会面临着一场场"家庭危机"。年轻的一代强调自立，不愿意和父母生活在一起。而且，随着离婚率的增加，破碎的家庭越来越多，这种状况一方面给儿童的心灵造成了创伤，另一方面也给离异的双方造成了痛苦。特别是失去子女抚养权的那一方，精神上感到无比的失落和空虚。为了弥补这种由于年老或者离婚而造成的感情空白，奥尔康公司决定对"椰菜娃娃"进行重新定位和包装，让这种玩具成为人们心目中真正的婴儿。

罗波尔细心研究了欧美玩具市场的发展趋势，发现玩具正在由"电子型"和"智力型"，转向"感情型"和"温柔型"。于是罗波尔打破了过去的玩具总是千人一面的老规矩，而采用最新的电脑设计，使得"椰菜娃娃"千人千面，各不相同。有男娃娃，有女娃娃；有白皮肤、黑皮肤和黄皮肤；发型有辫子、直发、曲发、光头等；发色则有金色、黑色、栗色等；容貌也千差万别，细致到酒窝、雀斑的位置各不相同；衣服则有短裙、长裙、衬裤、披风等差别；鞋子也是各式各样。

总之,每一个人所"领养"的"椰菜娃娃"都不会与别人的娃娃完全相同。这种"独有性"是吸引顾客的主要手段,也是"椰菜娃娃"能够引起轰动的基本前提。

为了让"椰菜娃娃"更加逼真,奥尔康公司每制造一个娃娃,都要在娃娃身上附有出生证、姓名、脚印,屁股上还盖着"接生人员"的印章。顾客不能说"购买",只能说"领养",并且在"领养"时需要庄严地签署"领养证",以确立"养子女"与"养父母"的关系。

接着,罗波尔便采取全速推进的市场战略。一方面,奥尔康公司不惜重金在电视上广泛宣传,在每周六早上最受儿童欢迎的动画片时间内,"椰菜娃娃"密集播映,以培养电视小观众们对这个娃娃的亲密感情;另一方面,总裁罗波尔亲自出马,周游美国各大城市,在儿童博物馆之类的公共场所,举行"集体领养椰菜娃娃"的隆重仪式。为了应付潮水般的订单,公司甚至租用波音747飞机,把各色布料运往香港,昼夜加工赶制,然后再空运回美国,以便赶上圣诞节之前的购物狂潮。

为了能够长久地保持这股已经掀起来的"领养"热潮,罗波尔继续千方百计地了解顾客的心理需求,根据这些需求,他又做出了一系列的创意性决策,包括:在美国各地开设了"椰菜娃娃总医院",由本公司的职员装扮成医生和护士;制造并销售了大量与"椰菜娃娃"有关的商品;控制"椰菜娃娃"的产量,有意造成供不应求的现象;等等。

从这一连串的创意当中,奥尔康公司赚取了令人吃惊的高额利润,仅在1984年短短一年中,销售额就超过10亿美元。"椰菜娃娃"的零售价由原来的20美元上涨到25美元,黑市价格高达150美元;娃娃身上如果有原设计者的亲笔签名,则售价接近3000美元。

(案例来源:梁良良,黄牧怡.走进思维的新区[M].北京:中央编译出版社,1996.)

【案例思考】

1. 在"椰菜娃娃"的创意营销策划中,用到了哪些领域的专业知识?

2. "椰菜娃娃"创意是如何紧紧抓住当时社会上普遍存在的心理潮流,而取得空前的成功的?

【创意启迪】

在美国的玩具市场上,"椰菜娃娃"是家喻户晓的。它是连环画的主角,甚至在当地成了"爱"与"成功"的代名词。

然而有谁会想到,生产这种布娃娃的美国奥尔康玩具公司曾经遭遇经营困境,几近关门。公司分析发现当时生产的布娃娃只是玩具而已,没有生命、没有情感。后来,公司从领养孩子的父母那里得到了有益的启示。美国心理学家还认为,这种玩具有助于培养孩子的爱心、责任感,也易于受到不同民族、不同肤色的儿童的喜爱。简简单单的一个玩具,一旦赋予了它"生命",就变得如此神奇。这种玩具能促销成功证明"创造市场"的时代已来临。企业通过创造情感、情义,一片巨大的市场被创造出来。

【理论阐述】

情感营销是一种从感性层面出发,主攻消费者内心的营销方式。企业要想做好情感营销,需要把握好三大核心点:懂得感同身受,选择最适合的情感主张,选择合适的传播媒介。

一、懂得感同身受

从自我视角出发的营销方案,容易高估消费者对产品的理解,而事实上用户可能根本没看懂你所做的广告。如做洗衣粉的营销方案,首先目标客户应该定位于家庭主妇。营销的核心应该是阐明在主妇们清洗衣服时洗衣粉带来的切实好处,包括轻松去污渍、去污种类更多、用量更少等,而不是利用一大堆数据和消费者看不懂的专业名词。

在情感营销的前期策划中,需要首先将消费者的痛点找出来,然后用简单实用的语言去表达。

二、选择适合的情感主张

情感包含多种元素,可以是亲情、友情、爱情,也可以是坚韧、顽强、不放弃等美好的品质。在选择情感营销时,一定要懂得选择其中最恰当的一个,作为贯穿整个方案的主旨。

选择最合适的情感主张,并让这个情感主张直击用户的心灵,是情感营销中的关键点。企业选择的情感主张要与产品或品牌本身紧密相连,同时还应努力捕捉尚未或者较少被商业开发的人类共有情感。

虽然有非常多的产品都做过情感营销,能让消费者真正记住的产品却并不多。其中最主要的一个原因就是情感主张随意性大,条理性不够,情感主张与自身商品之间几乎没有关联。

如果不考虑自身产品或服务的特点,而盲目跟风,即使因促销活动而带来了一定的销量增长,一旦促销活动结束,能让消费者记住却几乎不可能,因为这些产品或服务根本无法打动用户的心。如果产品或服务与爱情根本没有关联,却硬要去凑情人节的热闹,最终只能是事倍功半,甚至没有任何效果。千篇一律地歌颂自由、梦想可贵,珍惜当下,不轻言放弃等,这类情感主张已经很难引起消费者的兴趣,更不要说打动他们了,所以尽可能不要再去重复强调。

一提到南方黑芝麻糊,消费者脑海里就会冒出家的味道和童年的味道,情不自禁地会想起家,想到自己小的时候。这个品牌的情感营销之所以能够如此深入人心,就是因为它将产品和温情以及家的味道紧密结合,传递了品牌关爱相随的诉求。

三、选择合适的传播媒介

光有优质的情感营销内容,却没有合适的传播媒介和方式,依然无法做好营销工作。

互联网传播时代,有更多样化的传播媒介,以及丰富有创意的传播方式,只有选择合适的媒介,才能让更多人知道营销内容,营销的影响力才能大幅度提升,才能获得更大的传播价值以及营销转化率。成功的互联网情感营销必定是优质的情感营销内容加上合适的传播媒介共同完成的。

互联网时代虽然有铺天盖地的广告与纷繁的信息,但企业只有去认真体会消费者的七情六欲,从心出发去挖掘消费者内心的诉求,再通过符合当下传播习惯的营销推广方式与多样化的传播渠道,才能引起消费者的情感共鸣,让消费者真正认同你所营销的商品。

当然,所有的创意还在于要能够创益——创出"效益":一是要为消费者创造切实有益的产品或服务,带来正面而有益的品牌感受和体验;二是要为商业品牌的成长和企业的销售与发展带来实际的资本效益,即要兼顾消费者利益、企业利益和社会利益。

二维码 2 - 6 - 2

【思考题】

1. 本书从创易、创艺、创异、创忆、创议、创义六个维度展开对创意营销的理解。请结合实践中的案例,谈谈你的理解。你还可以从哪些维度进行理解?

2. 结合生活中的案例,理解"抓住本质,极简一切,只有极简营销,才能找到产品的营销引爆点"这句话。

3. 谈谈"奥卡姆剃刀"定律及在营销创意中的应用。

4. 简述艺术在创意营销中的应用。

5. 如何利用艺术创意来阐释客户价值?

6. 如何实施与众不同的营销策略?

7. 结合现实案例,谈谈为什么要在竞争中胜出,须有自己独特的"优势",且须拥有不断产生"优势"的"源泉"。

8. 回忆营销为什么能够激发消费者的购买欲望?企业在采用回忆营销方式时,需要处理好哪些方面的关系?

9. 策划回忆营销时有哪些原则与技巧可资借鉴?

10. 制造争议话题时需要注意哪些事项?

11. 请理解"三流营销:发现冲突;二流营销:解决冲突;一流营销:制造冲突"这句话。

12. 做好情感营销,需要把握好哪三大核心?

13. 情感营销为什么需要选择合适的传播媒介?

14. 阅读如下案例,你认为这家"试管餐厅"能够赢得消费者青睐吗?

荷兰科学家开"试管餐厅" 所售食品均来自实验室

随着全球人口不断增加,人类对肉食的需求日增。荷兰专家在 2013 年培植出全球首块试管牛肉汉堡扒,试图解决粮食问题。当地有科学家受此启发,在网上开设全球首家试管餐厅,所售菜式的原材料均由实验室"种出",始创人预料试管餐饮日后可开创成崭新的饮食文化。

名为"试管内的小餐馆"的网上试管餐厅,由荷兰科学家门斯福尔特开设,不过现时还在概念阶段。他表示,虽有人培植出了如香肠和鸡肉等食物的仿制品,但由于人类口味会进化,加上开发出新技术,因此会出现新的饮食文化。因此,门斯福尔特选择开设餐厅,是为鼓励厨师和科学家,发挥想象力,构思出有创意而又好玩的新菜式,包括五颜六色魔幻肉丸或吞拿鱼质感的鹿肉。

门斯福尔特预料,到了 2028 年试管餐厅将大行其道,并可以生产出符合道德及可持续的食物。虽然现在还没有实体餐厅,但他希望可率先设立一个流动食物吧,向大众展示及推广实验室食物。

(案例来源:胡雪梅,谭利娅.荷兰科学家开"试管餐厅" 所售食品均来自实验室[EB/OL].
(2015 - 05 - 25)[2018 - 08 - 15].http://world.huanqiu.com/exclusive/2015 - 05/6517790.html.)

单元三

发现顾客尚未满足的需要

通过本单元内容的学习,你将达到以下学习目标并完成能力训练任务:

【学习目标】

知识目标	能力目标
1. 认识市场调研的局限性;	
2. 理解市场细分的概念、意义;	
3. 理解无差别型市场营销、差别型市场营销和集中型市场营销;	1. 能够分析市场或客户需求;
	2. 能够通过市场细分选择目标市场和开拓目标市场;
4. 理解市场细分后市场区域的五种类型;	3. 能够把握顾客追求的价值;
5. 认识洞察、挖掘和满足市场或客户的需求;	4. 能够运用剖析法了解客户的真实情况;
6. 理解出售、市场推销、市场营销三者之间的关系;	5. 能够运用营销手段对客户进行"摸底";
7. 理解"用户第一主义";	6. 能够通过阅读案例分析案例中的产品营销策略;
8. 熟悉市场营销的阶段及"智能营销";	7. 能够制定简单的产品营销策略。
9. 理解剖析法;	
10. 熟悉对客户进行"摸底"的方法。	

【能力训练任务】

1. 思考通过市场营销分析来弥补市场调研的局限性;

2. 积极培养自己的创新意识,挖掘市场或客户潜在的需求,把握客户追求的价值;

3. 在创意营销的视角下,理解产品或服务的"价格";

4. 搜集并分析创意营销案例,剖析其创造潜在需求的具体过程;

5. 认真完成实训任务,加深对本单元知识的理解。

本单元内容学习建议学时:6~9学时。

任正非说过,不要试图改造顾客,而要去适应顾客、满足顾客。斯旺发明了电灯,但爱迪生撬开了电力产业;Univac 是高端电脑的技术拥有者,但 IBM 做出了电脑大市场。营销中的产品创新往往并不需要过多技术,更不需要非常高深的技术(当然,技术有利于营销产品创新),仅仅是将技术用在不同的场合,有时甚至是让技术低端化,也能取得非凡的业绩。

模块 1　市场调研悖论和分析营销

我们难以完成一个全新事物的市场调查,我们也不可能为某种市场上并不存在的东西进行市场研究。如果创业者从一开始就不注意市场,那么它很可能为竞争对手创造市场。几年以后"那些人"将涌现,并占据"我们的市场",或"那些向客户销售我们从未听说过的产品的人"将突然间抢先占领市场。

二维码 3-1-1

创业者应该关注市场,并且应该具有能够从意外的成功或意外的失败中发现商机并进一步仔细研究、分析的能力。

【案例 3-1】

到 2000 年,计算机约销售 1000 台

乍一看这个标题,不会是在开玩笑吧! 但这却是真的。生产第一台计算机的公司 Univac 认为它的伟大产品是专为科研工作而设计的。因此,当有企业表示有兴趣购买时,它甚至没派一名销售人员出去。当然它认为,这些人根本不可能了解计算机是什么东西。IBM 也同样认为计算机是专用于科学家研究的仪器;它们自己的计算机曾一度专用于天文计算。但是 IBM 愿意接受商界的订单,并为它们提供服务。10 年以后,即 1960 年左右,Univac 仍然拥有最先进、最优秀的设备,而 IBM 则有了计算机市场。

很多教科书把上述问题解释为"市场研究"的问题。但这是一种错误的诊断。

我们不可能为一个完全新鲜的事物进行市场调查,我们也不可能为某种市场上并不存在的东西进行市场研究。1950 年左右,Univac 经过市场调查得出结论,"到 2000 年,约销售 1000 台计算机",而 1984 年的真正销售数字却是 100 万台。尽管两者差距巨大,但这个市场调查却是迄今所进行的最"科学"、最仔细、最严密的市场调查。唯一一件错事就是,该市场调查的出发点是建立在假定计算机仍只为先进的科学研究所用(当时每一个人都有此想法),这个数字的确有限。同样,几个拒绝施乐专利的公司也是因为进行了全面的市场调查,结果显示印刷业不会使用复印机,其后才做出这样的决定的。当时没有人会想到企业、学校以及许多个人需要复印机。

(资料来源:[美]彼得·德鲁克.创新与企业家精神 [M].蔡文燕,译.北京:机械工业出版社,2007.)

【案例思考】

1. Univac 为何会得出"到 2000 年,约销售 1000 台计算机"的结论?

2.为什么同样的产品,Univac和IBM却做出了截然不同的绩效?我们从中可以得到哪些启发?

【创意启迪】

营销的概念中没有产品,只有市场和价格——超市卖书,不是书放到了超市,而是书在超市亦能够赚钱。

创业失败原因可归纳为以下三条:一是市场对该新产品并不真正存在需求;二是有需求存在,但产品满足不了该需求;三是有需求,产品也基本满足需求,但市场并不了解该产品。创业者应该在开始时就假设这样的情形:他们的产品或服务或许会在从未预料到的市场中遇到客户,出现他们设计产品或服务时未曾预想到的用途,为他们所能够想到的行业以外的客户甚至他们根本就不知道的客户所购买。

【理论阐述】

一、市场细分

第二次世界大战后不久,一家小规模的印度工程公司买下了生产配有电动机的欧式自行车的许可权。尽管这种自行车非常适合印度市场,销路却一直不好。这家小公司的老板注意到,有许多订单只专门订购这个小发动机。一开始,他本打算拒绝这些订单,又好奇想知道人们会拿这些小发动机做什么。在这种好奇心的驱使下,他开始寻找订单的真正来源。他发现农民们将发动机从自行车上卸下来用到灌溉水泵上,在此之前,这些水泵都是用手操作的。现在这个生产商已经成为世界上最大的灌溉水泵厂商,每年销售水泵数百万台。其水泵彻底改变了整个东南亚的农作方式。

如果有初始计划以外的客户或市场对新企业的产品或服务感兴趣,那么新企业就应该试图在那个新的、意料之外的领域找到那些愿意测试新产品或服务的人,并找出它可能的应用。新企业提供一些免费样品给"不太可能"的市场,观察他们如何使用,他们是否能够使用,或产品应该是什么样子才会使他们成为客户。新企业还可在行业的各大报刊上做宣传,以了解兴趣是从哪里产生的,等等。

杜邦公司在开发新尼龙纤维时从未想过将汽车轮胎作为一个重要应用。但是,当美国俄亥俄州亚克朗市的一家轮胎生产厂商表示有兴趣用尼龙生产轮胎时,杜邦随即自己建立了一家工厂。几年以后,尼龙轮胎成为杜邦公司获利最大的产品之一。

新企业无须花费太多资金就能够判断出从意外市场中产生的意外兴趣是否是产品的真正潜在市场或只是偶然现象,当然它需要敏锐的眼光和一些系统性的工作。

最重要的是,运营新企业的人需要花时间到外面的世界去观察:在市场中,与客户和销售人员去交谈,去看,去听。新企业还需要建立一套系统性的工作制度,提醒自己"产品"或"服务"是由客户界定,而不是由生产商来设计的。在产品或服务对客户带来的作用和价值方面,新企业最大的危险是:自己比客户更知道产品或服务应该是什么样子的,它们应该如何被销售,以及应该用于何处。新企业应该不断地挑战这一危险,并愿意将意外的成功看作是商机而不是把它看作是对自己专业知识的一种羞辱。应该记住:企业不是要改造客户,而是要满足客户。

日本交通出租洗车公司提供的"阵痛出租",就是一项由独特的市场细分所产生的服务。

所谓"阵痛出租",就是事先把接送地、医院、预产期等信息登记好,一旦产妇开始阵痛,一个电话,出租车就飞奔而来,不需要指引就直接送去医院。日本交通出租洗车公司为此配备了单独的呼叫中心,24 小时 365 天随时在岗,绝不会发生"打了可是没人接"那样的事。登记免费,接送费也只需 400 日元,和普通的出租车收费一样。

这是以女性顾客的需求为基准进行市场细分而产生的一项服务,结果非常受欢迎。据说自 2012 年 5 月开始提供此项服务以来,一年内登记了 2 万人次(相当于东京都约 20% 的孕妇都登记了这项服务),实际利用率达 7700 人次。

乔布斯非常关注用户体验,他总是从"用户体验会如何"的角度来考量事物。但乔布斯不太相信消费者调查的结果。"我怎么可能去问一个对图形界面计算机毫无了解的人应该怎么做图形界面计算机呢?根本没人见过这种东西。"乔布斯认为成功的关键在于有人买你的东西,所以只要关注消费者的诉求就足够了,至于别人在干什么不用管

二维码3-1-2

他。他说:"苹果公司的根本是为人制造电脑,而不是为公司。这个世界不需要另一家戴尔公司或者康柏公司。"正是因为乔布斯主导下的苹果公司管理层集中关注消费者的诉求,使得他们能够敏锐地从消费者身上看到即将来临的数字娱乐革命,进而抢占市场先机。

二、选择目标市场

企业旨在通过向市场投入产品和服务来提高顾客的满意度,从而换取更高的利润,因此,支持的顾客越多,企业的效益也越大。

企业要在如此大的市场中满足如此众多的顾客需求,需要付出相当的规模和精力。因为顾客越多,需求也就越多样化。

对于根据"市场细分"划分出的市场,企业应该采取的策略大致有如下三种。

(一)无差别型市场营销

无差别型市场营销不考虑"市场细分",对整个市场都一视同仁,以一种营销组合

来对待所有的顾客。这是物资匮乏的年代常有的市场营销法。在那样的年代,根本无须考虑什么"市场细分",只要有产品推出大家都会抢着买。

福特公司大批量生产的,低价推出的单一的 T 型福特车,成为当时从一线蓝领工人到知识分子阶层等社会各阶层人士争相购买的对象。

采用无差别型市场营销,就是以单一的产品或服务去应对整个市场。由于产品线少,从研发到制造、流通再到促销的各个环节都可以控制成本,因此和其他公司相比,往往具有价格优势。

(二)差别型市场营销

差别型市场营销是指针对细分出来的各个市场区域,采取相应的市场营销组合去分析研究的方法。对于划分出的不同区域,企业会分配不同的资源去应付。

若采取这样的方式,企业就要针对不同的区域进行产品开发、流通渠道设置、品牌打造等。也就是说,这种战略成本高,只适合于资金雄厚的大企业。

例如,丰田公司致力于全方位地满足不同层次顾客的需求,既有高级轿车雷克萨斯,又有旗下子公司打造的轻型小轿车。

采用差别型市场营销,企业必须针对各个不同的区域提供不同的产品或服务,设计不同的市场营销组合。和无差别型市场营销相比,这种营销方式虽然成本高,但是可以满足顾客的多种需求,有利于赢得更多的顾客。

(三)集中型市场营销

集中型市场营销只针对特定的区域开展特定的市场营销组合,其他的区域不予考虑。

如今,大多数企业采用的都是这种集中型市场营销方式,即对和公司自身能力相匹配的市场集中进行投资。

采用这样的方式,企业就能针对重要客户开展产品开发和市场营销,削减开支。

奇瑞汽车公司就是把精力集中在以轻型汽车为主的小型汽车的开发和销售上,从而取得持续发展的典型企业。

无论哪个公司,其人员、物力和财力都是有限的。把有限的资源集中投入到能发挥企业优势的特定市场和顾客群上,这样的市场营销活动才称得上是行之有效的市场营销活动。

三、探索开拓目标市场

企业在明确方向之后,可在三个基本策略上再加上一个轴(标准、基准)来确定顾客群,选择目标市场,并进一步细分。这样细分出来的市场区域共有五种类型,如图 3-1 所示。

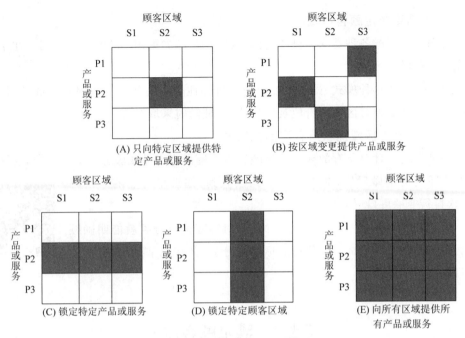

图 3-1　市场区域的五种类型

（一）只向特定区域提供特定产品或服务

这是瞄准一个区域的方法，是对应于集中型市场营销的一种市场细分法。

意大利的法拉利汽车公司只专注于高级跑车市场，绝不涉足廉价的大型普通汽车市场，只向特定的区域提供特定的产品。这一类型的优点在于：可以把有限的资金集中起来，在特定的区域发挥巨大的优势。与此同时，这一类公司也要承担这样的风险：随着时代的变迁，该区域会渐渐失去魅力。

（二）按区域变更提供产品或服务

只盯着一个区域会有风险，于是，许多企业开始选择进入多个有希望的市场。

采用这种方式，就是无限制地选择有魅力的区域。如三菱汽车公司，其旗下的帕杰罗是为喜欢户外运动的人士打造的，柯尔特是为年轻时尚的女性量身制作的，而iMiEV 纯电动轿车则是为追求经济实惠的人士制作的。

这样做虽然可以分散风险，却很难在市场之间产生协同效应。

（三）锁定特定产品或服务

这种类型是为多个区域提供特定的产品或服务。

例如致力于打造高级轿车的德国奔驰汽车公司，虽然市场存在各种层次的顾客群，可是奔驰绝不妥协。这一点，充分体现在其"要么最好，要么没有"的企业理念上。

专注于特定产品或服务的好处在于产品或服务明确，品牌辨识度高，但不利于灵活应对外部环境的变化。

（四）锁定特定顾客区域

针对该区域的各种需求提供相应的产品或服务,如德国 BMW 汽车公司专注于追求先进性的顾客区域。

企业若采用这种模式,虽然很难受到来自其他企业的新产品或服务的威胁,但必须随时观察特定顾客区域的价值观的变化,以便随时采取对策。

（五）向所有区域提供所有产品或服务

该类型就是针对所有的区域提供顾客需要的所有产品或服务。毫无疑问,这样做需要大量的资金做后盾,非大型企业无法做到,如汽车行业的丰田公司、饮料行业的可口可乐公司等。

从独特的切入点入手,进行市场细分,对顾客进行分类就能明确顾客的需求。企业需要试着用独特的标准来分类,并在此基础上,探索开拓目标市场的方法。

二维码 3-1-3

模块 2　满足顾客需要

营销是一个发现需求、满足需求的过程。对于营销人员来讲,他们只有先洞察、挖掘市场的需求,才能根据市场和客户的实际情况,推广或预售相应的产品,从而在满足市场或客户需求的同时,实现产品及自我的价值。

二维码 3-2-1

【案例 3-2】

老太太买李子

一条街上有三家水果店。一天,李老太太拎着篮子去买水果。她来到第一家水果店里,问:"有李子卖吗?"店主见有生意,忙迎上去问:"老太太,买李子啊? 您看我这李子又大又甜,刚进回来,新鲜得很呢!"

没想到老太太一听,竟扭头走了。店主觉得奇怪:怎么回事? 我难道说错话得罪老太太了吗?

李老太太接着来到第二家水果店,同样问:"有李子卖吗?"

第二位店主马上迎上前说:"老太太,您要买李子啊?"

"啊。"李老太太应道。

"我这里李子有酸的,也有甜的,那您是想买酸的还是想买甜的?"

"给我来一斤酸李子吧。"店主很高兴地给李老太太称了一斤酸李子,李老太太就

回去了。

第二天,李老太太来到第三家水果店,同样问:"有李子卖吗?"

第三位店主马上迎上前同样问:"老太太,您要买李子啊?"

"啊。"李老太太应道。

"我这里各种各样的李子都有,酸的、甜的都有,您要哪种啊?"

"给我来一斤酸李子吧。"

于是,第三位店主准备给李老太太称李子,同时他很奇怪地问老太太:"一般人在我这儿买李子都喜欢要甜的,可您为什么要买酸的呢?"

李老太太说:"哦,最近我儿媳妇怀上孩子了,特别喜欢吃酸李子。"

"哎呀! 那要特别恭喜您老人家快要抱孙子了! 您儿媳妇有您这样的婆婆真是天大的福气啊!"第三位店主忙说。

老太太听他这么一说也很开心,忙说:"哪里哪里,怀孕期间当然最要紧的是吃好,胃口好,营养才能好啊!"

"是啊,这怀孕期间的营养是非常关键的,不仅要多补充些高蛋白的食物,听说多吃些维生素丰富的水果,生下的宝宝会更聪明!"

"是啊! 那你知道哪种水果含的维生素更丰富一些吗?"老太太问道。

"我从书上看到,猕猴桃含有很丰富的维生素!"

"是吗? 那你这儿有猕猴桃吗?"老太太忙问。

店主笑呵呵地说:"有啊,您看我这进口的猕猴桃个大、汁多、含维生素多,您要不先买一斤回去给您儿媳妇尝尝!"

这样,老太太不仅买了一斤李子,还买了一斤进口的猕猴桃,而且以后几乎每隔一两天就要来这家店里买各种水果。

【案例思考】

1. 案例中三家水果店为何会取得不同的销售业绩?

2. 第三位店主(营销员)抓住了老李太太(客户)的何种核心需求?

【创意启迪】

同样的三家水果店,却取得了不同的销售业绩,这与营销员有着直接的关系。

第一位店主存在强烈的思维定式,他在用自己想当然的想法去满足客户,即他认为客户只会有一种需求——都喜欢吃甜李子。因此当客户的需求不在他设想的范围内时,客户就会流失。他所宣传的内容正好与老太太的需求背道而驰,因此他进行了一次失败的推销。

第二位店主首先站在了客户的角度上分析问题,通过简单的提问了解到客户的基本需求,因此获得了成交。但他只是顺着客户的意思去满足客户的需求,只局限地满

足了客户的已知需求,没有更进一步地挖掘客户的潜在需求,因此他的成功也是被动的、局限的,无法真正地抓住客户。

第三位店主首先也询问了客户的基本需求,然后又在聊天当中认识到客户的潜在需求,并成功开拓了客户的潜在需求。他洞察到了这个客户的选择有些与众不同,于是开始进一步挖掘,最终找到了其中的原因,进而获得了更大的成交,并获得了客户信任。这样的销售才是真正的成功。

普通的营销员,满足客户的需求;优秀的营销员,引导客户的需求;卓越的营销员,创造客户的需求。营销员只有立足于市场实际,科学、合理地测算市场的需求量,同时结合客户的需求,才能更好地掌控市场,从而成为优秀的资源整合者、调配者,让市场不断地迈向新的里程和高度。

营销员在实施市场营销战略时必须问一下:客户的各种需要有哪些是还没有被今日提供给他的产品或服务所充分满足的?在提出这个问题以及正确地回答这个问题的能力上的差别,常常使有的公司成为成长性的公司,而有的公司的发展则依赖于整个经济或产业部门的上升。当然,那些满足于随潮流而上升的人,也必将随潮流而下降。

【理论阐释】

只有产品适销对路,才能更好地满足市场和客户的需求。

索尼公司是在第二次世界大战结束以后建立起来的一家制造录音机的公司,其产品在本国市场上取得了相当的成功,造就了"索尼神话"。日本索尼公司在20世纪50年代中期首次决定进入美国消费者市场时,提出了"顾客尚未满足的需要是什么"这一问题。它是作为广播电台使用的昂贵的专业录音设备的一个小型而可靠的供货者而进入美国市场的。但它在美国大众消费市场上首次建立其地位的却是一种它从来没有制造过的产品——手提晶体管收音机。索尼公司的市场分析表明,年轻人携带着唱机和带蓄电池的电子管收音机等笨重、昂贵的设备去野餐、露营和郊游,因而市场上肯定存在着一种尚未被满足的对轻便、价廉、性能良好的设备的需要。晶体管并不是索尼公司发明的,而是美国的贝尔研究所发明的。但是,贝尔研究所和美国的所有电子制造业者都认为顾客还不需要晶体管这样的设备。他们只看到顾客已被现有设备满足的那些需要,只看到顾客对那些被安装在一个地方的设备的需要。索尼公司由于提出了"顾客尚未满足的需要"这一问题,发现了一个新的成长中的市场,并在令人难以置信的短期内成为世界上这一行业的领先者和标兵。

洞察、挖掘和满足市场或客户需求通常有如下三个步骤:探寻市场容量、挖掘客户需求和满足市场或客户需求。

一、探寻市场容量

我们可以用连比法来计算市场容量,其计算公式为:

$$k = nqp$$

其中,k 表示某产品的总市场潜量;n 表示该产品的潜在购买者数;q 表示每个购买者的平均购买量;p 表示平均单价。

假设某市场有 100 万人口,每人的平均购买量是 10 包,每包的平均单价是 1 元,则该市场的总市场潜量 $= 1000000 \times 10 \times 1 = 1000$(万元)。

当然,有时并不是所有的人口都是消费者,并且在购买产品时,有时还会存在一些变量,因此,就催生了这个方法的变形——锁比法。

锁比法由一个基数乘上几个修正率组成,其公式为:

$$k = navv_1v_2$$

其中,k 表示某产品的总市场潜量;n 表示总人口数;a 表示平均每人可支配的个人收入;v 表示平均每人用于某大类产品的支出比;v_1 表示该大类中某分类产品的支出比;v_2 表示该产品在分类产品中的支出比。

例如,一文具公司拟测算一个区域的市场需求量,已知当地有 10 万人,人均可支配支出为 1 万元,购买文化用品支出比率为 1%,文具产品占文化用品的支出比为 20%,该公司产品在该区域的占有率为 25%,则该公司的市场需求量 = 该区域市场有效顾客数×人均可支配支出×购买文化用品支出比×文具产品占文化用品支出比×本公司产品市场占有率 $= 100000 \times 10000 \times 1\% \times 20\% \times 25\% = 50$(万元)。

二、挖掘客户需求

客户的需求主要来自现实的需求和潜在的需求两个方面。

(一)现实需求

曾经有这样一则笑话:两个医生在一起聊天,甲问乙:"为何你每次看病,都问病人喝什么酒? 病人喝酒跟看病有关系吗?"乙说:"当然有关系了,我要根据他喝的酒的档次来给他开医药费啊!"这个笑话告诉我们,现实的需求挖掘跟客户的实力有关系。比如,客户的资金实力越强,其多进货或多下订货的可能性往往就越大。

企业可以通过以下方式来挖掘客户的现实需求:

(1)给予客户比竞品更高的利益,包括现实的利润水准和未来的长远收益。企业通过给予客户高于竞争对手的利益,让客户拿出更多的人、财、物来重点经营和推广自己的产品。针对这种情况,企业可以采用逆向定价法,最后推导出一个各渠道利润都高于竞品的价格体系,以此来满足客户追逐利润的需求。

（2）与厂商建立良好的关系。多给客户提供利润外的增值服务等附加价值，比如，利用各种会议时机，企业培训经销商及其人员，企业领导定期拜访和指导客户，采取客户经理制等，以加强沟通，改善关系，从而促进销售。

（3）及时激励，刺激进货。根据市场和产品推出后的情况，通过召开订货会、新品发布会、举行销售比赛等方式，渲染行业、市场、产品前景，再通过现实的政策拉动，促使客户把钱掏出来。

（二）潜在需求

所谓潜在需求，就是有市场，但尚未被挖掘或激发出来，需要进行引导的需求。比如，各种新式的产品，在经历企业对市场的培育之后，其现实的需求就会越来越大。

为了挖掘潜在需求，企业除了要进行适度的广告宣传来进行立体式引导外，还要做好以下三个方面的工作：

（1）调研市场，细分定位。市场也像海绵里的水一样，需要去挤。当很多人抱怨市场已经饱和的时候，我们会惊奇地发现，当有一些新的品牌、产品、品类出现的时候，市场又会有新的销量，份额又会有新的增加。因此，企业要善于找到市场产品的细分点，可以从产品品牌、包装、规格、功能等角度，补缺或投放全新品类，来引导客户的需求。

（2）用榜样来带动。企业可以通过构建样板市场，树立新产品推广榜样等方式，调动其他推广效果不佳的客户一起来销售新产品，调动潜在的客户需求。客户通过参观样板市场，不仅可以观摩借鉴学习，而且可以树立自信心，加快行动。

（3）顾问式销售。站在客户的角度，结合市场、厂家、客户、消费者以及下游分销渠道，给客户提供市场需求解决方案，告诉客户通过引进一些产品以满足需要，同时，对客户及其员工，还要发扬传帮带的"教练"精神，教给他们做市场的步骤、方法、技巧，化解他们的后顾之忧。

三、满足市场或客户需求

企业需要结合市场容量和区域购买力这两个因素，并参照区域消费特点和当地习惯来满足市场或客户需求。

（1）结合市场容量。通过对市场需求量的初步探寻，企业可以大致看出产品在未来的成长空间，此时应适度地对客户压货。适量的压货，能够激发客户的内在潜力，让市场更快地成长。

（2）结合区域购买力。区域经济发展不平衡，造成不同区域消费者的购买力也不同。因此，每进入一个区域，企业都要对当地的购买力进行测评，合理布局产品档次。比如，在珠三角、长三角这些经济发达地区，中高档产品容易被推广和接受，而在西北经济欠发达地区，则中低档产品更受欢迎。

（3）参照区域消费特点。民族不同、信仰不同，其消费特点也有所不同。例如，信奉伊斯兰教的回族顾客，一般不会购买不带清真标志的产品。因此，产品进入某区域时需要结合当地的消费特点，避免盲目。

（4）参照当地习惯。"南甜北咸，东辣西酸"说的就是我国饮食习惯的不同，同样是辣，四川是麻辣，而湖南却是香辣，针对这个特点，康师傅根据不同地域的不同消费习惯，推出了"江南美食""东北炖""辣旋风"等适合不同区域的系列产品，更好地满足了不同地域顾客的需求。同时，城市和农村居民的消费也是有区别的，除了档次的区别外，还有购买习惯的不同。比如，城市居民在购买产品时由于交通较为便利，他们的购买量一般较少；而在广大的农村，尤其是地广人稀的中西部地区，由于路途遥远，他们购买东西时更多的是批量购买等。

二维码 3 - 2 - 2

模块 3　市场营销理论发展：从市场推销到市场营销

市场推销是企业突出的、特有的职能。任何组织，如果不是为了在市场上推销一种产品或服务，或只是偶尔为之，那它就不能算是一个真正意义上的工商企业，而且也绝不能像一个工商企业那样来进行管理。

二维码 3 - 3 - 1

【案例 3 - 3】

微笑是春天的和风

美国希尔顿酒店是世界上规模最大的酒店之一，它要求每一个员工不管多么辛劳都要向旅客保持礼貌的微笑。公司总经理认为："旅馆服务员失去了微笑，就像春天的花园里失去了太阳与和风。"他说："如果我是旅客，我宁愿住进虽然只有破旧的地毯，却处处可见到微笑的旅馆，而不愿走进只有一流设备却看不见微笑的地方……"他向各级员工问得最多的一句话是："你今天对客人微笑了没有？"不管从心理学还是社会学的角度来说，人的脸上充满了微笑都能给他人带去快乐。当顾客来到旅馆，一进店门就看到每个服务人员脸上的微笑，顾客的身心马上就放松了，心情也变得愉悦了。能让人变得轻松愉悦的旅馆难道不是好旅馆吗？微笑是春天的太阳与和风，它能让人感到温暖；微笑是一种秘诀，有了它，商家的生意就会变得蒸蒸日上。商家要求服务人员为客人提供微笑服务就是对客人付出真心，让客人在店里感到舒心及享受到快乐的服务。而这也就是希尔顿酒店扩大到 200 多家、遍及五大洲的重要因素。

美国有一家由杂货店发展起来的百年老店——西尔斯。该店虽然经历了几代人，

但生意依然兴隆,声誉卓著。如今,西尔斯在美国 50 个州中拥有 8000 多家分店,39 万个美国家庭是其老主顾,因此它被称为"美国第一店"。西尔斯的成功,是把大家公认的经商准则"货物出门,概不退换"改为"货物出门,保证满意,不满意退款"。这一经营态度的改变,使西尔斯在顾客中树立了良好的服务形象,也为自己赢得了商机,获得了丰富的财富。作为商人,其最大的成功是让顾客对自己的服务满意。西尔斯的经营准则能让顾客心甘情愿地为商品付出金钱,实现了商人最大的价值——让顾客满意。俗话说"富不过三代",而西尔斯经历了几代人,依然生意兴隆,这其中最重要的原因就是它抓住了一条真理:"让顾客百分之百满意,顾客就会让我们的生意蒸蒸日上。"西尔斯一心想做的就是让顾客满意,让顾客觉得商品买得值、买得舒心。

(资料来源:陈碧蓝.微笑的力量[J].内蒙古林业,2015(2):40.)

【案例思考】

1. 在营销中,你如何理解"人与人之间最短的距离是微笑"(The shortest distance between people is a smile)?

2. "让顾客百分之百满意,顾客就会让我们的生意蒸蒸日上。"这句话体现了商家和顾客之间的何种关系?这种关系应该如何巩固?

【创意启迪】

苏联著名教育家苏霍姆林斯基说:"对人来说,最大的欢乐和幸福是把自己的精神力量奉献给他人。"也就是说,把自己的人生经验与积极向上的人生态度无私地奉献给他人,而这种付出一定会得到回报。当付出了这种精神力量之后,你会快乐地发现,自己虽然没有得到财富,却得到了同等价值的心灵愉悦。这也是保持心理健康的一种方法——无私地奉献出自己的精神力量。

印度诗人、哲学家泰戈尔说:"埋在地下的树根使树枝产生果实,却并不要求什么报酬。"树根之于树枝是一种无私的奉献,这种奉献无声无息、默默无闻。然而树根不知道的是,树是一个整体,只有果实丰收,树根才会在土壤中不断壮大。所以,无私的付出会得到意想不到的收获。微笑是春天的和风,是服务,是真心地对顾客,是无私地奉献出自己的全部。这种精神正是商人成功的重要因素。

【理论阐释】

一、从出售转为市场推销

在西方,美国企业家、收割机发明者塞勒斯·麦考密克首先清楚地看到,市场推销是工商企业独特的、中心的职能。创造出顾客,是企业管理的特有工作。麦考密克不仅发明了一种机械收割机,事实上他还发明了现代市场推销的一些基本手段:市场研究和市场分析、市场占有率的概念、价格政策、服务推销员、给顾客提供的零件和服务、

分期付款办法等。这些基本手段麦考密克早在 1850 年前就实行了,但即使在美国,这些手段也是到了 20 世纪初才得到广泛应用。

19 世纪 40 年代,从纽约到伊利诺伊,麦考密克在只要是种植小麦和相关农产品的区域内的报纸上都购买了广告版面。其中,1849 年的一则广告是这样的:一个男孩挥鞭驱赶拉着收割机的两匹马,一个头戴高帽、身着马甲的男子一滴汗也未流,就用耙子耙好了切割下来的麦秆,边上写道"上个收获季节中,这种收割机的销售量达到 800 台,使用者对它非常满意"。为了证实真实性,该广告还附上了顾客推荐书。麦考密克还因此创办了自己的报纸——《农民先驱报》。麦考密克去世前,它的发行量达到了 350 万份,读者遍及全美国。考虑到广告无法取代与顾客的面对面交流,麦考密克还设立了很多独立代理人,通过授权他们销售收割机使他们成为供应链中的一部分。生意扩大后,代理人中间的精英即可转为公司的正式雇员。

麦考密克是第一个使用"退钱保证"作为销售手段的人。顾客只要花 30 美元就可以获得一台收割机 6 个月的使用权,试用期结束后,如果满意,就支付剩下的 90 美元将收割机买下;如果不满意,就归还机器并取回他的 30 美元。对于农民来说,这再方便不过了。通过这 6 个月的使用,他们可以先收获粮食,待粮食售出后,再付钱。

麦考密克通过进一步市场调查还发现,当时美国大多数农民的购买力并没有强大到购买农业机械的水平,尽管他们渴望获得这些机械,却苦于没有钱购买。经过一番思考,麦考密克发明了分期付款的购买方式,让农民能够以未来的收入支付购买收割机的费用,而不必仅仅靠着过去菲薄的积蓄。这种分期付款的方式与技术没有任何关系,却让当地的经济从供给驱动型转变为需求驱动型。

美国 20 世纪初的经济革命在很大程度上是一场市场销售的革命。一开始,美国工商界对市场销售的典型态度是"销售部门所出售的是工厂所生产的任何东西",这是市场推销的观念。到了 70 年代以后,这种观念转变为"我们的任务是生产出市场所需要的东西"。这种策略虽然执行得还很不够,但它对经济变革所产生的影响决不小于任何一项技术革新。

市场推销是企业最基本的职能。企业需要通过顾客实现自身价值,企业的目的在于创造顾客。对于顾客而言,企业的产品或服务就代表了整个企业。从表面上看,市场推销仅仅是推销了企业的产品或服务,本质上却是在推销整个企业,因此,企业生产经营管理的几乎所有环节都需要体现对市场推销的关心和责任。

IBM 能得以迅速发展并不是由于技术上的创新或是产品上的领先地位。当 IBM 进入电子计算机领域时,它只是一个后来者,既没有技术上的专长,又缺少科学知识。但是,电子计算机行业早期的技术领先公司如通用电子计算机公司、通用电气公司和美国无线电公司等都是以产品和技术为中心的,而当时 IBM 的推销员却提出了这样

一些问题："什么是顾客？顾客觉得有价值的是什么？顾客是怎样购买的？顾客需要些什么？"

从公司创建初期开始，IBM就专注于帮助客户解决最棘手的难题。IBM创始人老沃森将"在我们的一切工作中专注客户服务并追求卓越"深嵌入公司的核心价值观中。从穿孔卡时代的创新到标志性的360系统（System/360），再到今天多样化的产品、服务和解决方案，包括沃森计算机系统和其他基于分析的技术在内，IBM一直致力于研发创新性的产品和技术，帮助各行各业的企业获得成功。

2002年是IBM公司的一个分水岭。那年，IBM收购普华永道咨询公司，IBM的文化从此开始转型。公司的销售团队越来越视自己为解决客户问题的咨询师，越来越多地思考产业领导力和真正的咨询式销售，思考如何让公司提供的系统、软件和服务发挥协同作用，更好地满足客户和他们所在领域的需求。

解决方案式的销售始自倾听。今天，IBM的销售员会花很多时间直接或者间接地学习如何整合公司的全部资源，以帮助客户解决他们面临的艰巨挑战。

里约热内卢是2014年世界杯和2016年奥运会的主办城市。在筹备这两宗活动的过程中，当地官员也在寻求一种城市管理的新方式，他们找到IBM共同探讨解决方案。IBM帮助他们建立了一个能够将30个政府部门的信息互通整合在一起的城市管理中心。这个中心管理着整个城市的911应急系统、供电供水系统、包含公车和火车等在内的公共交通运输网络，甚至还包括对空气质量的监测。该中心管理所有信息源并且实时理解它们。里约热内卢的故事生动解释了IBM这套复杂的思维系统是如何应用的——怎样整合一个城市那么多核心的市政管理事务，并从那些数据中获取有效信息。

二、剥离是一个"市场营销"问题

对企业来讲，不适当且本身也不成功的项目，应该尽快地予以摆脱；否则，它会成为吸取企业各种资源的无底洞，并成为管理当局的一个沉重包袱。而那些对企业来讲不适当，但其本身仍是成功的项目，则应该从企业独立出去，放手让其自由发展。

惠而浦公司（Whirlpool Corporation，创立于1911年，总部位于美国密歇根州的本顿港，是世界上最大的大型家用电器制造商之一）曾经是由西尔斯公司拥有和发展起来的制造商。当惠而浦公司所生产的所有电器产品都是出售给西尔斯公司时，西尔斯公司就拥有了对惠而浦公司的绝对控制权。其后，西尔斯公司决定惠而浦公司只能以西尔斯公司创立的品牌Kenmore对外销售产品。此时，西尔斯公司不是继续加强对惠而浦公司的控制，相反，西尔斯公司向社会公众出售了大部分其所拥有的惠而浦公司股票，只留下了有控制权的一小部分股票。之后，随着惠而浦公司的成长和发展，

西尔斯公司又陆续出售了所剩余的股票。

西尔斯公司认为，一个发展势头旺盛且取得成功的企业当然是需要资本的，而且这样的企业是能够独立获得发展所需的资本的。如果这样一个企业是由另一个企业的管理当局来控制，而那个管理当局的兴趣、眼界、关注焦点又都集中于——也应该集中于——自己的企业时，那么这个被控制的企业就不太可能充分发挥其潜力。所以，这样的一个企业相对于对资本的需求而言，更需要管理上真正的独立性。正如成人需要自立一样，一个已经不是"孩子"而是"成人"的企业，自然也需要自立。

在西尔斯公司不再拥有对惠而浦公司的控制权后，惠而浦公司仍然是西尔斯公司所销售电器产品的独家供应商，而且电器产品供应更加丰富。惠而浦公司之所以能够成长为美国百强制造商，主要还是依靠自己的销售渠道和自建品牌的影响力。而这些，都是在西尔斯公司结束了对它的控制权以后才开始的。

对于大多数与本企业不适合而本身又取得成功的项目来说，其在管理和财务上一开始就应同母公司分离，这就好像已长大的孩子要自行成"家"一样。

这种撤退（剥离）是一个"市场营销"问题，而不是一个单纯的"出售"问题。该问题不在于"我们要出售的是什么以及要卖多少钱"，而在于"这个企业对于谁有'价值'以及在什么条件下它才有'价值'"。这当然是一笔金钱上的买卖，但其突出之处在于要找到一个可能的买主，使得这个对卖主来讲不适合的项目，对买主来讲完全适合，并能为买主提供好的机会或解决他的困难问题。于是，这位买主就可能出最高的价钱。

一家大印刷公司得出结论说，它旗下的一份发行量较大的杂志对它来说至多只是一个部分适合的项目，应予出售。它以前之所以买下这份杂志，只是为了维持其印刷合同。当时，这家杂志处于困境之中，经过印刷公司管理当局的经营以后，已变成一家相当成功的杂志。但印刷公司的经理人员知道，这家杂志需要有新的方向和新的战略，而他们自己既不是也不想成为出版专家。事实上，他们认为自己在这项他们并不真正了解的业务上已花费了太多的时间。他们认识到，这家杂志所需要的是高水平的出版方面的管理者。然后，他们提出这样的问题："对一个杂志出版公司来说，最有价值的是什么？"他们得出这样的答案："如果这是一家成长中的杂志公司，它最需要的是现金。因为，一个成长中的杂志，在几年中都需要有大量的现金投资来扩大其发行量。那么，为了我们自己的利益，我们怎样才能满足这家杂志的可能的买主在现金方面的需要呢？"其答案是："对它在我们印刷厂中的印刷费和纸张费可以宽限到 90 天内付款，而不是习惯上的 30 天期限。"因为，对于一家杂志来说，仅次于扩大发行量的投资费用就是印刷费和纸张费。印刷公司很快就找到了一个满足其要求的出版集团。该出版集团愉快地买下了这个杂志，所付的价格比卖主预期的还要高。它也付得起这笔费用。由于获得印刷公司在付款期限上的优惠，出版集团在成本上还得到很大好处。

而卖主则使其最关键的印刷杂志的合同获得了成倍的增长,因为它获得买主其他几家杂志的印刷合同。卖主这样做时风险最小。而买主则在两年内使其从杂志发行和广告中获得的收益增加了50%。

有人这样说:"在为你的女儿找丈夫时,不要问'谁能成为她最好的丈夫',而要问'她能成为怎样一个人的好妻子'。"这对于放弃一个对本企业不适合而本身又是成功的或很有发展前途的项目来讲,也是一条正确的规则。

二维码3-3-2

模块4　走近顾客,深入了解

同样是一枝玫瑰花,悲观者看到的是刺,乐观者看到的是花,不同心态与心智模式会导致不同的结果与命运,而推销高手必备的基本心态就是积极的心态,即使只有一线希望,也要全力以赴去争取。摸准沟通对象的心理特点,可以尽快找准切入点,迅速引起对方的注意和好奇,诱导客户主动询问解决方案,激发客户购买欲望的提升。以客户需求为导向,紧紧抓住客户的消费心理,大胆设想,小心求证,逐步引导,最终实现目标。透过直接客户找到潜在客户,发现潜在客户的内在需求,并诱发客户的潜在需求。

二维码3-4-1

【案例3-4】

把梳子卖给和尚

一个营销经理要求他的手下把梳子卖给和尚。

第一个人没好气地回复经理说,和尚没有头发,还怎么去卖梳子?

第二个人来到寺庙对和尚说,我想卖给你一把梳子。和尚说,我没用。那人就说如果卖不出去,我就会失业,你要发发慈悲啊!于是和尚就买了一把。

第三个人来到寺庙在庙里转了转,对和尚说,拜佛是不是要心诚?和尚说,是的。第三个人说,心诚是不是需要心存敬意?和尚说,要敬。那人说,你看,很多香客从很远的地方来到这里,他们十分虔诚,但是却风尘仆仆,蓬头垢面,如何对佛敬?如果庙里买些梳子,让这些香客把头发梳整齐了,把脸洗干净了,不是对佛的尊敬?和尚说话有理,就买了十把。

第四个人来到寺庙对和尚说,如果庙里备些梳子作为礼物送给香客,既实惠,又有意义,香火会更旺的。和尚想了想,觉得有道理,就买了一百把。

第五个人来到寺庙对和尚说,您是得道高僧,书法甚是有造诣,如果把您的字刻在

梳子上,刻些"平安梳""积善梳"送给香客,是不是既弘扬了佛法,又弘扬了书法?老和尚微微一笑,就买了一千把梳子。

第六个人来到寺庙与和尚说了一番话,却卖出了一万把梳子。他告诉和尚,梳子是善男信女的必备之物,经常被女香客带在身上,如果大师能为梳子开光,成为他们的护身符,既能积善行善,又能保佑平安,很多香客还能为自己的亲朋好友送上一把,保佑平安,弘扬佛法,扬寺院之名,岂不是天大善事?就这样,寺院买了一万把,取名"积善梳""平安梳",由大师亲自为香客开光,竟十分兴隆,并得到不菲的开光所捐善款。

第七个人来到寺庙向和尚描绘了一番愿景,最终与寺庙签订了长期订购一万把梳子的协议,寺院成了他的超级专卖店。他向方丈描绘了一幅宏伟蓝图:寺院年久失修,诸多佛像已破旧不堪,重修寺院、重塑佛像金身已成为方丈终生夙愿,然则无钱难以铭志,如何让寺院在方丈有生之年获得大笔资助呢?他拿出自己的1000把梳子,分成了两组,其中一组梳子写有"功德梳",另一组写有"智慧梳",比起以前方丈所买的梳子,更显精致大方。他对方丈建议,在寺院大堂内贴如下告示:"凡来本院香客,如捐助10元善款,可获高僧施法的智慧梳一把,天天梳理头发,智慧源源不断;如捐助20元善款,可获方丈亲自施法的功德梳一把,一旦拥有,功德常在,一生平安。"如此一来,按每天3000名香客计算,若有1000人购智慧梳、1000人购功德梳,每天可得善款约3万元,扣除梳子成本,每把8元,可净余善款1.4万元,如此算来,每月即可筹得善款40多万元,不出一年,梦想即可成真,岂不功德无量?方丈听得心花怒放,二人一拍即合,当即购下一万把梳子,并签订长期供货协议。

【案例思考】

1. 把梳子卖给和尚的七个营销员的推销绩效为什么会迥然不同?他们的差别在哪里?

2. 第七个营销员是如何把业绩做到最佳的?对我们有什么样的启示?

【创意启迪】

把梳子卖给和尚,正如把冰卖给因纽特人一样,推销的都是客户并不需要的产品,看上去都是一件不可能完成的任务,对大多数推销员而言,都会是一件不可能有结果的事情。但是,创意营销强调思维模式的提升。创意营销的理念和思维能够接受类似不可能完成的任务和超越自我的挑战,而推销员们所要求完成的工作就是将幻想变成理想,把理想变成现实,将所有不可能通过努力和技巧变成一种实实在在的可能!同样的市场,同样的梳子,第一个人怨天尤人,自然无法做出业绩。第二、三、四个人,还仅仅把眼光局限在产品上。第五个人叩开了和尚的潜在需求。只有第六七个人把自己的利益和顾客的利益融为一体,在帮助客户实现价值的基础上,实现自己的价值和利益。

【理论阐释】

一、剖　析

所谓剖析（profiling），就是使人物的轮廓变得清晰，弄清"你究竟是什么样的人"等问题。这是 FBI 的心理分析官为找出犯人使用的一种常用方法。后来这个词被广泛使用，在市场营销领域，剖析就是指让顾客完全暴露在自己面前。

如通过市场细分来分组确定其属性，可以勾勒出这样一位顾客的形象：年收入 50 万元的 40 岁上下的公司职员，有妻子和一对孩子，住在城市近郊，爱好骑游，愿意用自己的零花钱买 1 万元的自行车。

可是，单是这样并不能从根本上为顾客提供令他们满意的产品或服务，因为数据太少。而且，也不能切实把握决定顾客行为的价值观。如果营销员不能了解顾客喜欢什么，讨厌什么，不知道他们的人生目标和梦想，就不能从根本上提出令顾客满意的方案。即使顾客是法人，情况也是一样的。销售规模之类的属性就不用说了，那个公司的优势是什么，弱势是什么，经营活动的目标是什么，诸如此类的问题营销员都需要调查得清清楚楚。

采用剖析法，就能利用区域分类来深入了解对方的态度、行为以及行为的理由等，甚至可以通过追溯某个人的过去来探寻其人格形成的背景，分析其为实现自己的梦想或目标付出了怎样的努力。

如此这般，就能勾勒出顾客的具体形象。

二、了解顾客的真实情况

我们真的了解"顾客的真实情况"吗？

"当然了！我们做了调查，掌握了足够的数据，并且做了深入的分析。"——似乎马上就能听到这样的回答。

可是，也经常听人说："尽管在同一个组织内部，却不能共享统一的顾客信息。我们的顾客究竟是怎样的一些人？"

为什么掌握了足够的数据，我们对顾客的了解却不一致？

假设我们要做一个某品牌清凉饮料的产品企划，应该从收集外部环境等信息入手，对市场、竞争对手、目标顾客进行调查，制定区别于其他公司的产品企划。

的确，如果我们能收集大量的数据并进行分析，就应该能了解到顾客的真实情况，而事实上对数据的解释却是因人而异的。

三、用剖析法来了解、共享顾客信息

为了防止发生解释的偏差，最好的方法是进行"剖析"。"剖析"客户的层次、风险、爱好和习惯等情况,就能缩小因解释带来的认识偏差,使顾客的情况变得明确、清晰。如对某一35岁左右男性白领顾客进行剖析所获得的信息,如表3-1所示。

表3-1 利用剖析法获得的信息

性别	年龄	住所	家庭成员
男	35	杭州市××小区	妻子,孩子两人(女儿,5岁;儿子1岁)
职业	年收入	工作目标	喜欢的服装和汽车品牌
风险投资基金经理	30万元	投资回报率丰厚的产业	耐克、阿迪达斯,奔驰
梦想	爱好	生活方式	购买的杂志
带着家人移民美国	运动,看球赛	享受生活,追求个性	金融时报

通过剖析,我们可以将该顾客描述为一位对经济很敏感、但是执着于自己的生活方式的30～40岁年龄段的成功男性白领。在此基础上,营销员再进一步分析出影响其购买某种商品或接受某种服务的决定性因素。

再如剖析追求自己的生活方式的、25～30岁年龄段的女性形象。为了具体化这一类人群的形象,我们选择以海归女白领高级管理人员为例进行说明。

选定某具体人员,经过不断深入的具体描述,可以勾勒出顾客的形象(象征性目标顾客的剖析):

总体形象:对美和本质性的事情敏感、追求生活品质、充满梦想的人!

年龄:28岁。

职业:公司职员,就职于上海某广告策划公司。

家庭成员构成:父亲是银行高级主管;母亲是小学教师;弟弟毕业于复旦大学,报社编辑。

资产/年收入:存款50万元/年收入20万元。

居住区域:上海五角广场地段某小区。

爱好:瑜伽,美食,步行,旅游。

价值观:追求健康和可持续的生活方式,重视身心健康,不浪费钱物。

生活方式:亲切自然、轻松自在地享受着属于自己的生活。喜欢吃麦片粥、补充剂、酸奶等保健食品。热爱健身,每天多以饱满的精神状态和美好的笑容去迎接工作。

从上面的案例中,我们可以总结下描绘顾客形象的两个侧面:

(1)属性(年龄、性别、年收入、家庭成员构成、职业、学历等);

(2)生活方式(爱好、购买行为特性、嗜好品、购买的杂志、拥有的商品等)。

有时会把某个著名的人物作为某个顾客群的象征目标来描绘这个群体的形象。具体到某个人是描绘顾客群体形象常用的方法。

描绘顾客群像时,必须要有强烈的"具体化"意识。例如:

"居住在首都内的、对流行敏感的 20～30 岁年龄段的 OL(office lady,白领女性)。"

"在汽车销售公司做营销工作,25～30 岁,赖在父母身边,每天从位于×××区的家去上班,需要 40 分钟。最近开始对茶感兴趣。对现在的工作没什么不满。"

很明显,前者的描述太模糊,不具体,不可争取;后者则基本上描述出了顾客形象的两个侧面,因而是可争取的。

顾客的形象描绘完成后,要和相关人员共享、加以利用才有意义。在使用过程中,可能会突出其中的某个部分。对此,需要大家保持共识。

四、用于剖析的数据收集

应用剖析法来描绘顾客群像时,通常有以下三个步骤:

第一步,收集数据。我们必须收集数据,包括定量数据和定性数据,分别从量的方面和质的方面来把握和了解对象,两者缺一不可。

定性数据是把和对象具有相同属性的人作为样本抽取出来,通过对他们进行采访或观察来收集信息,对定性数据的分析有助于明确调查对象的属性。定量数据是采用公开数据或问卷调查等方式获得的。通过对定量数据的分析,能明确商品或服务对象的大致情况。但商品或服务对象的属性还不够明确,需要定性数据来进一步确认。

第二步,抽取要素。对于相同的调查对象,不同的人有不同的印象。如当调查对象是"六十岁的男性"时,有人认为他们"已经年迈体衰",而有人则认为他们"正值年富力强之时"。而且,顾客群像并不是靠定性数据马上就能刻画出来的,所以,营销人员首先得抽取构成要素。

构成要素就是疑似属性,如年龄、性别、身体特征、收入、资产、家庭成员构成、学历、住址、嗜好、生活方式等。

对于"嗜好""生活方式"等要素,很难从定量数据中抽取,可以通过采访等形式来收集。

第三步,勾勒骨架。完成要素的抽取后,营销人员需要对要素进行分组,相同或相似的要素归为一组,并分别贴上标签,以使各组的特征一目了然。然后,根据基本的属性来具体分类、制作档案,如工作区域、所在行业、居住环境、爱好等。如果能够用名人来代表具体类别顾客群像的话,即以某个具体的人为代表来描绘顾客群的主要特征,效果会更好。把这些名人的照片贴上,并标上"姓名",能够让人很容易联想到年龄和生活方式等特征。因为名人能使人们的想象变得更加生动具体。

二维码 3-4-2

把这些收集到的数据分项列出来，制作成"纲要（或框架，Skeleton）"，如表 3 - 2 所示。

表 3 - 2　制作纲要

社会地位	公司职员
性别	女
年龄	28
婚姻	未婚
家庭成员	父亲、母亲、弟弟
住址	……
工作地点	……
……	……

模块5　有效洞察客户需求

一个好的营销人员需要不断去尝试新的、非传统的营销渠道。如果你有一个足够好的营销创意，不一定非要投入巨额的广告费。顾客所需要的是他们想要的价值，而不是其他。

二维码 3 - 5 - 1

【案例 3 - 5】

大堡礁：全世界最好的工作

Sapient 公司是澳大利亚昆士兰州旅游局长期合作伙伴，每年都承担许多昆士兰州的旅游推广项目。2008 年初，公司在接到推广大堡礁岛屿旅游项目时，有点为难。Sapient 的团队觉得需要一个能迅速吸引人们注意和打动消费者内心的全新策略方案，于是他们决定从消费者心理入手。"而成为一个当地居民，是体验文化的最好方式。"

Sapient 团队总结出一句话的营销策略："感受大堡礁，生活在这里。"

第一：引入"工作"概念

2009 年初，正值金融风暴席卷全球之时，企业大量裁员，失业率居高不下，人心惶惶。谁能够拥有一份稳定、高薪的工作，绝对是一件令人羡慕的事情。基于这两点考虑，团队的想法有了一次飞跃：让人们想象，能生活在大堡礁——不仅仅是旅游，而是拥有一份每小时 1400 澳元超高待遇的工作，而且工作环境惬意，工作内容轻松。"这该会有多么大的吸引力啊！谁能不为这份工作心动呢？"

第二：请你们帮我讲故事

当这些想法成熟后，团队开始为世人讲述这样一个美丽的故事：在北半球一片阴沉和寒冷的时候，这里的热带岛屿阳光明媚，有一份惬意的工作正等着你。是的，这是"全世界最好的工作"。招聘的流程很漫长，这是团队特意设计的，因为这样，世界各大媒体就会有充分的时间来进行持续报道。广告投放也非常简单。他们仅在澳大利亚主要旅游客源地，如美国、欧盟、新西兰、新加坡、马来西亚、印度、中国、日本和韩国等，发放一些分类职位广告、职位列表和小型的横幅，引导人们登录网站。另外，团队还利用网络的交互性，比如 Youtube、Twitter、社交网站等，使活动影响力不断延伸。经过1年的运作，"全世界最好的工作"的受众达到30亿，几乎占了全球总人口的一半；收到来自202个国家（和地区）近3.5万份申请视频；招聘网站的点击量超过800万，平均停留时间是8.25分钟；谷歌搜索词条"世界上最好的工作＋岛"，可搜到4万多条新闻链接和23万多个博客页面。

招聘活动结束的当天，昆士兰州州长安娜·布莱由衷地赞叹道："'全世界最好的工作'不仅是一段令人赞叹的旅程，也是史上最成功的旅游营销战略！"

（案例来源：林景新.世界上最好的工作：大堡礁全球推广的绝妙策划[EB/OL].(2009 - 06 - 02)[2018 - 08 - 15].http://mobile.adquan.com/detail/13 - 2565.）

【案例思考】

1.营销推广绩效是否与广告费用的投入成正比关系？案例中 Sapient 团队引入"工作"的创意策划对我们有何启示？

2."全世界最好的工作"的创意策划抓住了顾客什么样的价值需求？

【创意启迪】

只要待在一个美丽的海岛上，清理水池，喂鱼，收收邮件，就能拿到15万美元的报酬……世界上真有这么好的工作？没错。2009年，在 Sapient 团队的策划下，昆士兰州旅游委员会开始了"全世界最好的工作"的招募活动，申请人只需要录制一段一分钟左右的自我介绍视频，便能够参与到这次选拔。共有34684人参与了此次招募活动，招募活动仅仅花费了170万美元，但在全球产生的广告效益达到1.1亿美元。

【理论阐释】

一、聚焦顾客，解决隐藏课题

我们在开发产品或服务时，需要观察顾客，从其行为模式中发现其尚未意识到的问题，并针对这些问题开发相应的产品或服务。如此这般，就能发现隐藏的商机或顾客尚未意识到的问题，并通过解决这些问题来开辟新的业务。

采用这个方法，关键是"确定需要观察的目标顾客"。为此，我们需要选择目标市

场和剖析法,明确目标顾客的具体情况。如住在什么样的地方、是否有车、家庭成员构成等,从而确定最佳人选。不能像"有一栋房子、有两个孩子"这样笼统地来设定目标顾客,要具体详细,并据此寻找最合适的人选来加以观察,否则就毫无意义。

例如,家具厂或日用品厂家为了设计适用的家具,会让顾客发家里的照片,以此来收集平面图;或是去顾客家拜访,调查房屋的具体情况。

去"现场""实地"考察,掌握房屋的"真实"情况,然后再采取具体行动。这一点非常重要,特别是对于制造业来说。要了解顾客的需求或愿望,如果营销人员能够换位思考,站在顾客的角度思考问题,提出的方案会更加具有参考性。不过,实际观察顾客,把握顾客的需求也非常重要。

过去用来盖章的印泥,盖完后不容易干,而印台里的墨水却干得很快,每次使用时都得补充墨水。鉴于这种情况,日本名古屋旗牌印章公司开发了易干而且无须补充墨水、能长时间使用的划时代的印台,之后又开发了被称为"X印章"、不需要印台的印章。

这样的产品在满足顾客"盖章"需要的同时,又减少了顾客的麻烦,便于收纳,所以,深受顾客的青睐,一直热销。之所以能开发出这样的产品,正是基于名古屋旗牌印章公司对顾客行为的详细观察。

其后,该公司又研发了不易晕染、易干、色彩清晰的墨水,把它们制作成了可以在布上轻易书写的笔。这个产品出色地满足了妈妈们的一个小心愿——"在孩子的鞋、体操服上清晰地写上他们的名字"。

如今名古屋旗牌印章公司已经被当成印章或印台的代名词被广泛使用。类似的还有 Washlet(卫洗丽),其本是 TOTO 旗下温水清洗马桶的产品名,可是如今却成了温水清洗马桶的代名词。又如,透明胶带(米琪邦)、魔术贴(可乐丽)、QR 码(DensoWave)、TEPRA 标签带(KING JIM)、创可贴(J&J)、自动铅笔(夏普)、Electone(雅马哈)、Post-it 便签(3M)……让我们惊讶的是——所有这些名词原本都是某公司的产品名。

这些产品或服务都设计得非常契合顾客的需求,这一点值得我们在设计方案、具体观察时加以借鉴。

二、贴近顾客,挖掘潜在需求

坚持观察顾客,就能成为最了解顾客的人。宝洁公司几十年如一日地为消费者提供新的价值,培养出无数世界顶尖营销员。要了解宝洁公司,必须从"顾客就是上帝"这一企业理念入手。"顾客就是上帝"这句话,非常形象地表现出了公司的追求——一切以顾客的需求为中心,为顾客提供他们追求的价值。

宝洁尤为重视"购买产品"和"使用产品"这两个真实的瞬间,总是抓住这两个瞬间

对顾客进行彻底的调查——想要什么？在想什么？对什么满意？对什么不满意？有时顾客并不能用语言准确地表达自己的需求，而宝洁认为挖掘出顾客尚未意识到的潜在需求非常重要。于是，宝洁摒弃了集体采访之类常用的市场调查方式，采取了下面这样的方式：

（1）一起生活一下（living it）＝"使用产品的瞬间"。

宝洁的员工和顾客一起生活一段时间，观察他们如何使用产品。

（2）一起工作一下（working it）＝"购买产品的瞬间"。

宝洁的员工去销售宝洁产品的小卖部工作一段时间，观察顾客的购买行动。

宝洁就是这样贴近顾客，和顾客近距离接触，仔细观察顾客的行为模式和使用方式，以此挖掘顾客的潜在需求。

三、从产品转向系统

企业需要提供顾客想要的价值，而不是提供企业自己眼中的产品。

位于美国密歇根州的米勒家具公司最先是作为早期的现代设计埃姆斯椅的生产者之一而出名的。当其他家具厂家开始仿效时，米勒公司又开始转向设计并销售整体办公室和医院工作台，都取得了很大成功。最后，当"未来办公室"概念出现时，米勒建立了设施管理机构，不仅销售办公家具和设备，还向企业提供办公室布置以及以低成本获得最佳工作流程、高工作效率和高员工士气所需配备的设备等方面的建议。米勒所做的是为客户界定"价值"，它告诉客户："你可能要在家具上花钱，但是你买到了工作、士气和工作效益。这是你该花钱的地方。"

美国中西部的一个中等规模的公司供应大部分大型推土设备和牵引设备所需要的专用润滑油，如工程承包商建公路所用的推土机和拉铲挖掘机、清理露天矿表层的重型设备、煤矿运煤的矿车等。这家公司的竞争对手是一些能够调集众多润滑油专家的大型石油公司。该公司的策略是不注重卖润滑油，而是提供一种保障。工程承包商在乎的还是润滑作用：润滑油能使机器运转。因为发生重型设备一小时不能运转而使承包商遭受的损失远比其全年在润滑油上所花的费用高。所有的工程都对承包商到期未完工处以重罚——承包商们必须严格计算完工时间，尽量节省工期，只有与时间赛跑才能获得合同。这家公司所做的是为承包商分析其设备所需要的维护，然后提出维护计划和年维护费用，并保证其重型设备一年中因润滑问题而停机的时间不会超过多少小时。不用说，这个计划为承包商的润滑问题提供了解决方法。润滑油不是承包商所关心的，他们更关心的是无故障运转，这对他们异常重要。

这些例子表明，他们的成功正是准确地抓住了"顾客真正想买什么"这一问题的实质。

通常,企业把"价格"定义为顾客获得某一产品或服务所应该支付的费用,而产品或服务为顾客所带来的价值则不再提及。

我们可以理解"产品 A 的成本是 X 元",也可以理解"我们必须将产品的价格定为 Y 元,其中包含我们本身的生产成本,资金成本和适当的利润"。但是我们如果说"顾客必须为他们买的每一个产品 A 付 Y 元",这是没有意义的。因为顾客愿意为某一产品所付的款项并不取决于企业的成本、利润,而是取决于顾客能够从该产品中得到的现实效用、取决于他对得到该产品的迫切心理、取决于他从该产品中得到的满足程度等,即取决于顾客对"价值"的观念。所以,我们应该这样说:客户为每一件产品所付的钱对我们来说就是 Y 元。

价格本身不是"定价",也不是"价值"。金·吉列就是洞悉了这一点而在剃刀市场占据垄断地位近 50 年时间。正是因为懂得这一点,小小的哈罗伊德公司在 10 年间就成为资产达 80 亿美元的施乐公司,它也使通用电气公司成为世界蒸汽涡轮机的领导者。这些公司都获得了巨额利润,这是它们应得的,因为它们使顾客得到了满足,给予顾客要买的东西,换言之,它们让顾客觉得钱花得很值。

凡是愿意把市场营销作为战略基础者很可能以最快的速度、最小的风险获得产业或市场的领导地位。

越是从用户的角度出发——考虑他们的用意、价值和现实情况,企业战略的成功概率就越大。创新是市场或社会的变革,它为用户带来更大好处,为社会带来更多财富,以及更高的价值和满足。检验创新的标准往往是它为用户做了什么。

四、全民化洞察

2009 年,埃森哲公司调查了来自澳大利亚、巴西、加拿大、中国、法国、德国、印度、美国、英国等九个国家的消费者,发现了一个全球性趋势:在全世界,消费者期望值在不断提高,消费体验却显不足,导致各行业的消费者大量流失。随着消费者期望值的不断提高,企业满足消费者的期望面临着更大的挑战。为应对挑战,企业的核心做法就是以新产品制胜。美国管理学者帕西米尔认为:"新产品开发策略是一种发现确凿的新产品市场机会并能最有效地利用企业资源的指南。"然而,新产品研发的风险极大,很容易失败。失败原因可归纳为以下三条:①市场对该新产品并不真正存在需求;②虽然有需求存在,但产品满足不了该需求;③虽然有需求,产品也基本满足需求,但市场并不了解该产品。

创意营销是一门洞察与满足消费需求的学问,而如何把握客户需求的动向则关系到营销的成败。企业必须学会聆听与洞察客户的心声,了解客户心中的消费蓝图!

（一）调动大家一起来"侦查"

在追捕与缉拿在逃犯人时，从古至今都在采用一种方法：悬赏通缉。无论是提供有价值的信息者，还是直接捕获逃犯者，都可以获得一定的奖励。这个办法很奏效！企业也要调动大家的力量，一起来"追缉"客户的潜在需求。在21世纪，企业单靠自己有限的资源来进行经营是不够的，必须最大限度地利用一切可利用的资源。再有，企业协作是当代商业活动中最重要的发展趋势，它使知识和构想得到更大范围的交换和共享，信息和资源得到更大范围的合理利用，从而大大地提高了商业活动的效率。

任何社会力量都可能赋予企业以灵感，或者为企业提供自身没有掌握的重要信息。这对于企业的意义是什么？在激烈的市场竞争中，不开发新产品的公司几乎无法生存，因为客户的需求和态度不断变化，个性更为突出。企业能否针对未来市场需求投放适销对路的产品，使产品能够准确表达客户意志、能够彰显客户价值，这是成败的关键。任何一种"天才产品"都来源于对客户的理解力（信息）与想象力（灵感），这是产品在市场上深受欢迎的基础与前提。例如，一些专业的市场研究公司可以为企业提供关于消费趋势、消费行为等众多信息，而很多企业根本就没有资源、没有能力做这样的基础性研究，这些信息为企业开发新产品提供了强力支持与保障。再如，渠道商离客户更近，更清楚消费者真正需要什么。大金空调经前期研发而推出的S系列新产品，就是基于苏宁提供的城市客户对空调产品从外观到功能等各个方面的一手资讯而推出的全新产品线。苏宁作为拥有20年空调销售经验的中国最大电器零售商，可以说它对于中国的客户非常了解，更深知他们需要什么样的产品。

企业全民化洞察客户动向的途径主要包括面向社会征集，以及面向企业内部员工征集，还有面向企业价值链成员征集。

1. 面向社会集思广益

创意不仅仅来自企业内部，诸如技术人员、市场人员、服务人员等，还来源于企业外部，诸如渠道商、供应商、科研机构、独立发明人、客户乃至竞争对手等外部力量。尤其客户，更是不可忽略的关键因素，据估计在一些高新技术行业有30%～70%的新产品创意来自客户，这类客户往往被称为"领先用户"。从企业为客户研发产品，到企业与客户一起设计产品，乃至客户为企业设计产品，这是一个客户逐步深入参与产品研发的过程。现已并入国际香料香精有限公司的普博雅香料公司是一家全球性供应商，它为雀巢等公司提供特色香料。普博雅香料公司为此设计了一个工具包，专门用于帮助客户开发出他们自己需要的香料，然后由该公司进行生产。在材料领域，通用电器公司也为客户提供了基于网络的工具，以便客户能够设计出更好的产品。在软件领域，一些公司让客户在其标准产品上添加一些定制模块，然后把这些模块的最佳部分加以商业化。开放式软件允许客户自行设计、制作、发行和支持计算机程序，而不需要制造商介入。

iPod 的最初设想并不是由苹果公司内部人员提出来的,而是一位外部承包商。这位承包商的创意打动了苹果 CEO 乔布斯,被聘请来带领一个由苹果、飞利浦、IDEO 等多家公司人员组成的开发小组实施新产品研发并完成了 iPod/iTunes 的产品解决方案的开发。所以,不要轻视任何一种外部力量,因为它们至少在某一方面或者某一点上比企业更了解客户,并能在满足客户需求上拥有更好的想法与创意。

宝洁认为,适应能力最强、反应最灵敏的企业往往是那些最愿意与别人联系的企业;而愿意与别人联系的企业往往是最擅长合作的企业;最擅长合作的企业往往是最擅长创造、发现并运用伟大思想的企业,也就是那些能保持长期增长的企业。2000 年,宝洁公司全球CEO 雷富礼提出了"开放式创新"理念,将宝洁的心脏——研发

二维码 3-5-2

(research and develop)改名为联发(connect and develop),即打破公司围墙,联合外部松散的非宝洁员工组成智慧群体,按照客户的需求进行有目的的创新,再通过技术信息平台,让各项创新提案在全球范围内得到最优配置。另外,为找到机会,宝洁使大约 80 名研发人员成为"技术侦察员"或"技术企业家",负责搜索新的机会,公司也成了电子研发社区的成员。飞利浦的研发 CEO 韩瑞克在《飞利浦研究密码》中说:"我们以开放式创新作为工作方法,与那些在竞争力和兴趣方面有互补性的学术和行业合作者结为团队,与行业领袖一起推进标准化,为技术的未来发展创造动力,并积极与领先的行业和研究机构建立关系,推动顶尖技术发展。"

2. 企业内部齐抓共管

很多企业并没有明确由哪一个部门来具体负责挖掘客户的价值需求。事实上,对于企业来说,这确实不是某一个部门或者某一个员工所应负责或所能承担起来的工作。诸如 3M 公司,其开发小组至少要包括工程师、生产代表、采购员、会计等。"领头羊"怎样想、怎样做至关重要。畅销书《营销天才》的作者彼得·菲斯克指出:身为CEO 或负责人,你也应该亲临现场。宝洁公司每位经理,包括成功实现企业转型,使公司面貌焕然一新的 CEO 雷富礼,每周都要去商店,去客户家里登门拜访。这样做不是浮光掠影式的例行视察,也不是企业行为,而是为了感受家庭主妇带着哭哭啼啼的孩子在 30 分钟内完成每周购物是怎样的体验,了解人们对于整洁的厨房有怎样热切的期望。

3. 挖掘企业价值链资源

聪明的"老板"不但要自己努力践行客户价值挖掘工作,更要善于打造一支特种"侦察部队"。越来越多的企业慎重选择合作伙伴,制定互利的战略,与其供应链上的其他成员联合,进入其供应商、分销商以及最终顾客这一价值链中寻求竞争优势。

宝洁公司首席营销官吉姆·施腾格尔要求营销人员大幅增加与客户沟通的时间。在 2000 年,宝洁公司平均每名营销员每月与客户沟通的时间不足 4 小时,现在已超过 12 小时。营销员还被要求深入客户的实际生活,到客户家中观察他们洗衣服、擦地板、给婴儿换尿布等,从中了解其生活方式和希望解决的麻烦。宝洁公司正在采用一种"反向设计"理念,即先了解客户需要什么,可承受的价位是多少,然后据此确定、设计产品的功能,剔除可能会使产品价格上升的不必要的功能。

(二) 对客户进行"摸底"

方法一:客户小组座谈法。即企业组织典型客户进行互动式座谈与研讨,来获得客户的真实需求信息。MTV 电视网采取此法,对 10 岁以下儿童的手机使用习惯进行研究,结果帮助 MTV 公司和 AT&T 达成了合作项目,共同为孩子开发新的手机服务。三星电子将客户焦点小组作为市场调研的主要方法,并通过面谈的形式去发掘现有客户和潜在客户对公司产品的看法,以及他们对新产品的要求,并依此来确定应该对产品特征做哪些改变,同时寻求其他可能意味着新发展趋势的迹象。2006 年 5 月,麦当劳公司启动了全球"开心妈妈小组",聆听客户尤其是妈妈们的需求,关注妈妈们对于家庭和孩子的贡献与关爱,使其 2006 年全球品牌价值稳步上升了 6%,市值增长了 20 亿美元。

方法二:研究竞争对手失败法。成功一定有方法,失败则一定有原因。企业的失败往往是因为产品失败,研究竞争对手产品的失败总是容易带给企业灵感。客户为什么会抛弃它们? 仔细发掘,总是能找出原因来。这些原因就像一面镜子,可以折射出客户的喜好与憎恶。希望集团在刘永好、刘永行兄弟带领下,坚持"向失败学习、向成功学习、向竞争对手学习"的经营理念。学习竞争对手的成功是为了超越竞争对手,而分析竞争对手的失败则是为了免于重蹈覆辙。在商业上,企业最不应该犯的错误就是竞争对手曾经犯下的错误。Palm 曾是智能手机市场的领跑者,但由于缺乏创新,最终被竞争对手超越。在个人客户市场,黑莓手机制造商 RIM 的市场份额逐渐被苹果和谷歌所蚕食。在核心的企业市场,RIM 也受到了 iPhone 等的强劲挑战。最终,RIM 可能重蹈 Palm 覆辙。

方法三:头脑风暴法。在实际工作中,几乎 80% 的创新任务可以使用头脑风暴法。这种方法是让与会者敞开思路,打破常规,积极思考,畅所欲言,充分发表看法,其可分为直接头脑风暴法和质疑头脑风暴法。如今,企业非常重视产品的差异化。正因如此,竞争对手之间总是努力想在产品上制造出与众不同之处。这些与众不同之处,对客户来说,有些具有吸引力,而有些则无关紧要。然而,这足以使企业创造足够的想象空间。强生公司旗下 Ethicon Endo 医疗手术器械部门的工作人员为研究出更好的手术夹,在市场上广泛地收集已有的手术夹,并把夹子悬挂在一张大白板上,然后由科

学家、工程师等组成的产品开发人员进行头脑风暴、自由想象。

方法四：展示征集法。如今，各行各业的展交会层出不穷。展交会不仅具有现实的销售功能，同时有助于挖掘和发现潜在需求、潜在客户。在展交会上与客户近身互动，是企业获取客户信息的重要渠道。例如汽车厂商会在展会上搞客户试乘试驾活动，这样做主要是为了获取客户的体验信息。另外，汽车厂商还可以通过客户现场填表的办法，来获得信息回馈。还有，在车展上，汽车厂商还会突出概念车，即未来汽车。汽车设计师利用概念车向人们展示新颖、独特、超前的构思，反映人类对先进汽车的梦想与追求。概念车往往只是处在创意、试验阶段，只有少量的概念车最终可以转化为量产车型，多数概念车表达的只是一种设计理念和发展方向，但其中的很多设计元素却可能被用于量产车的设计。汽车厂商推出概念车不仅为了展示实力，同时也是测试客户对未来汽车发展的态度。

方法五：产销融合法（产销合一法）。现实经济活动中已经出现很多生产者—消费者—投资者三合一的趋势和现象。生产者、消费者、投资者之间，以及各自不同单位之间，如生产者与生产者、消费者与消费者之间的界限变得模糊。产销合一者通过第三职业和自助式的活动来进行不计报酬的工作，这意味着正在涌现越来越多的"免费午餐"。史密斯公司是福特汽车的车架供应商，在新产品的早期设计过程中，福特就把史密斯公司拉了进来，他们的合作关系也变得稳定而具有战略性了。起初，福特公司仅仅是在新车投产前，才与史密斯公司签订一年期的车架采购合同。在史密斯公司较早参与福特公司新车设计并为新车的设计做出较大贡献后，福特公司在新车投产前三年，就已经与史密斯公司签订好为期五年的长期车架采购合同。

客户的参与不但调动了其积极性，强化了客户体验，更提升了客户的满意度。例如，本来乘客坐飞机是要排座位的，美国西南航空公司却取消了排座位环节，先来的先坐，后来的后坐，坐满为止。客户的自助服务有利于减少企业的成本。最高的境界就是让客户自己体验，就像宜家家居的 DIY，客户自己帮助企业打工，做了以后还很高兴。又如，在柏林墙的拆除故事中，要拆除 100 多公里的水泥板墙和 10 多公里的水泥墙，并清理掉垃圾，至少要耗费几十亿美元，但是有商家践行"产销合一"的营销创意理念，给游客一把锤子，让游客交纳几美元，许可其砸一块墙自己带走，然后照一张照片 10 美元，游客变成了还要交纳费用的拆除柏林墙的工人。

方法六：走动调查法。企业主动深入客户中去，就可以获得意想不到的收获。玛氏食品（中国）公司总经理易瀚博总结了如何保持市场领先的经验：我们需要永远都先行一步。先行一步就是要更加紧密地联系客户，不断地创新，来满足客户不同层次的需求；投入精力，想到客户的需求是什么，并与之建立起长期的、良好的、一对一的互动关系。美国娱乐与体育节目电视网（ESPN）是一个 24 小时专门播放体育节目的美

国有线电视联播网,最初 ESPN 也播放娱乐节目,后来全力发展体育节目。面对竞争,这家公司采取的策略是努力使 EPSN 品牌更紧密地渗透到体育迷的日常生活中去。当然,时刻与客户需求保持一致绝对是一个巨大的挑战。该公司老板乔治·博德汉姆经常在比赛时离开贵宾席,穿行在观众中,通过聆听体育迷们的谈论,来进行自己非正式的市场调研。

二维码 3-5-3

模块 6　用"种子"创造出潜在需求

成功不是靠运气,而是要有明确的目标和把目标分解的能力,每一个目标都要有使之达成的策略,明确掌握目标,并尽自己最大的努力去争取资源。

【案例 3-6】

二维码 3-6-1

一碗牛肉粉日销 200 万元

一碗牛肉粉,让他从法学硕士走向餐饮创业之路。

微博引流建社群:三阶段蜕变,保留品质用户

2014 年张天一毕业时,北京尚未出现有品牌力的湖南牛肉粉店。由于创业之初,资金严重不足,张天一等跑遍整个北京城,最后在东三环一个特别偏僻的地方勉强租了一个小店,开出伏牛堂第一家门店。位置的偏僻意味着客流不足,整条走廊黑黑的没人。在开业之初,张天一和伙伴们每天都在苦恼一件事:到底该怎么来人呢?

彼时恰逢微博、微信流量红利期,张天一等尝试利用互联网平台吸引粉丝受众。因伏牛堂定位是做正宗的湖南牛肉粉,所以首要客户群就是在北京的湖南人,其次是喜欢湖南牛肉粉的其他人群。

最终伏牛堂团队找到了符合条件的 2000 个微博用户,将这些人拉进微信群。

因为没有客流,门店相当于每天都处于废弃状态。伏牛堂索性就请被拉入伏牛堂的首期社群中的这些人来店里吃牛肉粉,让他们参与到门店产品的测评和研发中来,并利用线下门店资源,整合线上用户,搭建起了伏牛堂早期的社群雏形。

由此,伏牛堂通过产品加深了顾客与品牌之间的黏性,同时也借助这 2000 人将"伏牛堂"品牌名扩散开来。两三周后,伏牛堂门店便开始人流不断。

但在不断扩大群规模的过程中,伏牛堂的社群营销却碰到不少问题:

第一阶段：运营 1 万人

结论：运营目标不清晰。

通过网络找人的速度非常之快，没多久伏牛堂的社群便增加到了 1 万人。但社群比不得专业的 CRM（客户关系管理），拉 1 万人进群又能给门店带来哪些实际价值呢？这在最初，伏牛堂团队还并没有想清楚，所以这 1 万人很快便成了僵尸粉。

第二阶段：运营 100 万人

结论：人员过多，质量不高，且耗费精力。

如何活跃社群呢？伏牛堂团队决定按照用户对牛肉粉的喜好程度进行群组划分，每周组织线上线下的活动，比如发门店优惠券，外包一些工作介绍给群内的用户等。

在这样的规划设计下，2015 年下半年至 2016 年上半年，伏牛堂社群做到了近 100 万人之多。甚至因为人员过多，伏牛堂还一度从社群内给自己的团队招人。而渐渐地，一些问题还是浮现了出来。

整个公司的员工，别的事都不用干了，就成天跟这些用户打交道，非常累。而且很多用户都是基于兴趣选择牛肉粉的，其复购率可能没有那么高。

第三阶段：运营 30 万人

结论：筛选关键用户，提高复购率。

为了保证社群质量，他们通过门店数据调研找到复购率高和对品牌有充分认可度的用户并将其留下，然后按照复购率分层，剩下部分则全部选择放弃。

到了最后，基本上用户数量到了 30 万就已经非常好了。更多的人就交给 CRM 去做。

经过三次调整迭代，线上红利开始转化。在 2016 年的双十一当日，伏牛堂全网销售额突破 200 万元，而在 2017 年双十一更是成为整个天猫平台牛肉粉类销量排名第一的店铺。

（案例来源：曾落灵. 一碗牛肉粉日销 200 万元！这位北大硕士究竟做了啥？[EB/OL].(2018 - 01 - 29,[2018 - 08 - 15]http://www.yxtvg.com/toutiao/5039232/20180129A09SKK00.html.)

【案例思考】

1. 伏牛堂在创业初期是如何吸引人气的？

2. 针对每个阶段所遇到的困难和问题，伏牛堂采取了什么样的措施？

【创意启迪】

外在的东西，没有，可以再争取，这并不难，难的是打破自己内心的条条框框。白手起家的创业者不是没有，创业的路谁也不比谁自在。但拿得起放得下，"没了可以再争取"的洒脱心境需要创意去支撑。

【理论阐释】

种子（seeds），即公司自身的优势（英语 seeds 意为公司重视的自身优势），有可能

是特定的技术,有可能是产品,也有可能是服务。它们不是直接提供给顾客,而是用来诱发顾客需求的。

也就是说,公司通过发挥自身优势,开拓新的市场,有可能成为这个市场新的标准,从而确保公司通过明确的价值主张而被顾客选择。要用"种子"创造出潜在需求,用公司自身的优势唤起顾客的欲望/愿望。

一、发挥自身优势,挖掘顾客潜在需求

代表性的和式调料要数日本酱油。而龟甲万公司的酱油销量稳居日本国内第一,海外销量也接近国内销量的一半。其"种子"不用说就是酱油。下面是龟甲万公司发挥其自身优势开拓顾客需求的典故。

随着人口的减少以及饮食习惯的变化,酱油的需求量越来越少。在这样的形势下,龟甲万公司把刚刚酿出的新鲜酱油装在密封的容器里销售。普通 1L 装的酱油只要 280 日元,而这种刚刚酿出的酱油,200mL 就要 200 日元左右。尽管如此昂贵,大家还是趋之若鹜,公司连轴加班才能满足要求。

之前的酱油,一旦打开瓶子,其香味就会因为接触空气而迅速消失,味道就没有那么鲜了。而这种量少、装在密封容器里销售的酱油,则避免了这类情况的发生,人们可以一直享受那种没有经过加热处理、原汁原味的酱香。龟甲万公司通过发挥自身的"种子"(优势),成功开发了新的需求。

龟甲万公司 1957 年在美国设置了销售公司。虽说是销售公司,可是,并不单单销售日本料理才需要的日式酱油。龟甲万公司以超市为中心示范如何沾上酱油烤肉,并让顾客免费试吃。针对美国普通家庭,公司制作了如何使用酱油做菜的菜谱,并通过报纸和杂志等媒体进行宣传和推广。

通过龟甲万公司这些积极的宣传推广,人们开始接受这样的事实——酱油是很适合肉食的一种调料。为了让酱油和肉食产生更美味的效果,公司还特地开发了专门用于烤肉的"照烧酱"。

只有结合当地的社会潮流、发展趋势或大众喜好等因素去进行营销宣传,才能让顾客了解并接受公司产品或服务的优势,唤起他们的需求,扎根于他们的生活,成为他们生活不可或缺的一部分。

二、把品牌作为"种子",不断发展业务

谷田公司是一家生产销售家庭用、业务用计量器的公司。谷田把"测量"技术和"生产体重秤的厂家"这一品牌作为公司的"种子"(即优势),不断发展自己的业务:从体重计、血压计、步数计、厨房秤,到从员工食堂发展起来的谷田食堂,产品种类

繁多。

谷田公司的企业理念是：我们通过"测量"来为世界各国人民的健康做出贡献。

换句话说，就是通过"测量"这一公司的优势，实现人们希望健康的愿望。例如，带脂肪测量计的浴室秤就是一个典型代表。原本脂肪和体重的测量是分别进行的，可是谷田公司把两者结合在一起，人们简单地站上去一称，就能知道两者的数据，从而为人们的健康管理提供帮助。谷田公司追求的不仅是顾客的健康，公司内部员工的健康也同样重要。为此，公司于1999年创建了员工食堂，为员工提供健康的饮食，保证他们的健康。

每个套餐的能量控制在500千卡左右。食堂通过适当调节蔬菜和盐的用量来为员工提供健康、营养均衡的食谱。日本放送协会（NHK）对此专门进行了报道。而某出版社看过这个节目后深受启发，策划出版了名为"谷田的员工食堂"的健康食谱，结果大卖，出版社又出了续集，共计卖出400多万册。

最后人们不再满足于书籍，有人开始策划开设实体店。谷田员工食堂也在大家的强烈要求下对外开放了。除此之外，谷田还开设了专门针对女性的循环训练工作室"FITSME"，运营把体重计和步数计数据图表化的网站，销售智能手机专用应用程序等。

所有这些产品或服务都是从"测量健康"这一"种子"开始开花结果的。所有这些多样化的相关业务，其实都是始于同样的"种子"。正因为发育于共通的"种子"，所以，顾客也更易于理解和接受。

三、发挥自身核心技术，满足顾客愿望

爱知多臂公司，是一家在铸造和精密加工方面具有优势的企业。公司专门铸造用于船舶或起重机的零部件，若单靠承包业务，公司没法发展壮大。

于是，公司开始致力于开发具有高精度的铸造技术和精密加工技术，开发"只有本公司才能提供的世界顶级产品"。在方案讨论的时候，公司发现铸件很适合于烹饪——如果加工精度恰到好处的话，就能实现不损失营养的无水烹饪。公司决定从这一点入手进行开发。

要把这个想法变为现实，有一个必须逾越的障碍，那就是：烧制搪瓷时需要加热到800℃，可是，一到这个热度，铸件就会发生微妙的变形。解决这个问题需要高精度的加工技术，如果达不到这个精度，锅盖就盖不严实，一旦锅与盖之间产生缝隙，气密度降低，就没法实现无水烹饪。

当初以为半年就能开发出的产品，结果耗时三年才大功告成。据说开发之初，爱知多臂公司没有专业的开发人员，全靠自己琢磨，绞尽脑汁，吃尽苦头。可是，公司没

有放弃,终于实现了当初的愿望,打造出名为"vermicular"的品牌锅。

这种名为"vermicular"的锅,从订货到拿到手要等7个月的时间,可见有多受顾客青睐。公司成功地发挥自己的核心技术,把顾客潜在的愿望变成了现实的需求。

公司基于自身拥有的"种子",把顾客潜在的愿望(欲望)变为现实的方法有两种:一是当顾客的欲望已经形成表面的需求时,瞄准这个需求,通过自身的"种子"来创造新的欲望,其口号是"用'种子'把需求变为欲望";二是在需求还没有形成市场时,利用"种子"来唤起欲望,把它变为需求,其口号是"用'种子'把欲望变成需求"。无论哪一种方法都要求公司以自身的优势为武器来打造欲望。

四、让消费者养成新习惯

19世纪初,美国几乎没人有刷牙的习惯,但同时,美国存在全国性的牙齿健康问题。越来越富足的人们开始大量购买含糖量高、制作精细的食品。美国政府宣称,国民糟糕的牙齿健康状况已经危害到了国家安全。

在著名广告人克劳德·霍普金斯的运作下,短短10年,"白速得"牙膏成为全球最畅销的产品之一,占据美国最畅销牙膏的宝座长达30年之久。同时,刷牙的习惯席卷全美,美国人使用牙膏的比例上升到65%。"白速得"也为霍普金斯赚了100万美元。

霍普金斯到底做了些什么?他激发了一种消费欲望,这种欲望让暗示与奖励机制产生效果,驱动习惯回路。他构思的新的习惯回路是这样的:

(一)暗示——牙齿上的垢膜(牙菌斑)

霍普金斯的广告不断暗示人们:垢膜普遍存在,不能被忽视。比如其中一则广告这么写道:"只要用舌头舔舔你的牙齿,你就会感觉到一层垢膜。它令你的牙齿看起来颜色不佳并引起蛀牙。"

于是,受到诱导的人们,下意识地用舌头去舔牙齿,并感觉到牙齿上的垢膜。事实上,垢膜一直存在,也从没给人造成过困扰。刷不刷牙,牙齿上都会有垢膜。任何牙膏对清除垢膜都没什么帮助。可这并不妨碍霍普金斯的广告效果。

惯常行为——每天用"白速得"快速刷个牙。

(二)奖赏——美丽的牙齿

"注意到了吗?周围那么多人拥有漂亮的牙齿。千百万人正在使用牙齿清洁的新方法。哪个女性愿意她的牙齿上有暗沉的垢膜呢?'白速得'能赶走垢膜!"霍普金斯创造了一系列能让消费者养成新习惯的营销规则:

第一,找出一种简单又明显的暗示;

第二,清楚地说明有哪些奖赏。

然而，光有这两条规则还不够。创造一种习惯，还必须满足第三条规则：它创造了一种渴求感。和同时期其他牙膏不同，"白速得"的成分里加入了柠檬酸、薄荷油以及其他化学物质。"白速得"发明者的本意是使牙膏味道清新，却收到了预料之外的效果：让舌头和牙龈有凉丝丝的刺激感。

虽然在霍普金斯的构思中，奖赏是美丽的牙齿、是"白速得牙膏式的微笑"，但事实上，真正的卖点却是人们对嘴里凉丝丝的刺激感的渴求。一旦忘记使用白速得牙膏，失去了这种微小的刺激感，消费者就会觉得口腔不干净。所以，在今天，几乎所有牙膏都含有这些添加剂，它们唯一的功能就是让你的口腔在刷牙后有刺激感。消费者需要这个信号来提醒自己，牙膏是有效的。

再复杂的行为，都能变成习惯。

二维码 3-6-2

【思考题】

1. 如何理解任正非"不要试图改造顾客，而要去适应顾客、满足顾客"这句话？

2. 初创企业时如何分析和选择产品/服务，并分析其市场前景？

3. 选择目标市场后，公司应有针对性地采取什么样的市场营销策略？

4. 市场细分后市场区域的五种类型有何特征？各有什么优势和风险？

5. 如何通过市场细分以确定营销目标？

6. 如何洞察、挖掘和满足市场或客户的需求？

7. 如何挖掘市场或客户潜在的需求？

8. 如何理解出售、市场推销、市场营销这三者之间的关系？

9. "用户第一主义"体现了什么样的市场营销理念？

10. 如何理解"成交一个客户不是营销的结束，而是营销的开始"？

11. 为什么说"剥离是一个'市场营销'问题"？

12. 具体描述市场营销从 1.0 时代过渡到 4.0 时代的标志性特征，描述"智能营销"的内涵和特征。

13. 你能够从文中案例"把梳子卖给和尚"中得到哪些启示？

14. 如何通过剖析法来了解顾客的真实情况，并共享顾客信息？

15. 剖析法的关键是什么？

16. 结合生活中的市场营销创意案例，应用剖析法进行分析。

17. 怎样切实把握顾客追求的价值？

18. 在创意营销的视角下，怎样理解产品或服务的"价格"？

19. "学会聆听与洞察客户的心声，了解客户心中的消费蓝图"对于开展创意营销和活动具有何种重要意义？

20. 对客户进行"摸底"有哪些方法？

21. 搜寻创意营销案例,描述用"种子"创造出潜在需求的具体过程。

22. 简述著名广告人克劳德·霍普金斯所创造的一系列能让消费者养成新习惯的营销规则,并结合身边案例谈谈其在创意营销实践中的应用。

23. 阅读以下三则故事,体味如何研究客户需求、满足客户需求。

故事一:

为客户提供贴心服务

美国珀杜农场是一家专门提供各种农副产品的大型农场。该农场的主人弗兰克在经营中把着眼点始终放在为客户提供优质的产品和良好的服务上。

一次,一位客户在一家零售店买回一只珀杜农场生产的袋装鸡。回家后,他发现这只鸡已经变味了。于是,他把这只鸡送回了那家零售店。该店的服务员二话没说,立即给他退了钱。后来,这位客户决定给弗兰克写封信,把这件事告诉他。没过几天,这位客户就收到了弗兰克的回信,信中弗兰克一再向这位客户表示歉意,并附有一张供应一只鸡的免费购鸡券。最后,弗兰克真诚地表示,希望这位客户多多帮助,使该农场及附属零售店,永远杜绝类似事情的发生。

自此以后,这位客户除了珀杜农场的鸡,再也不买别的农场的鸡了。同时,他还把自己的经历写成一篇短文,发表在报纸上。这对提高珀杜农场的形象和知名度,起了积极的作用,并无形中为珀杜农场赢得了众多的消费者,从而使珀杜农场的产品一直保持较高的市场占有率。

故事二:

为客户创造快乐

约翰尼是一家连锁超市的打包员,他利用自己所学的计算机知识设计了一个程序,他把自己找到的"每日一得"都输入计算机,再打上好多份,在每一份背面都签上自己的名字。第二天他给客户打包时,就把那些写着温馨有趣或发人深思话语的"每日一得"纸条放到客户的购物包中。

一个月之后,超市里出现了一种奇怪的现象:无论在什么时间,约翰尼的结账台前排队的人总要比其他结账台多出好多倍。值班经理很不理解,就大声对客户说:"大家多排几队,请不要都挤在一个地方。"可是没有人听他的话,客户们说:"我们都排约翰尼的队,因为我们想要他的'每日一得'。"

故事三:

温馨服务,次品也畅销

北京某制伞厂生产一种两接头的自动伞,该伞虽然雨天可以遮一遮风雨,但硬物、

锐器一划后伞便不能再用,伞面质量实在不敢恭维;伞的骨架和伞把上没有一点金属成分,都是不结实的塑料;伞的"身子"也很脆弱,开合不了几次,一把伞就宣告作废了。

可是,这种不太漂亮、不太坚固、不太好用的伞,却能从比它更漂亮、更坚固、更好用的同类产品中脱颖而出,还承接到大量英、德、美等经济发达国家的出口订单,有的订单量甚至有几十万把。

为什么会出现这种次品畅销的怪现象呢?原来,在欧、美一些经济发达国家,一些人为了出门方便从来不带雨伞。下雨时,他们便在沿街的商店里购买几美元一把的雨伞。有人买了伞到家后,嫌洗晒麻烦,便将雨伞随手扔进垃圾箱。还有一些大商场在下雨时,会免费向客户赠送雨伞,他们称之为"温馨服务"。

由于是一次性消费,所以这些客户对雨伞牢固耐用的要求就低,只要雨伞价格便宜、能体现"温馨服务"即可。北京这家制伞厂就是看准了这个市场,把产品的成本一压再压、一降再降。

畅销产品并不一定是质量更好的,产品只要能让消费者满意就可以了。毕竟,任何产品的设计、包装及销售都是为了满足消费者的需求,而其他要素全都是为此服务的。

单元四 适应生活方式改变

通过本单元内容的学习,你将达到以下学习目标并完成能力训练任务:

【学习目标】

知识目标	能力目标
1. 了解市场营销适应生活方式改变的变迁过程; 2. 理解市场机会分析; 3. 理解精准营销和关联规则分析; 4. 理解差异化营销及其优缺点; 5. 理解 AIDMA 法则和社会营销。	1. 能够进行市场机会的外部分析和企业能力分析; 2. 能够应用关联规则分析来把握精准营销的精髓; 3. 能够应用 AIDMA 法则分析消费者消费行为。

【能力训练任务】

1. 进行市场机会的外部分析和企业能力分析;

2. 应用关联规则分析把握精准营销的精髓;

3. 应用 AIDMA 法则分析消费者消费行为;

4. 认真完成实训任务,加深对本单元知识的理解。

本单元内容学习建议学时:6~9 学时。

转型升级是个永续的话题,无论是百年老店,还是街边小馆,人们生活的方方面面都处在一个被颠覆、转型与升级的轮回之中。只有不断创新以适应消费者生活方式的改变,适应消费者价值观转变的潮流,才能赢得市场,赢得消费者的青睐。

2006 年美国《时代周刊》(*Time*)封面一反常态地没有真正的"人物",而是一个大大的"YOU"。"祝贺你们! 你们成为美国《时代周刊》'2006 年度风云人物'。今年该奖项授予了我们每一个人,因为我们每一个人都在万维网(WWW)上使用和制作了内容。《时代周刊》认为,今年网络已发生了从公共机构或组织向个人——即该杂志所提出的新数字民主主义公民的转变。"《时代周刊》总编辑理查德·斯腾格尔说:"《时代周刊》'2006 年度风云人物'就是你,每一个改变信息时代获得满意的消费者和创意者,从 YouTube(网站)到我的空间,这个世界上的每一个人都在改变着我们的生活。"

模块 1　市场营销变迁

可以说,伟大的企业在转型升级的路上一直都未曾停歇过,没有一劳永逸的生意,只有紧紧围绕着消费者的实际利益出发的产品或服务,才会最终获得成功。企业如此,营销亦如是。

📱二维码 4 - 1 - 1

【案例 4 - 1】

维密:"性感营销"已不奏效

1977 年,一位男士陪妻子到商店买内衣,他觉得大庭广众之下为妻子选购内衣特别难为情,于是在斯坦福购物中心开了一间旨在为男性创造一种舒适选购环境的内衣店——维多利亚的秘密(Victoria's Secret,以下简称维密)。5 年后,这家店卖给了 L Brands 公司,维密在该公司手上一跃成为全球最著名的性感内衣品牌之一。

1995 年,维密举办第一场内衣时装秀,第一次把让人尴尬的内衣搬到舞台上,让全世界的人们观看,意外地大获成功。1999 年,维密秀亮相美国超级杯职业橄榄球赛,150 万人蜂拥围观维密天使曼妙的身姿和性感的内衣,一时间导致网络瘫痪,维密因此名声大噪,扬名世界。

然而,2016 年,走性感路线的美国服装品牌似乎都过得不太好。维密最新财报显示,其 2 月同店销售额暴跌 16%。此外,继 2015 年收视率大跌 32% 后,维密秀在 2016 年再创历史新低。

L Brands 旗下另一以裸男营销著称的品牌 Abercrombie & Fitch(以下简称 A&F) 2016 财年第四季度财报显示,销售额下滑了 13%,全年销量跌幅达 11%。截至 2017 年 1 月 28 日,L Brands 集团财季销售收入为 10.4 亿美元,同比下跌 7%,这已经是其连续第 16 个季度销售下滑;其净利润 4879 万美元,同比下跌近 34%。

和 A&F 销量下跌相对应的,是其 2016 财年的关店速度。过去一年,A&F 在全球范围内关店 14 家,在新财年还将关店 60 家。

过去五年 A&F 的门店数量逐渐减少

对维密和 A&F 而言,曾经成就它们的性感营销,如今却变成它们业绩增长的最大羁绊。

关于性感和酷,千禧一代的消费者有着和前一代人截然不同的定义。他们关心的不仅仅是身体,还有性别身份、多样性、环保和女权主义等更深层次的问题。对他们而

言,品牌营销不应该仅限于外在的视觉效果,更应有社会象征意义。维密和 A&F 在如今的年轻人市场中不如此前吃香,似乎是因为它们"陈旧的性感"没能跟上新一代年轻人的需求。

截至 2016 年年底,作为全球最盛大的几大营销活动之一,维密秀举办到第 21 届,其宣扬的理念一直都没什么变化,即"perfect body"。此前,维密的文胸广告"the perfect body"引发民众不满,上万人签署请愿书,要求其对此事道歉。请愿者认为该广告伤害了形体没有那么"完美"的普通女性,其宣扬的理念在某种程度上是对女性身体的物化,让她们变得不自信且缺乏安全感。

随后,维密做出了让步,将"the perfect body"改为"a body for every body",但主打的依旧是身材如雕像般的模特。另外,其有限的尺码也常常被消费者诟病。

而打包贩售"叛逆"与"性感"曾是 A&F 的大招,借此该品牌俘获了一大批荷尔蒙迸发的年轻人。其商品目录、网站和店面橱窗上的肌肉猛男,惹火甚至不雅的广告和为门店开业造势的半裸男模一度为其业绩增长贡献不少。然而,曾经的青少年消费者已经长大,新一代对这种粗暴的、贴标签式的贩售并不感冒。对他们来说,这种只向"漂亮人推销"的理念过于强调身材外貌,甚至带有歧视。

逆维密而动

在美国各大青少年服装企业愁云惨淡的 2016 年,服装品牌 American Eagle Outfitters 的表现却出奇得好。该品牌的主要受众是 15 到 25 岁的年轻人,旗下主要有 American Eagle 和 Aerie 两个子品牌。前者主要走牛仔和波西米亚风,后者是少女内衣品牌。

过去 5 个季度,Aerie 的同店销售额增长均超过 20%。在 2016 年第四季度,这个数字是 17%。而依托 Aerie 的业绩增长,其母公司 American Eagle Outfitters 也保持了良好的增长势头。母公司第四季度总收入达 11 亿美元,全年收入共 36 亿美元,上涨 2.5%,全年毛利率高达 37.9%。

Aerie 主打健康,并反对"以瘦为美"的单一标准。Aerie 的模特并没有维密天使那样的"完美身材",而是有胖有瘦,身材多样。为突出"性感",达到聚拢效果,维密的产品多为有钢圈托型文胸和内置垫式文胸,而 Aerie 追求自然效果,产品多为无钢圈的单层文胸。

(资料来源:苏一.用"裸男""美女"代言的性感营销已经 out,什么才是内衣品牌的新风向?[EB/OL].(2017-03-06)[2018-08-157]. http://www.sohu.com/a/128054817_114778.)

【案例思考】

1. 成也性感,败也性感。维密和 A&F 相同的营销策略为什么无法延续?

2. American Eagle Outfitters 为什么能够取得不菲的业绩?

【创意启迪】

曾经的大品牌、大企业,份额都跌落得厉害。2017年初始,台湾康师傅解散一事,让我们看到了以"不变应万变"策略接招的康师傅败在了"跟不上市场节奏"上。不止康师傅,近年来宝洁、家化、李宁等一些大品牌,都在谋求着转型与创新,因为不转型即死。

为什么对很多品牌来说,会出现"不转型即死"的局面呢?

一是笃信产品为王,忽视客户需求。产品、服务创新不断,"产品为王"的时代已经一去不复返了,再好的广品和品牌,都需要有与时俱进的模式、理念相配合,才能够跟得上消费者不断变化的需求。当今社会处于有思想、有活力的时代。宣扬"完美",曾是维密屡试不爽的手法,但广告"the perfect body"伤害了普通女性,令她们变得不自信且缺乏安全感,宣扬"完美"的概念在某种程度上物化了女性,引发争议,导致维密2016年第三季度遭遇销量疲软。

二是盲目转型,以为"互联网+"是万金油。言必提"互联网+",似乎不借一下"互联网+"的东风,企业就会被时代抛弃。很多传统企业对互联网知之甚少,又缺少了解的渠道,他们会把媒体上经常报道的万达、苏宁等商业巨头的转型经验奉为"圣经"。但实际上每个行业都有自己的特性,适合别人的经验往往并不适合自己,别人走过的路也并非绝对安全。

三是固守成规,传播方式落后。旧式市场营销的三个步骤是:首先,创造一款对广大消费者有广泛吸引力的产品;其次,让市场营销信息覆盖许多受众,并从中吸引潜在买家;最后,创建一个可识别的品牌,并拓展到其他产品类别。如这几年随着宝洁市场份额和销售增长的下滑,"衰败、沉沦、颓势、老化、不行"成了宝洁的新标签,并且每当宝洁发布财报和有人事变动时,各种非难和讨论就不断地出现。其实对于宝洁营销出现的问题归纳起来也主要是两点:产品和品牌的老化,大多数产品被认为是"妈妈的产品";传播套路的陈旧和落伍。这两个问题的核心都与营销传播的守旧有关,品牌的老化是传播方式守旧的结果。

【理论阐述】

关于市场营销的定义,学界并没有一个标准答案。其关键在于保持对时代的敏感性,用自己的大脑和语言去理解不同时代的市场营销。因为人们的生活方式一直在改变。

成立于1937年的美国营销协会(American marketing association,AMA)2007年对市场营销的定义是:"创造、沟通、传播和交换顾客、客户、合作伙伴以及整个社会带来经济价值的活动、过程和体系。"也可以简单地将市场营销理解为"创造、交付对顾客来说有价值的东西"。实际上,AMA自1937年成立以来,市场营销的定义随着时代的发展变更了好几次。但2007年这个概念发表以来,几乎没有更改过,有一新加的词

特别引人注目——"整个社会"（society at large）。这就证明市场营销的对象不再仅限于一般的顾客，而是把范围扩大到了整个社区、社会以及全球。这是时代提出的要求。

一、前瞻性自我更新

有种产品被誉为"市场营销的起源"，那就是 T 型福特车。

1913 年，亨利·福特在美国底特律新建了高地汽车厂，生产福特 T 型汽车。为了提高生产效率，福特公司采用了大批量生产系统，传送带把汽车送到每一个工人面前，每个工人负责完成生产线上的一项指定工序，如安装车门螺丝或车门把手等，传送带的速度成为控制工人活动的主要手段，这种管理方式极大地提高了效率，降低了成本。到 1920 年，福特公司所生产的 T 型车价格降低了 2/3，每年销售 200 多万辆，T 型车为福特公司带来了巨大的财务成功，使其成为世界汽车行业中的领头羊。

这种车只有一种型号，从性能、质量到价格都一样，颜色也是单一的黑色。福特公司采取了批量生产、批量销售的方式，形成了"大众营销"的雏形。当时，汽车还只是部分有钱人才能拥有的交通工具。福特公司把产品定位为"一般大众也能消费的交通工具"，通过批量生产和降低成本，成功被市场接受。

福特公司的成功带来了许多竞争者，为提高生产效率，众多汽车公司也开始采用批量生产系统，给汽车行业带来巨大的变革，汽车产量得到跳跃式增长，市场供求关系开始稳定。与此同时，面对数量众多而品种单一的汽车，消费者的需求产生变化，从原先一般意义上的更好（质量更佳而价格更低），提升为对汽车品种、外形、色彩等的挑选。但此时，福特公司仍然以老大哥的身份沾沾自喜。

在物资匮乏的时代，大量生产、低价销售的市场营销方式被大家认可并接受。可是，随着物资的不断丰富，顾客的需求也发生了变化，他们开始追求"更好的东西""与众不同的东西"。只有在这种变化前抢先实施下一步市场营销行动的企业，才能胜出并生存下来。遗憾的是，福特公司没有采取相应的对策。

关于亨利·福特，流传着这么一个故事："……你需要其他颜色的汽车吗？我们只生产黑色……"不管这事是真的还是假的，"读取时代的变化，率先自我更新，这一点在市场营销的世界特别重要"。

二、迎合生活方式转变，进行市场营销方式创新

为了能超越福特公司，通用汽车在艾尔弗雷德·斯隆的带领下，提出了以"提供满足不同钱袋、不同需求的汽车"为原则的经营模式，将美国汽车市场的社会经济划分为"低层""中低层""中高层""高层"四个部分，依据不同社会经济层级的需要，开发出不同品类的汽车，使通用汽车类型多样化，更好地满足了顾客需求。结果在

20世纪30年代通用汽车逐渐超越福特,成为20世纪40年代全球第一大汽车公司。此时的福特开始意识到危机的到来,为了抢夺市场,福特公司经过几年研发,在1957年推出了爱泽尔牌汽车,但不幸的是,爱泽尔一推出就遭到惨败。福特没有沉浸在失败的阴影中,而是不怪罪"不理智的顾客",并确认一定发生了与汽车行业的每个人对消费者行为的设想不相符合的事情——而长期以来,他们把这些当作毋庸置疑的公理。福特公司立刻派人出去调查,通过调查得知,斯隆在20世纪20年代依据社会经济地位将美国汽车市场划分成"低层""中低层""中高层""高层"四个部分的方式已经过时,已经被"生活方式"所取代。于是福特公司从爱泽尔的失败中吸取教训,在很短时间内就推出了雷鸟牌汽车,雷鸟牌汽车成为自T型轿车以来最成功的美国汽车。

三、市场营销从1.0时代到4.0时代

菲利普·科特勒根据市场需求和人们价值观的不同,把市场营销区分为市场营销1.0时代、2.0时代以及3.0时代。迈入21世纪,随着互联网的普及,大数据和精准营销在市场营销中的应用逐步推开,市场营销进入智能营销的4.0时代。

(一)市场营销1.0时代

福特时代的"产品时代"称为"市场营销1.0时代"(marketing 1.0 time),这是以产品销售为中心的营销阶段。该阶段的营销手段较为传统,主要通过广告方式、价格战促进产品销售,相对而言具有一定的复杂性以及落后性,同时营销的过程难以控制。该阶段的主要营销理论有4P(产品、渠道、价格、促销)、罗瑟·里夫斯的USP理论。在市场营销1.0时代,卖方的市场权利大于买方。

(二)市场营销2.0时代

在互联网带来的信息革命时代中,企业利用顾客信息为顾客提供最佳产品、最佳服务的"一对一市场营销"。信息发布、共有的"信息时代"的市场营销称为"市场营销2.0时代"(marketing 2.0 time)。

该阶段已经将营销从以产品为中心转移为以消费者为中心,其产生的背景是市场权利从卖方转移向买方。该阶段的主要营销理论有STP(市场细分、目标市场、定位)、4C(顾客、成本、便利性、沟通)、AISAS(注意、兴趣、搜索、购买、分享)、品牌建筑师(brand architect)理论、大卫·奥格威的品牌形象理论等。

(三)市场营销3.0时代

人们不再只关注自己,开始关注自身和周围的联系,开始想着为别人做点什么。这样的时代,被称为"市场营销3.0时代"(marketing 3.0 time)。

该阶段主要是道德化的情感营销时代,以媒体的创新、内容的创新、传播沟通方式

的创新去征服目标受众——相比于以大众营销为核心的"市场营销 1.0 时代"、以分众营销为核心的"市场营销 2.0 时代",这种新的营销传播浪潮被命名为"创意营销传播"。顾客要求了解、参与和监督企业营销在内的各个环节。消费者对企业、产品和服务的价值观(意义)判断逐渐强烈,不能践行社会责任使命的企业面临危机。该阶段较为普遍的营销理论包括精准营销、网络营销、口碑营销等。

价值时代的到来,使得人们的价值观从对物质的追求转变为对本质的、精神世界的追求,是人们迈向满足本质欲望(精神追求)的"价值创造时代"。

在经济发展快速的情况下,伦理关系、社会关系、共鸣、问责之类的价值观不断发生变化,甚至随着时间的推移,一些价值观变得与之前截然不同。这种价值观的转变带来了人们消费观念的转换。如根据 2018 年 10 月新经济行业数据挖掘和分析机构艾媒咨询发布的《2018 中国新消费专题研究报告》,部分人群消费能力强、追求品质化生活,不再盲目追求品牌,而是寻求性价比与个性化。随着经济发展和个人收入增加,部分消费者开始转变消费观念追求品质生活:该部分人群具有较为稳定和可观的收入,因此其对于生活的需求不再局限于过往的物质层面,消费理念从"越便宜越好"转变为"满足自身情感需求的消费",并且购物时越来越忽略奢侈品品牌的价值,偏向于高性价比、高质量的商品。消费者比以前注重品质和体验,普遍愿意为更高质量的商品和服务体验花费更多,更加认同个性化产品和更注重环保的消费观念。

(四)市场营销 4.0 时代:智能营销

智能营销(intelligent marketing)是一种通过人的创造性、创新力以及创意智慧将先进的计算机、网络、移动互联网、物联网等科学技术融合应用于当代品牌营销领域的新思维、新理念、新方法和新工具的创新营销新概念。

智能营销阶段主要是以消费者每时每刻的个性化、碎片化需求为中心,满足消费者的动态需求,将消费者纳入企业生产营销环节,实现全面的商业整合,如 Uber、小米、库特智能、魔幻工厂等。智能营销是一种建立在工业 4.0(移动互联网、物联网、大数据及云计算)、柔性生产与数据供应链基础上的全新营销模式。在市场营销 4.0 时代,市场权利高度集中于消费者手中,主要理论包括工业 4.0 理论、人工智能科技理论、机器学习理论、3E 工具论、Glocal 营销(全球本地化、全球化思维、本地化运作)理论等。

智能营销讲究知与行的和谐统一,人脑与电脑、创意与技术、企业文化与企业商业、感性与理性结合,创造以人为中心、网络技术为基础、营销本质为目的、创意创新为核心、内容为依托的消费者个性化营销,实现品牌与实效的完美结合,将体验、场景、感知、美学等消费者主观认知建立在文化传承、科技迭代、商业利益等企业生态文明之上,最终实现虚拟与现实的数字化商业创新、精准化营销传播、高效化市场交易的全新营销理念与技术。

二维码 4-1-2

模块2 市场机会分析

市场机会分析亦称市场内外分析、营销环境分析,是指通过营销理论,分析市场上存在哪些尚未满足或尚未完全满足的显性或隐性的需求,以便企业能根据自己的实际情况,找到内外结合的最佳点,从而组织和配置资源,有效地提供相应产品或服务,实现企业营销目的的过程。

二维码 4-2-1

【案例 4-2】

免费停车赚足钱

一年之中,我有 300 天不在台湾。在台湾,我办了一张信用卡,这是一张顶级卡,说是持有这张信用卡,一年 365 天,可以在机场停车,不必给钱。

在台湾机场,停车其实很便宜,一天 150 元新台币,折合人民币 30 多元。

问题是,我一年要停 300 天,也要人民币 9000 多元。我办这张信用卡,年费只要人民币 6000 元。这样我可以节省 3000 多元。如果用这张信用卡搭乘中华航空亚洲的航线,我买经济舱,它就给我自动升级成公务舱,买公务舱,就给我自动升成头等舱。

现在,我提一个问题:我一年停车 300 天,得花 9000 多元,办了这张信用卡,在机场停车不要钱,我等于只付 6000 元,就是说,我省了 3000 多元。机场的停车场,没有收到我的 6000 元。

那么,机场找谁要呢?找银行。银行会给它 6000 元吗?不会,可能会给它 1600元,最多 3000 元。有人说,这样机场停车场岂不吃亏了吗?本来可以赚 9000 元的,现在只能拿到 3000 元。其实,机场停车场一点都没吃亏,因为银行向签约的顾客保证一年给 10 万个天次。当银行保证给机场 10 万个天次时,就算机场停车场一天只向银行收 10 元,10 万个天次乘以 10 元,就是 100 万元。这 100 万元刚好拿来维持机场停车场的基本开销。

这种信用卡的申请,是有一定条件的。因此,申请这种信用卡的人,不会太多。假设全台湾有 1 万张这种信用卡,那么,1 万张信用卡的主人,每天都会去停车吗?不会。平均下来,1 万个人,一年 40 万个天次,还是有的。银行帮机场停车场把这 10 万个天次的成本都支付了。其实,很多人是没有这种信用卡的,他们需要自己付费。除了这 100 万元以外,每一个自己开车进机场停车场的人,每天都要付 30 多元,这些钱,就是机场停车场纯赚的利润。

(资料来源:林伟贤.免费停车赚足钱[N].现代女报,2013-11-14.)

【案例思考】

1. 乍一听是亏损的生意,为什么能够赚到钱?

2. 机场停车场免费经营的创意营销是建立在什么样的分析基础上的?

【创意启迪】

资源对大多数人来说是短缺的,98%的资源靠整合。把有限的资源整合到一块,会有意想不到的效果。

营销界流传着这样一个故事。有一位智者把一个穷小伙子,世界首富的女儿,世界银行副行长的职位,首富的存款整合在一起,产生了多方共赢的良好效果。他是如何做的呢?

首先,智者了解各人的需求:

(1)一个穷小伙长得很帅,也很聪明,很追求上进,到了谈婚论嫁的年龄,却因为家庭贫穷找不到合适的对象。

(2)世界首富的女儿长得很美,从小娇生惯养,非常任性,找了很多富家子弟,都因为种种原因,没有走进婚姻殿堂,首富为此伤透脑筋。

(3)世界银行的行长,想让世界上的富人把钱存到银行中去,绞尽脑汁却效果不明显。

其次,智者对症下药:

(1)智者找到穷小伙子说:"你想进城吗?想找媳妇吗?想成为世界银行的副行长吗?"穷小伙子连考虑也没有考虑就回答:"想!非常想!""那好!你必须提高自己的修养,学习贵族的礼仪,学习金融知识。一年后,这些东西学好了,你就会进城,找到漂亮的媳妇,当世界银行的副行长。""谢谢您的指点,我一定按照您的要求拼命做好您说的一切!"穷小伙子感恩戴德,一步一鞠躬地离开了,开始按智者的目标奋斗。

(2)智者又找到了世界首富,说:"你女儿想找一个有修养、有知识、长得帅,任世界银行副行长的年轻小伙子做终身伴侣吗?""当然想!"首富说,"这种好事哪里有啊?请您老兄多帮忙!"智者说:"别着急,你耐心等,一年后我一定给你找到如意的女婿!"智者在首富的连连致谢中离开了。

(3)智者又找到了世界银行的行长,说:"你想让世界首富的存款都存到你们银行吗?"行长说:"做梦都想啊,我们做了很多工作,首富的钱也没有存过来。怎么才能做到让首富的存款全部存到世界银行来呢?"智者说:"有个小伙子,学识渊博,业务能力很强,是世界首富女婿的首选人物,他很有办法能让首富的存款放到世界银行来。如果一年内,能聘他当世界银行的副行长,那么存款的问题就解决了!"行长爽快地答应了。

最后,智者巧妙地穿针引线:

一年的时间很快就要过去了,在智者的指点下,小伙子学有所成,仪表堂堂,风度

翩翩。智者领着小伙子先找到世界银行行长，行长面试了小伙子后，立即下文聘他为世界银行的副行长，让他专门做首富的工作，把首富的全部存款转到世界银行来。小伙子由此成为最年轻的世界银行副行长，成为真正的年轻贵族。

智者领着刚担任世界银行副行长的小伙子，来到首富家。首富和他的女儿非常满意，看到这个前途无量、风流倜傥的年轻人，他们对智者千恩万谢。首富对智者说："您费了这么大劲，给我找到了这么好的女婿，我如何感谢您呢？"智者说："不用，你如果要感谢的话，那就支持你的女婿吧，把钱存到他所在的世界银行，让他更有机会大展宏图！"首富说："没有问题，马上就能办理！"

在智者的策划下，穷小伙子进了城，当了世界银行的副行长，成了世界首富的女婿；首富的女儿找到了前途无量、风度翩翩的世界银行的年轻副行长做了如意郎君；世界银行行长很得意自己通过一纸副行长的任命，换取了首富的钱存到自己的银行的巨大利益。通过智者的策划，实现了多方共赢。

在现实的商业世界中，每个人、每个企业都会拥有一定的资源，但如果这些资源始终处于"闲置"的状态，其实是没有什么价值的。在很多情况下，企业拥有的某些资源之所以没有被充分挖掘和利用，主要是因为缺乏足够的"资源整合意识"，找不到把资源变现成商业价值的举措和办法。

穷小伙子成为首富的女婿，成为世界银行的副行长，并非没有可能，关键在于要有足够的想象力和可操作的具体步骤。

【理论阐释】

一、创业活动的创意资源支撑

资源是指企业为了创造新价值和追逐新财富而投入生产经营过程中所有的生产要素和支撑条件。创业伊始，创业者需要判断是否具有足够所需的资源来开发创业机会，同时由于新企业的高成长性需要更多的资源来保障，而后，创业者还需对创业资源进行充分的整合以保障组织战略的执行。企业从创立到成长发展，一直伴随着识别和获取所需创业资源——利用已整合好的资源撬动新资源……新的创业资源整合这样一个过程。创业资源对创业活动的贡献不仅在于在量的积累上保证生产经营，还在于创业资源的整合能让企业获得竞争优势。创业需要各种资源组合以发挥效用，这就涉及对资源的分类研究和整合研究。

2006年6月，日本道路交通法进行了修订，对违章停车的处置越来越严厉。此时，日本市区停车场一般都以"包月"，或以1天、1个小时为单位来提供服务。这对于那些频繁在市区移动的车主来说，停车成本太高，甚至导致这些人在市区随处违章停车。而且，之前的停车场一般都设有专人管理，有时间限制，不能满足车主一大早或深

夜的用车需求。

为了满足这些需要在市区用车的车主的需求，Pake 24 公司把目光瞄准了城市里众多的闲置空地。空地之所以闲置在那儿，多半是因为土地拥有者买下土地后一时半会儿筹不出盖房子的钱，尽管如此，他们一样得交固定资产税。从土地拥有者的角度来说，他们希望减少固定资产税所带来的负担。

如果出租建成停车场，作为土地拥有者，他们就能减轻支付固定资产税所带来的负担。而对 Pake 24 公司来说，则正好和它不想购买土地来开展停车事业的想法不谋而合。

Pake 24 公司给土地拥有者支付一定的租赁费用，通过向使用停车场的车主征收停车费来赚取之间的差额。

为了满足车主短时间泊车的需求，Pake 24 公司改成按 20 分钟为单位计时收费。这种计价法在现在看来是理所当然的，可是，放在当时却很是标新立异。

而且，对于停车场的管理，Pake 24 公司采取的是无人运营的管理办法。为了避免无人管理可能带来的不利，公司开发、引进了 TONIC（times online network and information center）系统，对全国的停车场进行无线联网监控，不仅能确保收取停车费用，而且能随时掌握停车场的利用情况，及时应对事故的发生。

自动结算机和停车场的每个车位相连，可以随时掌控每个车位的出入库停车费用等数据。

Park 24 公司把目标对准市区这一市场，通过"了解""创造""策划"，成功构建了和土地拥有者之间的双赢关系。

二、资源整合

资源整合是一种系统论的思维方式，是通过组织和协调，把企业内部彼此相关却彼此分离的职能，把企业外部既参与共同的使命又拥有独立经济利益的合作伙伴，整合成一个统一协调的、服务于客户的系统，取得"1＋1＞2"的效果。

整合资源，是一种能够集结各界力量从而让一个项目实施更简单、高效的策略，是将资源重新识别、分析和配置，使其产生更大的价值。资源整合的关键在于互补，只有资源互补，才可能从整合到融合，最后达到契合。

企业对不同来源、不同层次、不同结构、不同内容的资源进行识别与选择、汲取与配置、激活与有机融合，使其具有较强的柔性、条理性、系统性和价值性，并创造出新的资源。

资源经过整合后能转化成企业的能力，而且企业的每一种能力都是由各种特定的资源整合形成的。资源整合是一个复杂的动态过程，企业对不同层次、不同用途、不同来源的资源进行识别、汲取、配置和利用，使之富有系统性、条理性和互补性。通过对现有资源价值的识别，摒弃无价值的资源，从而形成新的核心资源体系。资源整合通过对各种

资源进行有机结合和相互匹配,使其达到"1+1＞2"的效应,而不是简单的加总。创业资源的整合有其内在的逻辑过程,通过对资源的科学整合,有利于提升企业能力,使企业获得竞争优势。创业资源在未整合之前大多是零散的,要发挥其最大的效用,转化为竞争优势,为企业创造价值,还需要新创企业运用科学方法将不同来源、不同效用的资源进行配置与优化,使有价值的资源融合起来,发挥"1+1＞2"的放大效应。

资源整合能力能让创业者对未来变化趋势进行正确预测并有效地识别与获得、配置与利用创业资源来提升其竞争力。

在创意营销实践中,企业要提高自身的资源整合能力,必须首先从观念和眼界上下功夫:

在观念上,必须树立任何资源都是可用的现代管理理念。整合资源,首先不是一种能力,而是一种意识和观念。在一位优秀创意营销者看来,任何事物都是有价值的,尤其是人才资源。很多事物、很多人才之所以还没有表现出其价值,没有充分发挥出作用,不是因为其没有价值,而是因为放错了地方,或者没有给其发挥作用的空间和舞台。垃圾不过是未放对地方的宝贝。只有打破思维上的定势,才能进一步开阔眼界,培养自身进行资源整合的能力。

在眼界上,要具有开阔的视野和独到的眼光。善于整合资源的创意营销者能够从一件事物、一个人身上看到别人所看不到的价值,并且具有开阔的眼界和丰富的想象力,能够把似乎毫不相关的事物联系起来,为实现同一个目标、完成同一项任务做出贡献。

企业需要与更多的人进行资源整合,业务方面要相互帮助,可以是签订长期契约;可以是建立经销系统;可以是开分公司;可以是实施特许经营。味千拉面是日本人发明的,但中国取得特许经营权后,在国内设立分店,获得了不凡的业绩。

三、市场机会分析

在创意营销过程中,创意营销者需要通过市场机会分析,提升资源整合能力。市场机会分析包括外部分析和内部分析两个方面。

(一) 外部分析:战略环境分析、企业经营活动分析

战略环境分析是指对企业所处的内外部竞争环境进行分析,以发现企业的核心竞争力,明确企业的发展方向、途径和手段。战略环境分析是企业战略管理的基础。战略环境分析主要包括宏观环境分析、行业环境分析和企业内部条件分析。其中,宏观环境分析、行业环境分析属于外部环境分析。

企业经营活动分析是企业经营管理工作十分重要的环节。企业经营管理水平的高低很大程度上体现在其经营观念、经营方法和经营思路上。企业的经营活动分析则是其经营观念、经营方法和经营思路的一个缩影。

1. 宏观环境分析（PEST 分析）

所谓 PEST，其中 P 是政治（politics）、E 是经济（economy）、S 是社会（society）、T 是技术（technology）。这些是企业的外部环境，一般不受企业控制，这些因素也被戏称为"pest（有害物）"。PEST 要求高级管理层具备相关的能力及素养。

（1）政治环境分析。政治环境主要包括国内政治环境和国际政治环境。前者主要是因为党和政府的方针与政策规定了国民经济的发展方向和速度，从而影响到社会购买力和消费需求；后者主要包括政治权力影响和政治冲突影响，政治权力影响往往表现为由政府机构通过采取某种措施约束外来企业，如进口限制、外汇控制、劳工限制、绿色壁垒等，政治冲突影响主要表现为国际上的重大事件与冲突事件影响到外在的营销环境。当然，这些影响可大可小，有可能是威胁，也有可能是机遇。

（2）经济环境分析。经济环境分析主要涉及经济发展状况（即经济周期），经济形势中的通胀、失业、国际收支、利率、汇率以及经济现状中的 GDP、社会零售额、居民存款、主要消费情况、地方财政收入、供求总量与结构等问题。

（3）技术环境分析。技术发展对营销的影响大致有三个方面：产生新行业；大幅度改变甚至摧毁现有行业；刺激不相关的市场与行业等。不过，技术在提高生产与生活的效率性与便利性的同时，也引发了很多环境与社会问题。

（4）社会文化环境分析。社会的教育水平、价值观念、宗教信仰、伦理道德、消费习惯与习俗等，在很大程度上影响着消费者的消费心理、消费习惯、消费需求、购买行为和消费流行等。

PEST 分析与外部总体环境的因素互相结合就可以归纳出 SWOT 分析中的机会与威胁。PEST 分析可以作为企业外部环境分析的基础工具。

2. 行业环境分析

行业由产品非常相近的、在竞争过程中相互影响的一组企业构成。行业环境分析是指对企业经营业务所处行业的行业结构、行业内企业的行为方式、行业平均绩效水平、行业竞争程度和利润潜力等进行分析的过程。行业环境对身处其中的企业的影响远大于总体环境的影响，因此进行行业环境分析非常重要。

行业环境分析的主要内容包括分析行业主要经济特征、变革因素、行业总需求情况等，需要进行竞争及竞争者分析、市场需求及消费者市场分析。

行业环境分析的常用工具有产品生命周期模型、五力分析模型、S-C-P（structure-conduct-performance，结构—行为—绩效）模型、行业参与者模型等。

（1）竞争及竞争者分析。竞争者是指与企业存在利益争夺关系的其他经济主体。迈克尔·波特说，当一个公司能够向客户提供一些独特的，其他竞争对手无法替代的，对客户来说其价值不仅仅是廉价商品的商品时，这个公司就把自己与竞争厂商区别开

来了。企业的营销活动时常受到各种竞争者和可替代产品的制约与包围,企业要想获得成功,就必须比竞争者更有效地满足消费者的需要与欲望。因此,企业必须识别不同的竞争者,并采取不同的竞争对策。

(2)市场需求及消费者市场分析。消费者是企业的目标市场,是营销活动的出发点和归宿,是企业最重要的微观环境因素。消费者市场分析,主要包括消费者的数量、需求特点和购买行为等内容。

(二)内部分析:企业能力分析

企业能力分析是指对企业的关键性能力进行识别并进行有效性、强度,特别在竞争性方面的分析。企业能力分析的目的是帮助企业决策者确定长远以及近期的企业战略。如果企业战略已经落实,则进行企业能力分析的目的是重新衡量战略的落实可能性,并判断是否需要进行修订,或用以决策企业是否需要通过改进手段进行能力完善。

企业能力分析的方法主要有企业内部环境分析法、SWOT分析法、核心能力分析法、平衡计分卡等。

SWOT是一种分析方法,用来确定企业本身的竞争优势(strength)、竞争劣势(weakness)、机会(opportunity)和威胁(threat),从而将公司的战略与公司内部资源、外部环境有机结合。因此,清楚地确定公司的资源优势和缺陷,了解公司所面临的机会和威胁,对于制定公司未来的发展战略有着至关重要的意义。

SWOT分析法的步骤:

(1)罗列企业的优势和劣势,可能的机会与威胁;

(2)优势、劣势与机会、威胁相组合,形成SO、ST、WO、WT策略;

(3)对SO、ST、WO、WT策略进行甄别和选择,确定企业目前应该采取的具体战略与策略。

SWOT矩阵如图4-1所示。

机会(O)	SO战略(增长性战略)	WO战略(扭转型战略)
威胁(T)	ST战略(多种经营战略)	WT战略(防御型战略)
	优势(S)	劣势(W)

图4-1 SWOT矩阵

竞争优势(S)是指一个企业超越其竞争对手的能力,或者指公司所特有的能提高公司竞争力的东西。例如,当两个企业处在同一市场或者说它们都有能力向同一顾客群体提供产品或服务时,如果其中一个企业有更高的盈利率或盈利潜力,那么,我们就认为这个企业比另外一个企业更具有竞争优势。

竞争劣势(W)是指某种公司缺少或做得不好的东西,或指某种会使公司处于劣势的条件。

市场机会(O)是影响公司战略的重大因素。公司管理者应当确认每一个机会,评价每一个机会的成长和利润前景,选取那些可与公司财务和组织资源匹配,使公司获得竞争优势的潜力最大的机会。

在公司的外部环境中,总是存在某些对公司的盈利能力和市场地位构成威胁的因素。公司管理者应当及时确认危及公司未来利益的威胁,做出评价并采取相应的战略行动来抵消或减轻它们所产生的影响。

企业常见的竞争优势与劣势、机会与威胁影响因素如表4-1所示。

表4-1 企业常见的竞争优势与劣势、机会与威胁影响因素

竞争优势	竞争劣势
(1) 技术技能优势:独特的技术实力、低成本的生产方法、领先的革新能力等 (2) 有形资产优势:先进的生产流水线、充足的资金和信息等 (3) 无形资产优势:优秀的品牌形象、良好的信誉、积极进取的企业文化等 (4) 人力资源优势:专业、忠诚、学习能力强、经验丰富的员工等 (5) 组织体系优势:高质量的控制体系、完善的信息管理系统、忠诚的客户群、强大的融资能力等 (6) 竞争能力优势:产品开发周期短、强大的经销商网络、与供应商良好的伙伴关系、对市场环境变化的灵敏反应、市场份额的领导地位等	(1) 缺乏具有竞争意义的技能技术 (2) 缺乏有竞争力的有形资产、无形资产、人力资源、组织资产 (3) 关键领域里的竞争能力正在丧失
机会	威胁
(1) 客户群的扩大趋势或产品细分市场 (2) 技能技术向新产品、新业务转移,为更大的客户群服务 (3) 前向或后向整合 (4) 市场进入壁垒降低 (5) 获得购并竞争对手的能力 (6) 市场需求增长强劲,可快速扩张 (7) 出现向其他地理区域扩张、扩大市场份额的机会	(1) 出现将进入市场的强大的新竞争对手 (2) 替代品抢占公司销售额 (3) 主要产品市场增长率下降 (4) 汇率和外贸政策的不利变动 (5) 人口特征、社会消费方式的不利变动 (6) 客户或供应商的谈判能力提高 (7) 市场需求减少 (8) 容易受到经济萧条和业务周期的冲击

由于企业的整体性和竞争优势来源的广泛性,在做优劣势分析时,必须从整个价值链的每个环节上,将企业与竞争对手进行详细的对比,如产品是否新颖,制造工艺是否复杂,销售渠道是否畅通,价格是否具有竞争性等。

如果一个企业在某一方面或几个方面的优势正是该行业企业应具备的关键成功因素,那么,该企业的综合竞争优势也许就强一些。需要指出的是,衡量一个企业及其产品是否具有竞争优势,只能站在现有潜在用户的角度,而不是站在企业的角度。

企业在维持竞争优势的过程中,必须深刻认识自身的资源和能力,采取适当的措施。因为一个企业一旦在某一方面具有了竞争优势,势必会吸引竞争对手的注意。一般来说,企业经过一段时期的努力,建立起某种竞争优势;然后就处于维持这种竞争优势的态势,竞争对手开始逐渐做出反应;而后,如果竞争对手直接进攻企业的优势所在,或采取其他更为有力的策略,就会使这种优势受到削弱。所以,企业应保证其资源的持久竞争优势。

资源的持久竞争优势受到两方面因素的影响:企业资源的竞争性价值和竞争优势的持续时间。

评价企业资源的竞争性价值必须进行以下四项测试:

(1) 这项资源是否容易被复制?一项资源的模仿成本和难度越大,它的潜在竞争价值就越大。

(2) 这项资源能够持续多久?资源持续的时间越长,其价值越大。

(3) 这项资源是否能够真正在竞争中保持上乘价值?在竞争中,一项资源应该能为公司创造竞争优势。

(4) 这项资源是否会被竞争对手的其他资源或能力所抵消?

影响企业竞争优势持续时间的主要因素有三点:

(1) 建立这种优势要多长时间?

(2) 能够获得的优势有多大?

(3) 竞争对手做出有力反应需要多长时间?

如果企业分析清楚了这三个因素,就可以明确自己在建立和维持竞争优势中的地位。

当然,SWOT分析法不是仅仅列出四项清单,更重要的是通过评价公司的优势、弱势、机会、威胁,最终得出以下结论:在公司现有的内外部环境下,如何最优地运用自己的资源;如何建立公司的未来资源。

(三) 市场机会分析的常见误区

1. 过度强调重点因素,忽视一般因素

市场营销环境分析应该是一个全面而系统的工程,应该站在企业全局的角度,辩证地分析每一个因素可能给企业带来的影响。而有些企业在进行环境分析时,片面地强调其中的重点因素,如竞争对手的分析、市场需求的分析等,却忽视

了诸如人口环境、自然环境和文化环境等一般因素的分析。如在人口环境分析中忽视对老年市场和农村市场的分析,而这些因素恰恰会给企业带来重大的市场机会或威胁。

2. 认为市场营销环境只能去适应,不能改变

在市场营销环境中,有些因素如经济、法律、自然环境等,是企业无法控制的,企业必须去适应。但有些因素,企业却可以去创造和改变,如市场需求等。市场需求是影响企业的重要环境因素。企业的全部经营活动必须以满足顾客的需求为出发点,了解他们的需求,生产或提供符合市场需求的产品。"消费者至上必然成功"的说法具有片面性,不能适应需求就不能拥有市场,但满足了需求却未必拥有市场。所以适应市场需求是被动的、片面的,企业可以主动地去创造需求。

3. 对市场理解存在误区,跟风生产

市场经济要求依据市场供需的平衡状况来指导生产及经营活动。企业不仅要考虑市场现实的需要,而且要考虑市场的潜在需要,不断开发和生产新产品;此外还要根据竞争对手的状况考虑市场的需求空间及未来潜量,并以此确定目前所能提供的产品与未来的机会点。对此,企业应详细分析市场的现状及未来发展,从人文、地理、资源、产品、品牌、技术、人才等多方面进行比较,找出适合自己生存及发展的最有效途径,而不是盲目跟风。

4. 注重定性分析,忽视定量分析

市场营销环境的分析方法有定量分析法和定性分析法两种。所谓定量分析法,就是指在进行市场营销环境分析时运用各种数学模型,将环境的各种变量以及各种变量之间的关系用数学关系式表示出来,建立数学模型,然后利用各种现代化的手段进行计量比较,分析结果的方法;而定性分析法是指在进行市场营销环境分析时充分发挥人的智慧、能力和经验,根据已掌握的情况和资料,在充分研究的基础上进行分析。两者的主要区别在于:前者主要依靠数学和统计的方法,而后者更重视个人或集体的经验、知识和能力。长期以来,企业在进行环境分析时主要是靠经验。经验对一个企业来说是一种非常宝贵的财富,它对于简单的、常规性的环境分析来说具有既简便又准确的特点,但对复杂多变的市场环境而言,这种方法显然缺乏有效性。再加上这种以经验为主的定性分析法容易因人才流失而转移和难以传授,所以,在市场营销环境越来越复杂的背景下,其局限性越来越明显。

二维码 4-2-2

模块 3　精准营销

一直以来,营销的科学性正是因为运用了自然科学中的数据收集手段,严谨地记录、搜集和分析消费者的各项数据和行为轨迹;同时又采用了社会心理学的方法,通过现象去解释人的内心世界。这种主客观的结合,让营销能够推测与接近市场需求的方向,让生产者与消费者达到和谐交换。因此,数据与营销之间存在着密不可分的关系。

二维码 4-3-1

大数据带来的影响不仅是数据量几何级的增长,还有从量变到质变的颠覆性变革。互联网的发展使得消费者的个性化需求日益凸显,也让营销发生了从"以产品为中心"到"以客户为中心"的转变。基于大数据的精准营销给企业的营销战略带来了挑战也赋予了新的可能,是市场营销 4.0 时代的重要内容。

【案例 4-3】

大数据触发精准营销

在美国一家沃尔玛连锁超市里,人们发现:尿布与啤酒这两种风马牛不相及的商品居然摆在一起。这一奇怪的举措居然使尿布和啤酒的销量均大幅增加。原来,美国的妇女通常在家照顾孩子,所以她们经常会嘱咐丈夫在下班回家的路上为孩子买尿布,而丈夫在买尿布的同时又会顺手购买自己爱喝的啤酒。

淘宝商家利用消费者睡前必玩手机的这种"强迫症",在晚上 12 点进行促销秒杀活动,带动销量的倍增。因为有数据显示,每一天上网高峰期主要集中在中午 12 点之后和晚上的 12 点之前。研究人员发现,出现这种"怪现象"的原因是现代人普遍睡觉前都会有上网的习惯。

普通市民想要乘坐公共巴士,就必须到指定的巴士站被动地等待,遇到路上塞车,等上个把小时也时有发生,而现在通过数据信息化手段可以直接进行客源组织,为处于相同区域、有着相同出行时间、具有相同出行需求的人群量身定制公共交通服务,并享受"一人一座"的定制服务。这一模式着实为出行提供了不少便利。

这三个小故事就是对历史数据进行挖掘的结果,反映的是数据层面的规律,它通过在大量的数据系统中提取、整合有价值的数据,从而实现从数据到信息、从信息到知识、从知识到利润的转化。

【案例思考】

1. 在互联网环境下,为什么能够实现精准营销?

2.发现啤酒和尿布销售之间的联系能够给我们什么样的创意营销启示？

【创意启迪】

大数据势不可挡。我们在商品过剩的年代需要供需对接，利用大数据技术，恰到好处的匹配、预见性的生产已经完全有可能实现。传统的营销策划是通过调研、采样、简单数据统计、消费者代表这几种方式来研究消费者行为，其最大的问题是缺乏精准性，并不能完全代表消费者整体需求，而随着大数据的进入，利用先进的数据规律模型，用数据说话，用技术能力为企业提高品牌影响力和销量正在开辟另一种途径。

【理论阐释】

一、大数据背景下的精准营销

谁是准确的目标受众？如何在合适的时间、合适的地点，以合适的方式传达给消费者正确的信息？随着数据搜集、存储、管理、分析、挖掘与应用的技术体系的发展，这些问题的答案已经显现于眼前。

菲利普·科特勒于2005年提出精准营销（precision marketing）的概念，他认为企业需要更精准、可衡量和高投资回报的营销沟通，需要制定更注重结果和行动的营销传播计划，需要注重对直接销售沟通的投资。我们可以将其精准营销的理念归结为5个合适：在合适的时间、合适的地点，将合适的产品以合适的方式提供给合适的人。

数据挖掘与分析将隐藏于数据汪洋中的瑰宝打捞出来；各渠道数据融合提高了精准营销的准确度；可视化技术把复杂的数据打磨为直观的图形，使之成为浅显易懂、人皆可用的工具和手段；完备的数据服务器集群，提供强大稳定的数据计算能力，实时洞察消费者行为，及时响应；移动终端的普及，让数据分析随地可行……大数据营销使得营销行动目标明确、可追踪、可衡量、可优化，从而造就了以数据为核心的营销闭环，营销行动得到良性循环。

毋庸置疑，大数据可以帮助企业进行营销决策的调整与优化，亦有助于品牌发现机遇，如发现新客户、新市场、新规律，回避风险、潜在威胁等。企业如何驾驭数据，利用数据驱动实现业务洞察，是形成差异化竞争优势的关键所在。

不同的数据分析工具统计出来的数据不同，诸如CNZZ网站等流量统计网站，可以对网站的数据流量、访客行为进行全面的分析。

通过这些数据，管理员可以及时掌握站点流量的变化情况，比如某月某日，网站的某个位置阅读量特别高，则可以判断该类型的内容比较适合放置在此类位置，从而对内容做出调整。

二、关联规则分析

关联规则反映的是一个事物与其他事物之间的相互依存性和关联性,常用于实体商店或在线电商的推荐系统:通过对顾客的购买记录数据库进行关联规则挖掘,最终目的是发现顾客群体的购买习惯的内在共性。例如,根据购买产品 A 的同时也连带购买产品 B 的概率的挖掘结果,调整货架的布局陈列,设计促销组合方案,实现销量的提升,最经典的应用案例莫过于啤酒和尿布共同销售。沃尔玛通过对超市一段时间的原始交易数据的详细分析,发现了这对神奇的组合,将它们放在一起销售,提升了两种商品的销量。

到了互联网时代,亚马逊的个性化推荐大幅增加了其销售量;Facebook 的精准广告投放,成功把粉丝和流量变现;Google 搜索页面动态调整,让推荐更符合用户心意,提高了搜索的效率。这些事例都成为业界口口相传的大数据营销经典之作。通过大数据计算,商家能够准确推测用户的真实需求,将用户想要的、喜欢的产品或服务精准送达,实现有效的导流、用户触达和促进销售。

在大数据时代之前,成功的营销准则似乎并不复杂。商家只要掌握营销的 4P 理论——产品(product)、价格(price)、促销(promotion)、渠道(place),当营销遇到挑战时,使用熟知的营销方案,加上好的产品和漂亮的广告,基本就可以完成营销的目标。而进入大数据时代,一切营销行为和消费行为皆数据化,营销逐渐地成了一个数字游戏,数据分析和数据管理成了营销人员的核心竞争力,数据贯穿营销过程的始末。

关联规则是形如 $X \rightarrow Y$ 的蕴含式,其中 X 和 Y 分别称为关联规则的先导和后继。如 $A \rightarrow B$ 规则,则表示先购买商品 A,再购买商品 B。

关联规则分析中的关键概念主要包括支持度、置信度与提升度。

(一) 支持度 (support)

支持度是指两件商品(如商品 A 与 B)在总销售笔数(N)中出现的概率,即 A 与 B 同时被购买的概率,类似于中学数学中的交集(见图 4 - 2)。

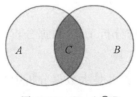

图 4 - 2　$C = A \cap B$

其计算公式为:

$$\text{support}\ (A \cap B) = \frac{\text{freq}(A \cap B)}{N}$$

如某超市 2018 年有 100 万笔销售,顾客同时购买可乐和薯片的有 20 万笔,顾客同时购买可乐和面包的有 10 万笔,那么可乐和薯片的支持度是 20%,可乐和面包的支持度是 10%。

（二）置信度（confidence）

置信度是指购买 A 后再购买 B 的条件概率,即交集部分 C 在 A 中的比例,如果比例大说明购买 A 的客户有很大概率会购买商品 B。

其计算公式为:

$$\text{confidence} = \frac{\text{freq}(A \cap B)}{\text{freq}(A)}$$

如某超市 2018 年可乐被购买的次数为 40 万笔,顾客同时购买可乐和薯片的有 30 万笔,顾客同时购买可乐和面包的有 10 万笔,则购买可乐又购买薯片的置信度是 75%,购买可乐又购买面包的置信度是 25%。这说明买可乐也会买薯片的关联性比面包强,营销上可以做一些组合策略进行销售。

（三）提升度（lift）

提升度表示先购买 A 对购买 B 的概率的提升作用,用来判断规则是否有实际价值,即使用规则后商品在购物车中出现的频率是否高于商品单独出现在购物车中的频率。如果提升度大于 1,说明规则有效,小于 1 则无效。

其计算公式为:

$$\text{lift} = \frac{\text{support}(A \cap B)}{\text{support}(A) \times \text{support}(B) \times 100}$$

如可乐和薯片的关联规则的支持度是 20%,购买可乐的支持度是 3%,购买薯片的支持度是 5%,则提升度是 1.33>1,说明对商品 A 的销售有利于促进商品 B 的销售,A→B 规则对于商品 B 具有提升效果。

除了购物篮分析（零售、快消、电商等行业适用）,关联规则分析还在金融、搜索引擎、智能推荐等领域大有所为,如银行客户交叉销售分析、搜索词推荐或者识别异常、基于兴趣的实时新闻推荐等。

（四）关联规则分析工具

营销活动中常用的关联规则分析工具（数据分析工具）有如下几种。

1. 百度指数——趋势分析工具

作为国内最大的搜索引擎,百度是大数据分析中当之无愧的代表。营销人员日常需要了解的行业、品牌、市场、活动等各方面的数据,通过百度指数基本能够满足。

百度指数不仅可以获取某个关键词在一段时间内的传播态势以及相关的新闻舆论变化,而且可以细化到关键词的目标网民是什么样的,分布在哪里,还可以了解他们搜索了哪些相关的词。这一系列数据分析都是帮助营销优化及调整的利器。

2. 360 趋势——搜索大数据分享平台

360 趋势的数据分析功能同样强大,其对于关键词人群特征的分析,数据维度更多、更为详细。

3. 微博指数

分析微博数据的工具琳琅满目,微博指数是新浪官方自带的工具,其功能是分析微博的搜索数据。其数据分析维度较常规,可以作为营销方案的日常数据素材。但如果需要更详尽、系统的数据,建议使用其他付费版的数据分析工具。

4. 谷歌趋势

谷歌趋势(Google Trends)是 Google 推出的一款基于搜索日志分析的应用产品,它通过分析 Google 全球数以十亿计的搜索结果,告诉用户某一搜索关键词各个时期下在 Google 被搜索的频率和相关统计数据。谷歌趋势有两个功能,一是查看关键词在 Google 的搜索次数及变化趋势,二是查看网站流量。

5. 百度预测

百度预测运用大数据对各行业进行监控预测,这些数据可以用于营销中的宏观市场分析。目前百度预测上的免费数据涉及的行业不算多,主要有经济、旅游、医疗、城市、教育、娱乐等领域。

6. ADBUG——广告监测工具

ADBUG 是一款免费的数字广告搜索引擎,用户可以检索到各品牌的营销信息,了解营销策略趋势及行业风向。只要是近一年在网络上投放的广告图,用户一搜索都能呈现出来。其缺点是监测到的量不大,比较适合用于监测短期广告投放效果。

7. 数据观——数据可视化制作工具

数据观可实现数据可视化,可辅助制作可视化图表。用户上传数据后,就可以自动生成图表。相比 Excel 图表,其视觉体验更佳。

在日常策划案或图文排版中,如果需要运用到数据图表,用户可以先通过数据观进行视觉处理后再使用。

8. 社交媒体监测工具

不懂舆情数据,就无法成为合格的营销人。舆情数据既可以作为客户营销策划案中的素材,也可以应用于营销策略的优化调整。根据数据进行营销战略的优化调整,能让营销的每一步都走得有理有据。

探宝舆情:在探宝舆情中输入关键词就可以检测到舆情数据。探宝舆情的搜索关键词是自定义的,可以监测客户的品牌情况,同时还可以监测竞品或营销活动名称的舆情,包括舆情的正负面分析等。

火线舆情：和探宝舆情类似，数据量大，分析维度全，但是数据比较杂；可以作为探宝舆情分析的辅助及补充。

三、智能推荐

要想做到精准营销，提升销量，需要通过智能推荐分析来实现。

智能推荐，也称智能关联推荐，是网上商城常用的一种产品推销手段。借助产品之间的内在联系，在首页、购物车、产品详情页等页面上为顾客展示与该产品相关的产品信息，这样可以增加产品的浏览和销售机会，提升顾客的购物体验和网站的销售额。

智能推荐分析借助分析系统，通过掌握用户的浏览行为，对商品进行精准推荐。企业除了对主打商品实施促销热卖外，还可以同时促进与主打商品相关的其他商品的销售。这样既提升了销量，又提升了用户体验，可谓一举两得。

目前单一商品使用的智能推荐方式主要有电子商务平台自带智能推荐功能、企业自行开发的智能推荐系统和第三方智能推荐系统等三种。

以第三方智能推荐系统为例，智能推荐系统有如下分析维度。

（1）产品推荐。首先，智能推荐分析通过关联规则分析，计算出用户与各单品之间的关联指数，提供单品关联指数列表。其次，通过智能推荐列表，掌握每件商品及与之关联的商品，进行精准的商品推荐。

（2）会员推荐。通过会员属性（如会员的年龄、性别、职业等）、会员近期的浏览行为等数据，对会员进行个性化推荐。

通过向会员个性化推荐诸如会员感兴趣的商品，近期可能会购买的商品，同类会员感兴趣或购买的商品，以及与会员购买商品经常一起购买的商品等，智能推荐系统能够有效提升商品销量，并增进用户购物体验。

强大的会员数据库有利于提高会员推荐的效果。通过对会员数据库的分析，能够提炼出会员基本信息、消费时间、购买数量、商品的品牌及大中小分类等详细信息，这些信息有利于分析会员的消费行为，企业根据会员的消费行为就可以策划和推出有针对性的营销促进方案。以一售卖某品牌婴儿奶粉的超市为例，根据会员的消费行为分析发现，一部分消费者在购买了一罐奶粉一个月后没有再次来购买（一罐奶粉通常可以喝一个月）。消费者的需求是存在的，但是为什么没有来再次购买？其原因可能是其他店有更优惠的活动，于是商家可以赠送一张该品牌的优惠券，并且通知消费者前来消费，以增加该消费者的消费频次。购买过一段或二段奶粉的消费者一般会有购买纸尿裤的需求，如果没有购买过纸尿裤，同样可以通过发放优惠券的形式，或者通过亲子互动活动的形式吸引其来采购，以提高客单价。

（3）人工干预。在首页、购物车、产品页展示推荐商品，根据用户习惯和单品之间的内在联系，结合人员干预，在网站上显示推荐商品信息。例如当看到某用户浏览了笔记本电脑产品的相关信息时，智能推荐系统就根据用户的该浏览行为，对用户进行诸如鼠标、显示器之类配件商品的推荐。

二维码 4-3-2

模块 4　差异化营销

企业采用差异化营销策略，可以使顾客的不同需求得到更好的满足，也使每个子市场的销售潜力得到最大限度的挖掘，从而有利于扩大企业的市场占有率，同时也大大降低了经营风险，一个子市场的失败不会导致整个企业陷入困境。

二维码 4-4-1

【案例 4-4】

宝洁公司多个品牌的成功

始创于 1837 年的宝洁，是全球最大的日用消费品公司之一，在全球 80 多个国家设有工厂及分公司，所经营的 300 多个品牌的产品畅销 160 多个国家和地区，其产品包括织物及家居护理、美发美容、婴儿及家庭护理、健康护理、食品及饮料等。

宝洁公司光洗衣粉就有 11 个品牌，如国内妇孺皆知的有强力去污的"碧浪"，价格较高；去污亦强但价格适中的"汰渍"；突出物美价廉的"熊猫"等。洗发水则有 6 个品牌，有品位代表的"沙宣"、潮流一族的"海飞丝"、优雅的"潘婷"、新一代的"飘柔"、回归自然潮流的"伊卡璐"等。

此外，它还有 8 个品牌的香皂、4 个品牌的洗涤液、4 个品牌的牙膏、3 个品牌的清洁剂、3 个品牌的卫生纸等。

如此大的品牌集群，营销起来非常不容易，宝洁用差异化营销的策略，成就了旗下多个品牌的成功。

1. 多品牌营销策略

首先，"宝洁"的名称没有成为任何一种产品的商标，根据市场细分洗发、护肤、口腔等几大类，以各自的品牌为中心进行运作。在中国市场上，香皂用的是"舒肤佳"，牙膏用的是"佳洁士"，洗衣粉有"汰渍""碧浪"等品牌。

其次，宝洁公司经营的多种品牌策略不是把一种产品简单地贴上几种商标，而是追求同类产品不同品牌之间的差异，包括功能、包装、宣传等诸方面，从而形成每个品

牌的鲜明个性。这样,每个品牌有自己的发展空间,市场就不会重叠。

此外,宝洁公司对品牌的命名也非常讲究,它深谙一个贴切而绝妙的品牌名称,能大大地减小产品被消费者认知的阻力,能激发顾客美好的联想,增进顾客对产品的亲和力和信赖感,并可大大节省产品推广的费用。

同时,宝洁还有一条原则:如果某一个种类的市场还有空间,最好那些"其他品牌"也是宝洁公司的产品。因此,宝洁不仅在不同种类产品中设立品牌,在相同的产品类型中,也大打品牌战。

2. 大范围高强度的广告营销策略

宝洁公司自2004年后,广告投入呈"爆炸式"增长,借助其强大的规模攻势抢占国内日化市场。其采用无间断广告策略和"波形递加式投放法",消费者几乎每隔一段时间就要采购一次日用洗洁品。

反复广告会引起消费者尝试购买的欲望,加之递加式的投放也有助于强化消费者对产品的认知和认同感,逐渐使消费者成为其固定消费群。

宝洁的广告最常用的两个典型公式是"专家法"与"比较法"。

"专家法"是用专家来进行具有说服力的宣传:首先宝洁会指出你面临的一个问题来吸引你的注意;接着便有一个权威的专家来告诉你,宝洁就是解决方案;最后你听从专家的建议,你的问题就得到了解决。

"比较法"是宝洁将自己的产品与竞争者的产品相比,通过电视画面的"效果图",你能很清楚地看出宝洁产品的优越性。汰渍洗衣粉的广告就是"比较法"最具代表性的一个。

(资料来源:谭宇轩,汤春玲.宝洁公司的多品牌营销战略探析[J].中国市场,2017(32):132.)

【案例思考】

1. 多种品牌策略是把一种产品简单地贴上几种商标那么简单,还是有其特殊的要求?

2. 在多种品牌策略的广告策略方面,"专家法"与"比较法"如何配合使用才能取得较好的效果?

【创意启迪】

对于一般商品来讲,差异总是存在的,只是大小强弱不同而已。而差异化营销所追求的"差异"是产品的"不完全替代性",即企业凭借自身的技术优势和管理优势,生产出在性能上、质量上优于市场上现有水平的产品;或是在销售方面,通过有特色的宣传活动、灵活的推销手段、周到的售后服务,在消费者心目中树立起不同一般的形象。

当技术的发展、行业的垂直分工以及信息的公开性和及时性,使越来越多的产品出现同质化时,寻求差异化营销已成为企业生存与发展的一件必备武器。

【理论阐释】

所谓差异化营销战略（或称差异性市场战略、差异性市场策略、差异性市场营销，differentiated marketing，differentiated marketing tactics）是指面对已经细分的市场，企业选择两个或者两个以上的子市场作为市场目标，分别对每个子市场提供针对性的产品和服务以及相应的销售措施。企业根据子市场的特点，分别制定产品策略、价格策略、渠道策略以及促销策略并予以实施。

企业可以选择几个利益最大的子市场作为目标市场。如果企业有足够的能力满足更多的子市场则可以选择更多的子市场；如果各子市场对企业都很有吸引力，并且企业也有能力为各子市场提供不同的产品和服务，企业可以把各子市场作为目标市场。

一、差异化营销的核心思想

差异化营销的核心思想为"细分市场，针对目标消费群进行定位，导入品牌，树立形象"。

差异化营销是在市场细分的基础上，针对目标市场的个性化需求，通过品牌定位与传播，赋予品牌独特的价值，树立鲜明的形象，建立品牌的差异化和个性化核心竞争优势。

差异化营销的关键是积极寻找市场空白点，选择目标市场，挖掘消费者尚未满足的个性化需求，开发产品的新功能，赋予品牌新的价值。

差异化营销的依据是市场消费需求的多样化特性。不同的消费者具有不同的爱好、不同的个性、不同的价值取向、不同的收入水平和不同的消费理念等，从而决定了他们对产品品牌有不同的需求侧重。

差异化营销不是某个营销层面、某种营销手段的创新，而是产品、概念、价值、形象、推广手段、促销方法等多方位、系统性的营销创新，并在创新的基础上实现品牌在细分市场上的目标聚焦，取得战略性的领先优势。

差异化营销策略有利于更好地满足顾客的不同需求，扩大企业市场占有率，从而提高企业的市场竞争力。企业树立多个品牌，可以提高消费者对企业产品的信赖感和购买率。多样化的广告，多渠道的分销，多种市场调研费用、管理费用等，都是限制小企业进入的壁垒，所以，对于财力雄厚、技术强大、拥有高质量的产品的企业，差异化营销是良好的选择。

同时，差异化有自身的局限性，其最大的缺点就是营销成本过高。另外，市场调研、销售分析、促销计划、渠道建立、广告宣传、物流配送等许多方面的成本都会大幅度增加。这也是很多企业做差异化营销，市场占有率扩大了，销量增加了，利润却降低了

的原因所在。

二、产品差异化营销

产品差异化是指产品在特征、工作性能、一致性、耐用性、可靠性、易修理性、式样和设计等方面的差异。对于同一行业的竞争对手来说,产品的核心价值是基本相同的,所不同的是其性能和质量。在满足顾客基本需要的情况下,为顾客提供独特的产品是差异化战略追求的目标。

中国在 20 世纪 80 年代是 10 人用一种产品,90 年代是 10 人用 10 种产品,而今天是 1 人用 10 种产品。因此,任何企业都不能用 1 种产品满足 10 种需要,最好推出 10 种产品满足 10 种需要,甚至满足 1 种需要。企业实施产品差异化营销可以从产品特征差异化和产品式样差异化两个方面着手。

通过赋予相同产品以不同的基本功能,或对产品的基本功能补充不同的特点等方式来推出新产品,此时可以实施产品特征差异化战略。以洗发水为例,消费者的购买目的无非是去头屑、柔顺、营养、护发、黑发,与其相适应,宝洁就推出相应的品牌海飞丝、飘柔、潘婷、沙宣、夏士莲等。在饮料领域,如农夫山泉的"有点甜"、农夫果园的"混合"果汁及"喝前摇一摇"、康师傅的"每日 C 果汁"、汇源果汁的"真鲜橙"等,其特点在消费者心目中都留下了很深的印象。可见,产品特征是企业实现产品差异化极具竞争力的工具之一。

式样是指产品给予购买者的视觉效果和感受。如海尔冰箱的款式就有欧洲、亚洲和美洲三种不同风格。欧洲风格强调严谨,以方门、白色来体现;亚洲风格以淡雅为主,用圆弧门、圆角门、彩色花纹、钢板来体现;美洲风格则突出华贵,以宽体流线造型来体现。再如我国一些饮料生产厂家摆脱了以往的旋转开启方式,改用"运动盖"直接拉起的方式,这种新的开瓶法获得了巨大成功。

三、服务差异化营销

服务差异化是指企业向目标市场提供与竞争者不同的优异的服务。尤其是在难以突出有形产品的差别时,竞争成功的关键常常取决于服务的数量与质量。

在日益激烈的市场竞争中,服务已成为全部经营活动的出发点和归宿。如今,产品的价格和技术差别正在逐步缩小,影响消费者购买的最关键因素还是服务的品质。服务能够主导产品销售的趋势,服务的最终目的是提高顾客的回头率,扩大市场占有率。而只有差异化的服务才能使企业和产品在消费者心中永远占有"一席之地"。IBM 根据计算机行业中产品的技术性能大体相同的情况分析,把企业的经营理念确定为"IBM 意味着服务"。海尔集团以"为顾客提供尽善尽美的服务"作为企业的成功

信条,贯彻"通过努力尽量使用户的烦恼趋于零""用户永远是对的""星级服务思想""是销售信用,不是销售产品""优质的服务是公司持续发展的基础""交付优质的服务能够为公司带来更多的销售"等服务观念,使用户得到全方位的满足,提升了在消费者心目中的品牌形象。

区别服务水平的主要因素有送货、安装、用户培训、咨询、维修等。售前售后服务差异就成了对手之间的竞争利器。例如,同是一台电脑,有的保修一年,有的保修三年;同是用户培训,联想电脑、海信电脑都有免费培训学校,但培训内容各有差异等。

四、形象差异化营销

形象差异化是指通过塑造与竞争对手不同的产品、企业和品牌形象来取得竞争优势。形象就是公众对产品和企业的看法和感受。

塑造形象的工具有名称、颜色、标识、标语、环境、活动等。以色彩来说,柯达的黄色、富士的绿色、乐凯的红色;百事可乐的蓝色、可口可乐的红色等都能够让消费者在众多的同类产品中很轻易地识别开来。再以我国的酒类产品的形象差别来讲,茅台的国宴美酒形象、剑南春的大唐盛世酒形象、泸州老窖的历史沧桑形象、金六福的福酒形象,以及劲酒的保健酒形象等,都各具特色。消费者在买某种酒的时候,首先想到的就是该酒的形象;在品酒的时候,品的是酒,但品出来的却是由酒的形象差异带来的不同的心灵愉悦。在实施形象差异化营销时,企业一定要针对竞争对手的形象,以及消费者的心智而采取不同的策略。例如,为了突出自己纯天然的形象,农夫山泉在红色的瓶标上除了加入商品名之外,又印了一张千岛湖的风景照片,无形中彰显了其来自千岛湖的纯净特色。农夫山泉为了表现公司的形象差异化,2001年推出"一分钱"活动支持北京申奥;2002年推出"阳光工程"支持贫困地区的基础体育教育事业。通过这样的公益服务活动,农夫山泉获得了极好的社会效益,提升了品牌价值,实现了形象差异化。在短短几年的成长过程中,这些差异化策略和战略对农夫山泉今天的地位起着非常关键的作用。美的集团突破格兰仕的价格封锁而成功打入微波炉市场,采用的也是形象差异化策略。美的充分利用自己在公众中已存在的良好形象,采用副品牌及动物代言人(健美鸡)等策略,成功地将"美的"品牌延伸到微波炉产品上。由此可见,实施差异化策略无疑是企业区别竞争对手,激发消费需求,从而获取竞争优势的一件利器。

二维码 4-4-2

模块5　与顾客和用户一起成长

21世纪到来的那一天,拍卖柏林墙的卡塞尔应休斯敦大学校长曼海姆的邀请,回母校做创业方面的演讲。在这次演讲会上,一个学生当众向他提了一个问题:"卡塞尔先生,您能在我单脚站立的时间里,把您创业的精髓告诉我吗?"那位学生正准备抬起一只脚,卡塞尔就答复完毕:"生意场上,无论买卖大小,出卖的都是智慧。"智慧是永远的财富之源。创意营销,需要运用智慧,赢得客户。

二维码4-5-1

【案例4-5】

1984年洛杉矶奥运会:创建奥运盈利模式

现代奥运会一贯追求"更快、更高、更强"。与其他单项国际竞技体育组织以个人参与、商业机构承办的方式不同的是,奥运会竞技项目多,以国家为单位出席,以国家的金牌和奖牌数量排名。由国家申请,国家和举办城市政府共同出资,提供奥运会场馆建设、交通设施改造、环境改善等所需要巨额资金。很多国家以承办奥运会为荣,竞相承办。

但1984年以前的奥运会,往往是奥运会成功、国际奥委会成功(基本上不投入资金,却分享收益),而巨额投资、有限收入和高昂的维护成本,导致奥运会举办城市或者举办国背上沉重的财务负担。例如,1976年蒙特利尔奥运会,一直到2006年蒙特利尔才还清了债务。

但1984年洛杉矶奥运会创建了里程碑式的盈利模式,成为历史上具有划时代意义的奥运会。

实际上,洛杉矶奥运会的起步非常艰难。当洛杉矶获得1984年奥运会举办权后,鉴于前几届奥运会的经济失败,美国政府明确表示,绝不拿纳税人的钱玩这种游戏,本届奥运会分文不出,要想办奥运会,得组委会自己想办法。同时,美国加州法律明文规定,禁止发行彩票以募集奥运会资金。83%的洛杉矶市民投票反对为奥运会提供任何经济支持。

不仅如此,奥运会筹办之前,洛杉矶还欠美国奥委会10万美元,欠南加州5万美元。这两笔欠款是以上两个组织帮助洛杉矶争取到奥运会的主办权而付出的劳动报酬。

在没有国家和举办政府经济资助的背景下,彼得·尤伯罗斯主动请缨,创建了完

全由民间私人商业组织主办和运作的模式。

想赢利首先要开源节流。开源有两个方面,一个来自转播权,一个来自赞助商。转播权转让早在1984年之前就采用过,但很多电视台都不愿意竞标转播权,尤伯罗斯表示愿和电视台分担风险,电视台非常感兴趣。他认为只要他努力,就可以把奥运会举办好,那样转让转播权就会赚钱。如何将奥运会办得精彩?参赛的国家越多,竞争者多了,奥运会自然就精彩了。20世纪80年代是冷战时期,当时很多国家抵制奥运会,比如说奥运会在美国举办,苏联就会抵制,尤伯罗斯游说各个国家的领导人不要抵制这届奥运会。结果,这次奥运会在美国本土电视转播权拍卖所得达到了2亿美元,在欧洲、亚洲分别得到了2000万美元,同时还有2000万美元的广播转播权转让费。

奥运会利用赞助也不是一件新鲜事,几十年前就开始做了。1980年莫斯科奥运会一共有381家赞助商,但只获得900万美元的赞助费,这显然是不够的。怎样得到更多赞助费?尤伯罗斯不是拉更多的赞助商,而是减少赞助商数量。他规定,在这届奥运会上,每个行业只选定一个企业赞助,且要将其限定在30家以内,通过这种方式激励企业抬高竞标价格。此外,尤伯罗斯还设定了赞助的最低限额:500万美元。结果,可口可乐为了打败百事可乐,一个企业就豪掷1260万美元,超出了1980年莫斯科奥运会所有赞助商的赞助总额。

此外,尤伯罗斯还对火炬接力办法进行了创新。洛杉矶奥运会除了请名人参加火炬接力,还让很多普通观众来参加火炬接力,但提出观众不但要身体好,而且要付3000美元,这样奥运会的资金又增加了几千万美元。

当然,要扭亏为盈还得降低成本。尤伯罗斯有三大举措:减少赠票;以租代建,当时专为奥运会新建的场馆很少;使用大量的志愿者,这样既省钱,又扩大了影响。

【案例思考】

1. 奥运会转播权转让和利用赞助都不是什么新鲜事,尤伯罗斯是通过什么样的安排来完成开源目的的?

2. 为什么相同的举措(奥运会转播权转让和利用赞助)却在1984年洛杉矶奥运会前后表现出迥然不同的绩效?

【创意启迪】

转播权转让早在1984年之前就采用过,奥运会利用赞助也不是一个新鲜事,几十年前就开始做了,但尤伯罗斯把奥运会作为平台,充分挖掘举办国家、举办城市、赞助商等心中想要的价值,让举办国家、举办城市、赞助商等伴随奥运会的成功同时成功,使其都获得了各自希望的利益。1985年1月《时代周刊》评选一年一度的"世界名人",彼得·尤伯罗斯当之无愧。他把奥运会办成了奥运产业,并开启奥运营销先河。此后,奥运会就成了赚大钱的生意,各地争办,唯恐落选。

【理论阐释】

一、把握消费者心理需求，提升资源价值

尤伯罗斯在筹划洛杉矶奥运会的过程中，精准把握住与奥运会相关的商业机会，充分挖掘各类赞助商、观众、商家等心理诉求，并创造了更多的商业机会，实现了开源节流的目标。

（一）欲擒故纵打"心理战"

没有政府补贴，禁止发行彩票，可以说，1984 年洛杉矶奥运会的举办经费主要依赖于各类赞助商。但尤伯罗斯并没有因为对赞助商的亟须而忽视奥运会的潜力，在深挖产品的基础上，他深知奥运会对于赞助商们也是一个亟须的宣传机会，对于赞助商们来说，这是一次在全球范围内树立良好企业形象、扩大宣传的机会。所以这里有一种双方互惠互利的关系，而市场营销的核心观念是交换，使买卖双方各得其所。"满足需求和欲望"是市场营销的最终目标，市场营销是个人和群体通过创造并同他人交换产品和价值，以满足需求和欲望的一种社会和管理过程。交换是市场营销的核心，交换过程能否顺利进行，取决于营销者创造的产品和价值满足顾客需求的程度和交换过程管理的水平，所以市场营销管理的实质正是需求管理。这需要更多创意。

为了吸引更多的赞助者，尤伯罗斯没有降低对赞助者的要求，而是对赞助者提出了更高的要求。同时要求，每种行业只有一家赞助企业。例如，赞助者必须遵守组委会关于赞助的长期性和完整性的标准，赞助者不得在比赛场内，包括空中做商业广告，赞助的金额不得低于 500 万美元，等等。这些听起来很苛刻的条件反而使赞助具有更大的诱惑性。因为如果不参与赞助，此企业的赞助权就会被彼企业夺去，从而失去一次展示本企业形象的大好机会。于是赞助者纷至沓来，一时竟成热门。最后，尤伯罗斯以 5 个赞助者中选 1 个的比例选定了 23 家赞助公司。当时 43 家企业被授予"销售奥运指定产品"的特权，9 家企业获得了"指定赞助者"的称号，并共同赞助了 1 亿美元。这些赞助者都欣然允诺将使洛杉矶奥运会拥有最先进的体育设施。尤伯罗斯正是抓住了赞助商、电视台们的真实需求，实现了通过交换达成共赢的目的。

（二）了解消费者确定价格

4C 理论中提出，要注重消费者的需求以及消费者为此欲求所愿意付出的成本，而不是直接地制定商品价格。尤伯罗斯在运营洛杉矶奥运会时，数额最大的一笔交易是与美国全国广播公司做成的。事前尤伯罗斯研究了前两届奥运会电视转播的价格，又弄清楚了美国电视台各种广告的收费标准，然后开出了 2.5 亿美元的高价，这是绝大多数人认为不可能被接受的价格。同时，尤伯罗斯还以 7000 万美元的价格把奥运会的广播转播权分别卖给了美国、欧洲、澳大利亚等，从此打破了广播电台免费转播体育

比赛的惯例。

尚不存在的市场是无法分析的,因此,创意营销的管理者的战略和计划应该是有关学习和发现的计划,而不是事关执行的计划。

传说在英国的一个拍卖会上,最后要拍卖的是很古老、很值钱的邮票,全世界仅剩两枚。经过一番激烈角逐,富商洛克中标。但见洛克走上前台,高高举起那张价值连城的邮票,得意扬扬地向台下的观众展示。大家既羡慕,又嫉妒。这时洛克竟然拿出一个漂亮的打火机,正当全场惊疑之时,只见其中一枚邮票被点火烧了。全场哗然:"这是价值 500 万美元的邮票,怎么说烧就烧呢?如果你嫌钱多,干脆捐给我们好了……"洛克笑而不语,把独枚邮票举过头顶,说道:"各位请注意,现在的这枚邮票全世界再无第二枚了,你们愿意出多少价格?"

商品或服务的定价或价值起源于效用,又以物品稀缺性为条件,效用和稀缺性是价值得以体现的充分必要条件。这里稀缺性是指物品供给的有限性。因为只有在物品相对于人的欲望来说稀缺的时候,才构成人的福利(甚至生命)的不可缺少的条件,从而引起人的评价(即价值)。因此,企业要先了解消费者真实的心理预期,再来确定价格。

边际效用价值论者从对商品效用的估价引出价值,并且指出价值量取决于边际效用量,即满足人的最后的亦即最小欲望的那一单位商品的效用,他们认为价值纯粹是一种主观现象。正如奥地利经济学家门格尔所指出的:"价值既不是附属于财货之物,也不是财货应有的属性,更不是它自身可以独立存在的。经济人所支配的财货,对其生命与福利,必具有一定的意义。价值就是经济人对于财货所具有的意义所下的判断。因而它绝不存在于经济人的意识之外。"边际效用价值论者认为商品的价值并非实体,也不是商品的内在客观属性。价值无非是表示人的欲望同物品满足这种欲望的能力之间的关系,即人对物品效用的"感觉与评价"。

而衡量价值量的尺度就是"边际效用"。人对物品的欲望会随其不断被满足而递减。如果供给无限则欲望可能减至零甚至产生负效用,即达到饱和甚至厌恶的状态。于是,物品的边际效用递减,从而它的价值会随供给增加而减少甚至消失。市场价格是在竞争条件下买卖双方对物品的评价彼此均衡的结果。

尤伯罗斯把握住了奥运会对电视台和赞助商们的效用,以让电视台和赞助商们得到奥运会平台转播和推广的最佳效用来确定奥运会转播权和奥运商品荣誉的获得价格,从而将普遍认为必亏的项目做成了盈利典范。

二、顾客消费行为过程:AIDMA 法则和 AISAS 法则

"AIDMA"是 attention(引起注意)、interest(产生兴趣)、desire(产生欲望)、

memory（留下记忆）、action（购买）这几个英语单词的开头字母。AIDMA 法则是美国 Roland Hall 公司提出的一种顾客消费行为心理模式，是顾客从对一个事物的认识了解到付诸购买行动的一个过程，被视作一种交流反应过程。

随着互联网的普及，这种过程发生了变化，AIDMA 法则演化为 AISAS 法则，即 attention、interest、search（检索）、action、share（分享信息）。要让顾客选择自家公司的品牌、产品或服务，必须要有配合顾客每次消费行动场所的接触点。

以空气净化器厂家的员工为例，来说明应用 AISAS 法则把握顾客消费行为的过程。

首先，在"attention"环节，要让顾客了解这样一个事实——"空气净化器是必不可少的"。那么，什么样的环境下，顾客才会感到空气净化器是必需的呢？例如，大家对环境问题非常敏感，从"扬尘""汽车尾气""日本福岛飘散的放射性物质"等大家担忧的话题入手，就很容易引起顾客的接受与认可。那么，大家要考虑的"接触点"，就是对"空气""环境"等具有强烈问题意识的人们聚集的地方。例如，参加"地球日"活动的人，多半都是环境意识强的人，可以在这些活动附近张贴广告。人群聚集地——市民广场、火车站、客运站等地，也是非常有效的"接触点"。

在"interest"环节，就是让顾客对公司的产品或服务产生兴趣。如果在最初的"attention"环节，已经在有可能出现潜在顾客的"接触点"张贴了广告的话，那么这些潜在顾客自然会留意到公司的产品。接着要做的是如何引起顾客产生兴趣，进一步了解自家公司产品和别家公司的不同及其独具的优势。这时，最好在广告上设计容易检索的关键词、简短而鲜明的解说、给人留下印象的某个人物等，以便唤起顾客的兴趣，通过查阅进一步了解公司产品。

接着是"search"环节。当潜在顾客对广告产生兴趣并开始上网检索公司产品时，就要让顾客检索后能迅速登录公司网页或进入公司微信公众号等。

然后就是"action"环节，即付诸行动购买。企业的关键是如何产生利润，无论顾客去网店还是去实体店购买都能够达到目的。同时，通过网店销售额和实体店销售额的对比，有助于企业布局线上线下的营销资源。

最后是"share"环节。这一点非常重要，因为它会为公司带来新的顾客。企业必须非常重视京东、天猫、淘宝、亚马逊等网站的评价。为赢得好的口碑和排名，企业必须事先采取应对措施。

二维码 4-5-2

【思考题】

1. 搜集"台湾康师傅"相关资料信息，从市场营销视角，分析其由小变大变强再变衰，最终沦落到解散地步的原因。

2. 为什么对很多品牌来说，会出现"不转型即死"的局面？

3. 随着人们生活方式的改变，市场营销经历了什么样的变迁过程？请描述现阶段市场营销所处的阶段及其时代特征。

4. 如何进行市场机会的外部分析？市场机会的外部分析通常有哪些工具？

5. 如何进行企业能力分析？企业能力分析通常有哪些方法？

6. 市场机会分析的常见误区有哪些？如何在市场营销实践中克服和避免这些误区？

7. 为什么在大数据背景下，企业能够实现精准营销目标？

8. 何为关联规则？如何应用关联规则分析来实现大数据背景下的精准营销目标？

9. 如何应用智能推荐来提升营销业绩？

10. 常用数据分析工具有哪些？各有哪些特征和功能？

11. 差异化营销的核心思想是什么？差异化营销的优缺点有哪些？

12. 如何实施产品、服务、形象差异化营销策略？

13. 如何理解"生意场上，无论买卖大小，出卖的都是智慧"这句话？

14. 结合现实案例，应用 AIDMA 法则分析顾客的消费行为。

15. 洛杉矶奥运会是怎样通过创意营销获得盈利的？

16. 结合现实案例，讨论如何抓住消费者的心理特点，进行产品或服务的定价？

17. 很多企业的多品牌战略取得不菲的业绩，但"娃哈哈"却成为一个中国企业多品牌战略败北的例子。"娃哈哈"多品牌战略运作过程中，多个产品品牌并没有其独特的市场细分和顾客群。有一些产品品牌的定位是重合的，如果汁饮料中的"苹果C""蜜桃C""香橙C"和碳酸饮料中的"非常苹果""非常蜜桃""非常甜橙"；在娃哈哈的"呦呦"系列中，有五种是奶茶、奶咖，另外两种是柠檬茶和柚子茶。这样的市场细分导致品牌组合一片混乱，不同子品牌之间抢夺客源，继而使企业形象产生模糊、混乱之感，增加不必要的损失。试着搜索更多"娃哈哈"多品牌战略失败的相关资料，分析其多品牌战略失败的主要原因，并谈谈对创意营销的启示。

18. 阅读案例《Radiohead——"彩虹之中"》，讨论为什么第七张专辑《彩虹之中》直接由歌迷来定价，能够获得商业成功。

Radiohead——"彩虹之中"

音乐产业曾经有一个很简单的公式：人才＋唱片公司＋塑胶碟＝美元。但数字化和技术的发展使这个公式不再适用。像 Radiohead 的 ThomYorke 这样创新与冒险的先驱就想出了一个闻所未闻的怪招：乐队的第七张专辑《彩虹之中》的发行没通过任何一家发行公司，唱片中的歌曲全部通过网络下载，而价格直接由歌迷来定，你想

付多少就付多少。这一突破常规的举动在业内引起了轩然大波,但他们的策略为他们在预售期带回了300万次的下载量和1000万美元的收入,成为这个乐队最大的一次商业成功。

（资料来源：十个最值得注意的创意营销案例［EB/OL］.（2013-01-15）［2019-04-15］.https://www.meihua.info/a/31862.）

19．阅读以下两则故事,谈谈互联网和大数据环境下创意营销的体会。

故事一：

有想象力的《时代周刊》2006年度风云人物：网民

美国《时代周刊》将2006年度风云人物颁给了所有网友,封面上只有一个词：YOU。封面上显示的是一个白色的键盘和一个电脑显示器的镜面,从镜子里购买者可以看到自己的镜像。

该新闻原文如下：

祝贺你们！你们成为美国《时代周刊》"2006年度风云人物"。今年该奖项授予了我们每一个人,因为我们每一个人都在万维网（WWW）上使用和制作了内容。《时代周刊》认为,今年网络已发生了从公共机构或组织向个人——即该杂志所提出的新数字民主主义公民的转变。

当年接管《时代周刊》总编一职的理查德·斯腾格尔称,如果杂志要选择某一个人为风云人物的话,就必须确定这个人对无数的人产生了影响,但如果你选择无数的人,那就无须证明他们对谁产生了影响。

不过这不是《时代周刊》首次抛弃实际存在的个人,在1966年该杂志选择的就是25岁以下的年轻人,1975年则是美国妇女,1982年的风云人物是电脑。斯腾格尔称,他一直都喜欢选单个的人为风云人物,而不是一台电脑或其他什么,但他们感觉这种变化趋势不是某一个人所能左右的。2005年的风云人物是比尔·盖茨夫妇和摇滚歌星博诺,因为他们在慈善事业和减少全球贫困人口,提高世界健康水平上做出了突出的成就。

故事二：

"怎样不被互联网打败"

今天,越来越多的行业正受到互联网的冲击,正被互联网重新解构,发生令人瞠目结舌的变化。

比如,传统零售业受到淘宝和京东的冲击,像苏宁这样的家电零售商正努力重塑自己的互联网基因。微信仅用了3年时间,就让中国电信、中国移动、中国联通的短信收入受到很大影响。原来报纸和杂志的读者,现在手里拿的多是智能手机、平板电脑,报纸和杂志正快速地被微博、微信以及各种新闻客户端所取代。更可怕的是,原先强

大的电视台不得不面临这样的局面：越来越多的年轻人选择用手机、平板电脑来看电视新闻、电影、电视剧，只给电视台留下大批老年观众每天准时打开电视机收看节目。

最近，互联网的一批"疯子"又闯进了电视制造产业。过去家电厂商竞争，基本的底线是，不管价格大战如何激烈，厂商不能跌破成本卖电视机。然而，这批互联网"疯子"进入电视制造行业后，敢于零利润，甚至可以亏损卖。这让从事电视制造产业一二十年的人备感迷惑：难道时代变了吗？

今天，传统企业如何面对互联网的挑战，如何向互联网转型，很多企业家、专家、学者都在讨论。作为在互联网从业10余年的创业者，我认为传统企业必须理解互联网经济与传统经济的不同之处。如果以传统经济思维进入互联网去竞争，那无异于鲨鱼爬到陆地上去跟豹子搏斗，肯定是要输的。因此，准备向互联网转型的传统企业，必须理解以下几个互联网经济的特点。

互联网经济的第一个特点，是用户体验至上。

互联网时代是一个消灭信息不对称的时代，是一个信息透明的时代。没有互联网的时候，商家跟消费者之间的交易，以信息不对称为基础。通俗地讲，就是"买的不如卖的精"。各种营销理论都是建立在信息不对称的基础上的，目的只有一个：尽可能把东西卖给顾客。

但有了互联网，游戏规则变了。因为消费者鼠标一点就可以比价，而且相互之间可以方便地在网上讨论，因此消费者掌握的信息越来越多，于是变得越来越精明，变得越来越具有话语权。基于信息不对称的营销，例如大规模的广告投放等，其效果会越来越小。而如果你的产品或服务做得好，好得超出消费者的预期，即使一分钱广告不投，他们也会愿意在网上去分享，免费为你创造口碑。

例如，在国内经济型酒店趋于同质化的时候，一家知名品牌的连锁酒店率先在房间里配备了8个不同种类的枕头，以适应不同客人的睡眠习惯。这个创新成本不大，却超出了客人的预期，结果一传十、十传百，为酒店创造了好的口碑。这就是好的用户体验。

在过去，厂商把产品销售给顾客，拿到了钱，就希望用户最好不要再来找自己。然而，在这个用户体验的时代，产品递送到用户手里，用户才刚刚开始跟厂商打交道。以前都是通过大量广告进行营销，从而在顾客的头脑里种下产品的"种子"，印上厂商的形象。但在今天，更重要的是顾客在使用产品时产生的感觉。

互联网经济的第二个特点，是基于免费的商业模式。

传统经济强调"客户（顾客）是上帝"。这是一种二维经济关系，即商家为付费的人提供服务。然而，在互联网经济中，不管是付费还是不付费的人，只要用你的产品或服务，那就是上帝。因此，互联网经济崇尚的信条是"用户是上帝"。在互联网上，很多东

西都是免费的，例如看新闻、聊天、搜索、使用电子邮箱、杀毒，不仅不要钱，还把质量做得特别好，甚至倒贴钱欢迎人们来用。

正是因为互联网经济是基于免费的商业模式，用户才显得如此重要。

互联网上的产品和服务五花八门、多种多样，但其商业模式总结起来无非三种：一是在网上卖东西，如果卖有形的东西，那它叫电子商务；二是卖广告，就是推荐第三方的产品和服务，如搜索引擎的推广链接等；三是增值服务，就是向有需求的人销售个性化的产品和服务，如腾讯的 QQ 秀、游戏里的各种道具等。

但这三种商业模式，都有一个共同的前提，那就是必须拥有一个巨大的、免费的用户群。在互联网上，任何一项增值服务都只有百分之几的付费率，其余的都是免费用户。只有拥有一个巨大的用户群作为基础，百分之几的付费率才能产生足够的收入，才有可能产生利润，以维持互联网厂商提供免费服务。换句话说，只有建立一个巨大的、免费的金字塔基座，才有可能在上面构造一个收费的塔尖。

因此，互联网经济强调的，首先不是如何获取收入，而是如何获取用户。这正是传统厂商容易误读互联网的地方。很多厂商进入互联网的时候，不是想着如何获取用户、如何为用户创造价值，而是一上来就想着怎么赚钱，简单地认为只要有了互联网的技术，有了互联网作为分销、推广平台，成功就会水到渠成。这样的认识一定会导致失败。

互联网经济的第三个特点，是价值链创新。

淘宝通过免费开店，颠覆了它强大的竞争对手 eBay。360 通过免费，颠覆了收费的杀毒软件厂商。微信通过免费发信息，对电信运营商形成了巨大的威胁。但是，当互联网企业用免费的模式颠覆原有的市场格局时，传统企业总是把这些互联网企业看成是骗子，认为这些互联网企业一定是先通过免费策略把竞争对手淘汰掉，然后再像它们一样收费。

互联网免费的商业模式，本质上讲是通过免费获取巨大的用户群，然后在此基础上创造新的价值链。微信不会收取短信费，它只要在庞大的用户群里推广游戏，或者推荐商品，就能轻松挣到比中国移动每年收的短信费还要多的钱。免费杀毒为360 带来了巨大的用户群，在杀毒上 360 一分钱都不挣，但因为有相当比例的用户使用 360 的浏览器上网，或者使用 360 手机助手来下载各种手机游戏、手机软件，这就产生了巨大的流量。有了流量，360 就可以产生搜索、导航、游戏应用商店等商业模式。

今天，互联网的"疯子"们又开始做电视、做盒子、做手表，一旦跟互联网结合，这些硬件将会是以零利润与传统企业竞争。这对未来只做硬件的厂商来说，基本是灭顶之灾。为什么互联网硬件可以不赚钱？那是因为硬件不再是一个价值链里的唯一一环，

而是变成第一环。电视、盒子、手表等互联网硬件虽然不挣钱,但变成互联网厂商与用户之间沟通的窗口,只要这个窗口存在,互联网厂商就能创造出新的价值链,就能通过广告、电子商务、增值服务等方式来挣钱。最后的结果是,只会生产硬件、卖硬件的厂商,如果学不会互联网的思维,它的价值链被互联网免费掉以后,可能只能变成代工,赚取微薄的利润,而高附加值的价值链则被提供互联网信息服务的厂商拿走。

这不是危言耸听,它不会立马发生,但在下一个 5 年会看到这个趋势。

(案例来源:周鸿纬.从客户至上,到用户至上的观念转变[N].中国青年报,2013-12-09(2).)

单元五

组合拳和适应性匹配

通过本单元内容的学习,你将达到以下学习目标并完成能力训练任务:

【学习目标】

知识目标	能力目标
1. 理解"二旧化一新"法; 2. 理解奥斯本检核表技术; 3. 理解 SCAMPER 策略; 4. 理解 4P、4C、4S、4R、4V、4I 的内涵及应用。	1. 能够应用"二旧化一新"法进行营销创意设计; 2. 能够应用奥斯本检核表技术进行简单的创意设计; 3. 能够应用 SCAMPER 策略进行营销创意设计; 4. 能够应用 4P、4C、4S、4R、4V、4I 分析创意营销案例。

【能力训练任务】

1. 应用"二旧化一新"法进行营销创意设计;

2. 应用 SCAMPER 策略进行营销创意设计;

3. 应用 4P、4C、4S、4R、4V、4I 进行创意营销案例分析;

4. 认真完成实训任务,加深对本单元知识的理解。

本单元内容学习建议学时:6～9 学时。

我们已经生活在注意力稀缺的时代。一个成年人每天大约要接触 3500 条广告,而这个数字在 30 年前仅为 560 条。对营销人而言,创意是抓住消费者注意力的最好方法。安德里·赛德涅夫说,在你产生的每 100 个创意中,你自己会先删掉没希望实现的 80 个,留下 20 个;随后你向同事、老板及一些潜在消费者进行咨询,剩下 5 个可执行的创意;当你把这 5 个创意付诸实践后,其中 4 个的结果很一般,只有 1 个会获得成功。这就是"100,20,5,1"定律。那么,如何才能提升创意的成功率,让它们在短时间内打动沟通对象?如何让创意具备一击即中的穿透力?这些都需要创意者们具备思考技巧和工具。

模块1　二旧化一新

两个原有的相当普遍的概念,或者两种想法、两种情况、两个事件,将它们放在一起,甚至将两个完全相互抵触的想法放在一起,结果得到一个以前未曾考虑过或根本未曾想到的新组合,这个新组合就是"二旧化一新"的结果,它会导致一个创意的新构想。两个构想通常都是不相关的,甚至互相抵触的,但经过冲突而产生另一个更使人注目的构想,这是"二旧化一新"发生作用的机理。

二维码 5-1-1

【案例 5-1】

下雨,免费旅游

澳大利亚一家航空公司想推出一则广告吸引顾客。构想创意时发现了一对矛盾:旅游者热衷于晴天乘飞机旅游;旅游者担心中途下雨会大煞风景而很少乘机旅游。也就是说,"下雨"和"旅游"是两个相抵触的事件。

能不能让人在下雨天也去乘机旅游呢?也许用免费优待的方式可以吸引顾客?创意者对乍看是违反常理、不合常情的荒唐组合——"下雨、旅游"——反复思索。就这样,一个新的创意出现了:天晴不用说,旅游者可以尽情游玩,下雨也不要紧,不收费,旅游者也没有什么损失,因此,无论天晴还是下雨你都放心地乘机旅游去吧!这个新创意浓缩为六个字:"下雨,免费旅游。"

为了避免公司收入因免费过多而遭受损失,另在广告里附加一条内容:下雨时间必须连续三天以上。意即下雨时间不满三天,旅游者不能享受免费优待。而这一规定却远不如大标题那样醒目,往往被顾客忽略了。同时,他们又投保下雨险,使得如果下雨时间超过三天而影响的收入可以部分地得到保险公司的补偿。人们心目中最深的印象只有一个:下雨旅游时乘飞机可以不花钱。这一创意,使该公司每年营业额增加30%,且数年兴旺不衰。

【案例思考】

1. 为什么无论下雨还是不下雨,这家澳大利亚航空公司都能够盈利?

2. "下雨"和"旅游"本是两个相抵触的事件,在本案例中澳大利亚航空公司是如何实现其共融的?

【创意启迪】

这是由"二旧化一新"合成的广告创意。"下雨"和"旅游"本是两个相抵触的事件,

但如果构思得当,乍看违反常理、不合常情的荒唐组合所带来的恰恰是意想不到的收获。再看一家由建筑师和艺术家组合开出的烘焙店,结果就是他们做出的蛋糕成了艺术品!

二维码 5-1-2

【理论阐释】

一、创意的行动

新构想常出自两个相抵触的想法的再组合,这种组合是以前从未想到的。即两个相当普遍的概念或想法、情况甚至两种事物,把它们放在一起,会神奇般地获得某种突破性的新组合,产生"一新的"、原创的构想。有时即使是完全对立、互相抵触的两个事件,也可以经由"创意的行动"和谐地融为一体,成为引人注目的新构想。

"二旧化一新"(bisociation)的构想由亚瑟·凯斯勒创立,其创意方法的价值主要体现在它能使创意者把各种互不相关甚至互相抵触的事物交融、组合在一起,形成一个令人注目的创意,并给人以意料之外、情理之中的感受。"二旧化一新"为一"解放的行动"——以创造力(originality)击败习惯。

"二旧化一新"就是使用各种想法、概念及关系结成新颖、不同的一些组合,"创意的行动"其实质就是"二旧化一新"。

二、寻求各事实之间的关系

创意的基本原则有两条:其一,创意完全是把原来的许多旧要素做了新的组合;其二,必须具有把旧元素予以新组合的能力。营销中的创意,常常是有着生活与事件"一般知识"的人士,对来自产品或其他营销组合要素的"特定知识"加以重新组合的结果。这种对各要素进行重新组合的创意方法就类似于万花筒中所发生的组合,万花筒中放置的彩色玻璃片数量越多,其构成令人印象深刻的新组合的可能性也就越大。同样,人的心智中积累的旧元素越多,也就越有增加令人印象深刻的新组合或创意的机会。因此,对于创意营销者而言,"在心智上养成寻求各事实之间关系的习惯,成为产生创意最为重要之事"。基于此,创意营销者应具有的独特性格包括:第一,没有什么方面是他不感兴趣的,从埃及人的葬礼习俗到现代艺术,生活的每一层面都使他向往;第二,广泛浏览各学科的书籍。因为只有在丰厚的知识和经验积累的基础上，"二旧化一新"的创意方法才能真正得以实施，新的组合、新的创意才有产生的条件和表现的舞台。

三、联想的力量

任何创意活动都离不开联想，联想是孕育创意幼芽的温床，联想是创意思维的基础。联想在创意设计过程中起着催化剂和导火索的作用，许多奇妙的新的观念和主意，常常由联想的火花首先点燃。

联想会将令人深感意外的事物联系起来，从而产生奇特的效果。"头脑风暴法之父"亚历克斯·奥斯本曾谈到一件小事引起的联想："有一次我去看牙，当医生用牙钻给我钻牙的时候，我的一只胳膊触到了输送气体的小胶皮管子，我想橡胶管子多么柔软细腻，简直就像孩子的脸蛋一样。触摸橡胶管子这一事实使我联想起向德国反攻，在诺曼底登陆前夜，正是那些看来似乎像军船、坦克和一门门大炮的充气气球欺骗了德国人。在不到一秒钟之内，我手底下这条胶皮管子使我联想到美国人所使用的这种圈套。"

生活中奇特的联想很多很多。"如果大风吹起来，木桶店就会赚钱！"竟然可以如此联想？但确实可以这样：当大风吹起来时→沙石就会漫天飞舞→以致瞎子增加→琵琶大师增多→越来越多的人以猫毛代替琵琶弦→猫会减少→老鼠增多→老鼠会咬破木桶→木桶需求量大增→木桶店就会赚钱。

苏联两位心理学家哥洛可斯和斯塔林茨曾用实验证明，任何两个概念词语都可以经过四五个阶段，建立起联想的关系。例如，木头和皮球是两个"风马牛不相及"的概念，但可以以联想为媒介，使它们发生联系：木头→树林→田野→足球场→皮球。又如，天空和茶：天空→土地→水→喝→茶。这样的联想是很普遍的，因为每个词语均可以同近 10 个词直接发生联想关系，那么第一阶段就有 10 次联想的机会（即有 10 个左右的词语可供选择），第二阶段就有 10^2 次机会，第三阶段则有 10^3 次机会……第五阶段便有 10^5 次机会。

由此可见，联想有极其广泛的基础，为创意营销思维的运行提供了无限辽阔的空间。

二维码 5-1-3

模块 2 检核表技术

检核表技术是从"二旧化一新"的基础上细化而来的，具体指导创意实践。我们可以应用检核表技术以及由之衍生而来的 SCAMPER 策略，从不同角度有意识、有目的地去生成创意，让创意营销方案更加有效。

二维码 5-2-1

【案例5-2】

黑色星期五来袭　REI店铺关门去户外

户外用品零售商REI于2015年宣布在黑色星期五当天关闭全部143个门店,让员工带薪休假。同时在自己的网站和多个社交媒体发起"去户外"的活动,鼓励更多人随他们一起去户外。这一活动在美国零售界引起了不小震动,并有150余家公司、非营利组织宣布响应这一号召,当天也停业休息,一起让更多的人能享受到一个真正的绿色假期,整体参与人群超百万。这个本来在忙碌的购物季看起来有些格格不入的活动,却意外地引起了大众的好感,并且斩获了很多国际大奖。

2016年,REI在官网活动页面上写道:

"在户外的生活是充实快乐的,REI自1938年创立之初便认识到这一点,尤其到了今年,当我们拥有600万会员的时候更坚信这一点。我们邀请你一起去所爱的户外,快加入我们吧!"

2017年,第三年发起这个活动时,REI把活动升级了。REI打造了一个体验搜索引擎,这个搜索引擎收集围绕着"去户外"的UGC内容,然后把这些内容整理成实时信息,用户可以直接搜索某个地方或者某种体验的信息。同时,REI延续以前的做法,全国151家门店关门歇业,12000名员工均在这一天带薪休假。

到现在,这个活动不仅在消费者中大受欢迎,连很多商家也都开始追随,选择在最忙的感恩节和黑色星期五"关门大吉",在过去两年里,有超过700个商家加入了REI的行列。文具连锁店Staples,运动服装品牌Sportsman's Warehouse、TJX等几十家零售店都选择在感恩节期间关店。

(案例来源:周瑞华.购物季花样玩法N招[EB/OL].(2017-12-27)[2018-08-15]https://mp.weixin.qq.com/s?_biz=MjM5MDAyMDgwMA%3D%3D&idx=1&mid=2650911676&sn=bc3a2b8916e5621b91386ec25f54ff9a.)

【案例思考】

1.在最应该开门促销的"黑色星期五",REI却关闭门店,放弃暴利,体现了一种什么样的创意营销思维?

2.REI在"黑色星期五"反其道而行之,起到了什么样的营销效果?试分析为什么REI能够取得这样的营销效果。

【创意启迪】

黑色星期五,美国感恩节的第二天,也就是11月的第四个星期五,是美国人大采购的第一天。在这一天,美国的各大商场、店铺都会推出大量的打折和优惠活动,以在年底进行最后一次大规模的促销。因为美国的商场一般以红笔记录赤字,以黑笔记录

盈利,而感恩节后的这个星期五人们疯狂的抢购使得商场利润大增,因此被商家们称作黑色星期五。商家期望通过以这一天开始的圣诞大采购为这一年获得更多的盈利。REI 却放弃暴利,发起了"去户外"的活动,反而起到了意想不到的效果。

每一个新的创意都是对旧创意的改良或组合,所以,在每一次头脑风暴之前,需要积累足够多的创意原材料。你了解的创意越多,产生有价值的创意的概率就越大,在此基础上,恰当运用检核表技术、SCAMPER 策略、分层洞察策略、形象化策略、情境唤起策略等,能够让创意戳中人心。

【理论阐释】

一、检核表技术

检核表技术(check list technique)是大量开发创造性设想的一种创造技法,能帮助人们突破旧的框架,闯入新的领域。它根据需要解决的问题,或者需要创造发明的对象,列出有关的问题,然后一个个来核对讨论,从中获得解决问题的方法和创造发明的设想。

检查表技术是通过联想,从一个与问题或题旨有关的列表上旁敲侧击,寻找线索以获得观念的方法。我们在应用此种技术时,可以先将问题列成一张分析表或像书目的大纲,然后写出大纲中每一项所需要处理或解决的要点,最后逐一考虑每一要点可供改变的方向。

二、奥斯本检核表技术

目前,创造学家已创造出许多种各具特色的检核表技术,其中最著名的是由奥斯本创造的检核表技术,它应用范围广,容易学,深受人们的欢迎。

奥斯本的检核表技术是从以下九个方面来进行检核的。

(一) 有无其他用途

例如,以生产安全刀片而著称的美国吉列公司 1973 年在市场调查中发现,美国8360 万 30 岁以上的妇女中,大约有 6490 万人为了自身美好的形象,要定期刮除腿毛和腋毛,这与她们的衣着趋向于较多的"暴露"不无关系。调查者还得到这样的统计数据,即在这些妇女中,除约有 4000 万人使用电动刮胡刀和脱毛剂外,有 2000 多万人主要是通过购买各种男用刮胡刀来美化自身形象,一年的费用高达 7500 万美元。这是一笔很大的开销,丝毫不亚于女性在其他化妆品上的支出。

吉列公司在 1974 年做出了一个"荒唐"的举动,推出面向女性的雏菊牌专用"刮毛刀",它的同行都以为吉列发疯了。结果一炮打响,畅销全美国。销售额已达 20 亿美元的吉列公司又发了一笔大财。

再如,日本一家公司将妇女烫发用的电吹风,用于烘干被褥,结果就发明了一种被褥烘干机。

（二）能否借用

例如,泌尿科医生引入微爆破技术,消除肾结石,就是借用了别的领域的发明。

"吃饭就是香"本是乌江榨菜的一句广告词,在消费者心目中有很高的地位。娃哈哈借用"喝了娃哈哈,吃饭就是香"同样取得了非常好的效果。

（三）能否改变

1898年,亨利·丁根将轴承的滚柱改成圆球,发明了滚珠轴承,这一形状的改变,大大提高了轴承的使用寿命。再如,改变了颜色的家电、改变了制作方法的透明皂、改变了牙膏颜色的彩条牙膏、改变了杂志颜色和味道的套红广告、有香味的杂志广告等。

（四）能否扩大

例如,在两块玻璃中间加入某些材料,可制成一种防震、防碎、防弹的新型玻璃;在牙膏中掺入某种药物,可以使牙膏具有治疗口腔疾病的功效;等等。

（五）能否缩小

在晶体管发明后,日本索尼公司发现当时体积庞大、笨重昂贵的收音机能够通过晶体管变得易于携带和轻便廉价,于是开发手提晶体管收音机,在令人难以相信的短期内成为世界上这一行业的领先者和标兵。

最初发明的收音机、电视机、电子计算机、收录音机等体积都很庞大,结构也非常复杂,现在经过多次的改革,它们的体积大大缩小,结构相对简单。

自行车如果变小、变薄、压缩、变低、变短、变轻、分割以后,会变成怎样呢?做成流线型好吗?沿着这些思路,各种类型的轻便自行车不断进入市场。

（六）能否代用

例如,人们非常喜欢镀金手表,但黄金是一种贵金属,价格昂贵,数量有限,人们就用其他金属来代替黄金,现在镀金手表几乎可以乱真。

电动车之于自行车,MP3之于随身听,PVC材料、塑胶代替真皮,这些都是替代品方向的创意思考成果。

（七）能否调整

例如,过去我国用的鞋号是从国外来的,产品不适合中国人的脚型。后来根据中国人的脚型,重新创造鞋号,造出的鞋子就适合中国人的脚型了。

再如,适应不同用途的两厢与三厢轿车,适应中国消费者人群特点的外国企业产品本土化问题的解决等,都是适应性调整的结果。

（八）能否颠倒

例如,火箭是向空中发射的,但是人们要了解地底下的情况,能否将火箭改为向地下发射？这就发明了探地火箭。

再如，两头用的双色圆珠笔、吹灰和吸尘双用的吸尘器等。

（九）能否组合

例如，美国威利发明的橡皮头铅笔，就是将铅笔和橡皮组合而成的。日本一家公司，将卷笔刀与塑料瓶组合在一起，发明了一种能使铅笔屑不掉在地下的卷笔刀。再如组合音响、整合营销传播[①]等。

二维码 5-2-2

以杯子为例，运用奥斯本检核表技术的检核问题、创新思路与创新产品如表 5-1 所示。

表 5-1　奥斯本检核表技术的检核问题、创新思路与创新产品(以杯子为例)

序号	检核问题	创新思路	创新产品
1	有无其他用途	用于保健	磁化杯、消毒杯、含微量元素的杯子
2	能否借用	借助电脑技术	智能杯：会说话、会做简单提示
3	能否改变	颜色变化、形状变化	变色杯：随温度而能变色
			仿形杯：按个人爱好特制
4	能否扩大	加厚、加大	双层杯：可放两种饮料
			安全杯：底部加厚不易倒
5	能否缩小	微型化、便捷化	迷你观赏杯、可折叠便携杯
6	能否代用	材料替代	以钢、铜、石、竹、木、纸、布、骨等材料制作
7	能否调整	调整其尺寸比例、工艺流程	新潮另类杯
8	能否颠倒	倒置不漏水	旅行杯：随身携带不易漏水
9	能否组合	将容器、量具、炊具保鲜等功能组合	多功能杯

模块 3　SCAMPER 策略

1971 年，美国心理学家鲍勃·埃伯勒在奥斯本检核表技术的基础上进行简化，提出了 SCAMPER 策略，并设计成表格，借几个字的代号或缩写，代表七种改进或改变的方向，以帮助了解并实际运用检查表技术，推敲出新的构想。

二维码 5-3-1

[①]　整合营销传播(integrated marketing communication，IMC)一方面把广告、促销、公关、直销、竞争情报(competitive intelligence)、包装、新闻媒体等一切传播活动都涵盖到营销活动的范围之内；另一方面则使企业能够将统一的传播资讯传达给消费者。

【案例 5 - 3】

生活中的奇葩发明

无叶风扇：利用空气倍增技术吸纳空气和扩大它，由于没有转动叶片或网格外罩，故安静、安全、易于清洁。

双头牙膏：如果她（他）抢先挤牙膏让你很生气，那么这个产品很适合你。

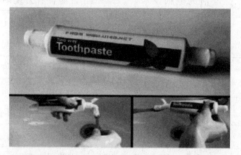

无限 USB：创新的 USB 插头设计，插进接口的同时还作为一个 USB 集线器，可无限继承。

Sixpack 拎瓶器：可以安全地携带多达 6 瓶的啤酒、软饮或水瓶。

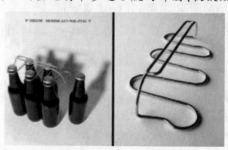

黄油棒：来自日本，棒状的黄油（如唇膏），哪个厨房都想要。

不倒翁牙刷：牙刷刚放置时，会摇摇摆摆，直到达到一个平衡的状态——就像不倒翁。

Greenbo坐栏花盘：将Greenbo花盘放到栏杆、甲板或栅栏上。独特艺术般的设计，保证花盘的安全与稳定。

折叠式集装箱：由玻璃纤维制成，折叠后体积减少到25%。

【案例思考】

1. 这些奇葩发明，是否非常困难？有没有感觉非常新颖？

2. 能否从这些发明中领悟出一些发明的方法或技巧？

【创意启迪】

谈起发明创造,许多人都往往感觉离自己相距甚远,遥不可及,认为那是天才、智者的专利,充满着神秘与深奥。看看上面的奇葩发明,我们还会认为发明是高深、神秘、复杂的吗?生活中的一些小事情就能触发大发明。

二维码 5 - 3 - 2

【理论阐释】

SCAMPER 是这几个词的代号:substitute,替代;combine,合并;adapt,改造;magnify,放大,或 minimize,缩小;put to other use,转用;eliminate,排除;rearrange,重组,或 reverse,推翻。在中文方面可用"代并应改转去重"单字代表,以利于记忆。我们需要结合作品和案例中 SCAMPER 策略的具体应用来理解和领悟该策略的效果。

一、代(substitute,替代)

何者可被"取代"?谁可代替?什么事物可代替?有没有其他的材料、程序、地点等来代替?

将香烟替代牙齿,吸烟替代牙齿掉落的过程,如图 5 - 1 所示。

图 5 - 1　创意广告示例——"替代"

用与正面相同的面料代替地毯的背面(通常由合成纤维或绳制成),引发了双面地毯的妙想。

不同品牌的汽车替换相同的配件能使成本大幅降低,进而导致降价。

二、并(combine,合并)

何者可与其"合并"(结合)?合并观念、意见?合并目的、构想、方法?有没有哪些事物可与其他事物组合?

将冰激凌与衣服上的图案合并为一个新的画面,如图 5 - 2 所示。

图 5-2　创意广告示例——"合并"

"摩托车＋车顶"造就了宝马公司的 C1 型号,从而开发出了一个新类别。

踏板＋电流＝"电动车"(pedelec,E-bike),一种配有充电电池且在行进时能自动充电的自行车。骑车上坡时,电池会自动放电;下坡时,电池又会重新充电。结果,电动自行车在中国大受欢迎。

图 5-3　百度 2017 年海外校招的一组创意海报　　二维码 5-3-3

图 5-3 是百度 2017 年海外校招的一组创意海报,在注意到它们的前 5 秒内,大部分人可以看到:形似迷宫的指纹、与城市同轮廓的声波、钥匙般的眼镜。更细心的人还会发现,钟表盘刻度显示的其实是人类进化的轨迹。

这些细节足以勾起人的好奇心,但这仅是创意的"术"。创意是否成功,取决于它是否能唤起目标人群的认同,道出他们心中既有但尚未被精准表达的念头。

在上述创意细节的背后,其实有两个核心洞察,它们才是创意的"道":AI(人工智能)和人才。前者是对社会、行业大趋势的洞察,而后者是对人的洞察。这组海

报表达了两层含义：其一，人工智能是互联网的下一个浪潮，也是百度希望通过此次校招为自己储备的能力；其二，高校人才是下一个浪潮的主角，也是这组海报的沟通对象。

此时你再回头看这组海报，会发现每一张海报的主题之上（"The next era is up to you"——下一幕，等你开启），都有类似"触发按钮"的小图标：enter 键（触碰）、语音话筒（对话）、打开的门（预见）和零点计时（起航）。此时正在阅读海报的"you"，被视为开启人工智能新纪元的关键，这满足了海报沟通对象的心理需求："我是重要的，这场人工智能的变革不能缺少我的身影。"

清晰的洞察，加上细致的创意技巧及 GIF 动图的良好呈现，这组海报共同传递出完整的创意意图：顶尖的技术人才与 AI 技术相遇，才能成为开启下一扇时代之门的钥匙。与此同时，这组海报还含蓄地表达出在人工智能领域领先的百度拥有助力人才实现价值、推动人工智能大势发展的实力。

创意需要对社会趋势进行准确的认知，这些趋势包含了文化趋势、技术趋势、商业趋势等各个方面，有了这些认知，再将对人性的理解放入这些趋势中进行考量，创意才有可能真正击中人心。

三、应（adapt，改造）

是否能"适应"？有什么事物能与此调整？有没有不协调的地方？过去有类似的提议吗？

大部分品牌需要向消费者传递的信息都是抽象化的，这个时候，将抽象的信息用形象的创意进行表达，就变得至关重要。

当奥迪推出一款自动驾驶汽车，想要向消费者传递"解放双手的乐趣"这一抽象概念时，就创造了一只忧郁的霸王龙进行创意的表达。"霸王短手"向来是受到网友追捧的热梗，受制于太短的前肢，霸王龙无法取出售票口的门票，无法完成举哑铃的健身动作，当然也无法体验驾驶之乐，直到它遇见可以"解放双手"自动驾驶的奥迪汽车。

如此形象化的创意表达，比起"一辆车在高速公路上飞驰，车的主人脸上洋溢着轻松自信的笑容"显然更具有冲击力和传播度。

上文提及的百度校招海报也使用了同样的方法，将"寻找技术人才，共同开启人工智能新纪元"这一抽象，甚至有点复杂的主题进行了妥善的表达。

人工智能是什么？它是深度学习、语音和图像识别、自然语言处理、AR 增强现实等抽象的词汇，而海报却通过指纹迷宫、声波城市、钥匙眼镜、进化史钟表这些形象的图案，让人可以轻松理解人工智能的意义与重要性。通过 GIF 动图这一海报形式，让"下一幕，等你开启"的主题获得了更动态、更形象的表达。

一个好的创意不仅会邀请用户去思考,更会邀请他们去体验。体验就意味着你需要创造一个情景,才能调动用户更多的感官,产生更深度的参与和记忆。

唤起情境有两种具体方法,一种是诉诸感官体验,另一种是构建亲密关系。

诉诸感官体验是唤起情境最直接的一种方法,通过创意表现出视觉、听觉、嗅觉、触觉的冲击力,唤起消费者对某种场景的记忆。无印良品艺术总监原研哉认为:"人不仅是一个感官主义的接收器官的组合,同时也是一个敏感的记忆再生装置,能够根据记忆在脑海中再现出各种形象。"而这一接收、消化、加工的过程,会让品牌在消费者心智中的印象不断强化。

如果你要为一个电子金融品牌做一则创意广告,创意的核心诉求是"支付流畅、不卡顿",你会怎么表达?

瑞典金融公司 Klarna 通过三则 30 秒的短视频,构建了以下三个情境。

情境一:当活鱼遇见滑梯和光滑的地板,产生的是毫无阻力的坠落和滑行(见图 5-4)。

图 5-4　创意广告情境一

情境二:当柔软的芝士遇见锋利的芝士刨,产生的是绵长的芝士薄片(见图 5-5)。

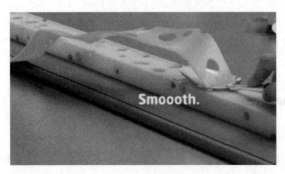

图 5-5　创意广告情境二

情境三:当马尔济斯犬的金色长毛遇见泳池的清水,产生的是毛发如烟般的摆动(见图 5-6)。

图 5-6　创意广告情境三

通过三幅画面带给人无与伦比"滑"的感官体验,配以略带魔性的早期电子游戏般的背景音乐,形象而新奇地表达出"支付流畅"这一核心诉求。

除了诉诸感官体验之外,构建亲密关系也是唤起情境的有效方法。由于创意的本质是与沟通对象进行沟通、交流,而众所周知,在亲密关系中的交流,往往比点头之交间的交流更具分量。如果创意可以构建起一种亲密关系般的情景,就可以让沟通的效果最优化。

例如,许多美妆品牌都在通过广告告诉女性"你很美,你最美",如果把这种情境放入现实生活中,就好像来自关系一般的女同事的不走心夸赞:"你真美,你瘦了。"可是消费者真正需要的,是心仪的男神对自己的真心夸赞啊,即使这种夸赞夹杂着吐槽和一点点嫌弃,就像"没想到你也能把这条裙子穿得这么好看",也足以令人心花怒放。

我国台湾某洗衣粉品牌拍了一部 MV《我的不会妈妈》,片中通过小男孩日记的视角记录了一个不会杀螃蟹、不会控制情绪、言行不一致、不会轻声细语的母亲,而她唯一会做的事情就是"做我的妈妈"。传统主打亲子关系的品牌热衷塑造"高大全"妈妈形象,比如为宝宝牺牲个人生活、为宝宝化身温柔天使,而"不会妈妈"的创意则从妈妈的窘迫切入,拉近了与消费者之间的距离,产生一种"原来你也是这样"的亲密感受。

四、改(magnify,放大,或 minimize,缩小)

"修改"成什么?利用其他方面?使用新方法?其他新用途?其他场合使用?

夸张是指放大或缩小产品或服务的一个或几个元素,或通过夸张的手段来"改",它还包括设想完美的产品或服务。

鳄鱼公司(Lacoste)把它的流行衬衫加长后发现,其能当成女士夏季披在游泳衣外边的罩衫来卖。

游乐园让一些男女演员扮演恐怖名片中的角色,打造仿佛有真怪物出现的恐怖城

堡,从此达到了提升营业额的目的。

将绿色吸管放大为竹林,将西兰花放大为大树(见图5-7)。

图5-7 创意广告示例——"放大"

某则止痒药广告,将人的手掌"改造"为拥有利爪的猛兽(见图5-8)。

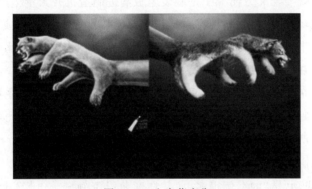

图5-8 止痒药广告

无印良品艺术总监原研哉用一条柏油马路来表现河流的大小和形状(见图5-9)。

图5-9 无印良品的创意广告

五、转（put to other use，转用）

"转"作其他方面的用途？使用新方法？其他新用途？其他场合使用？

一项新的创意成功以后，应当不失时机地总结经验，迅速地、灵巧地向其他创意方向转移或移植，以形成一种连锁反应，扩大创意成果。这种横向转移，本质上也是一种联想。一旦忽略了横向转移，就会错失良机。

一个因怕系鞋带引起的发明非常典型。美国人吉特逊先生太胖，系鞋带弯腰很是费劲，鞋带又系不紧，常常走不了多远，鞋带又松脱，真是不胜其烦，从而他想发明一种东西代替鞋带。经过两年的研究，他发明了拉链，并将其缝在鞋上，免除了系鞋带之苦。1893 年，吉特逊的拉链在芝加哥举行的世界博览会上引起人们的兴趣。森普特向吉特逊买下了拉链的专利权，经过 19 年的艰苦研究，制成一台自动化拉链制造机。服装老板看到这个新奇的小玩意儿价廉物美，便想它有没有其他用途呢？比如，钱包上装了拉链一定既安全又方便。于是服装老板购进制造机并大量生产拉链，制作拉链式钱包。由于在功能上，这款新创意拉链钱包非常特别，深受顾客欢迎，一时成为市场上的抢手货。后来，他又把拉链缝在海军制服上，结果该店主发了大财。1921 年，美国富善公司首先在夹克上用拉链，称为"zipper"夹克，一时流行全美，该公司也由一家小企业一跃成为著名的大公司。1930 年，法国一位时装设计师在妇女的睡衣上采用拉链，也获得了巨额利润。吉田忠雄从美国引进全自动生产机器，经多次改进，使拉链用途扩大到近 400 种，成为世界著名的拉链大王，其创办的公司就是日本 YKK 拉链公司。

二维码 5 - 3 - 4

人弃我取、成功"转"的案例很多，尤其在商业投资领域。电影《大空头》里那些逆行的投资者尤为典型。经济萧条的时候，大多数人的直觉是削减营销费用，实际上从事后的分析和数据来看，保持或增加营销费用才是正确的。如香港金利来领带就成功在香港经济大萧条时期因价格和营销费用不降反涨而赢得了品牌的成功。

六、去（eliminate，排除）

可否"除去"？取消何者？减少什么？有没有可以排除、省略或消除之处？有没有可以详述细节、增加细节，使其因而变得更完美、更生动、更精致的地方呢？

20 世纪 80 年代末的日本已经过了高速发展期，社会经济萎靡，产生了大批失业破产者。由于一方面物质过剩，另一方面一部分人要节省开支，度过困难时期，这样一来，强调"去品牌化"的无印良品又成了大家的喜好："去品牌化"意味着砍掉过度的品牌附加值，提供简单实用的日常用品，去掉形式花哨的设计，去掉不必要的包装，提供合理价格。这样虽然经济疲软，但无印良品依然在日本迎来了几年大好发展时期。

没有电话线的电话机引发了无绳电话的创意，这样，无论在家里的哪个角落都能接打电话了。少一个轮子的汽车的构想导致了艾普瑞利亚公司开发出一种三轮摩托车。骑这种车的人不会跌倒，因为它的稳定性很强。

七、重(rearrange，重组，或 reverse，推翻)

"重新"安排？交换组件？其他形式？其他陈设？其他顺序？转换途径和效果？有没有可以旋转、翻转或置身于相对地位之处？怎样改变事物的顺序，或重组计划、方案呢？

科特勒说，我们不得不去寻找已被改变的产品的用途、目标或者情境，但是并不能保证我们一定能找到——这只是一个可能的过程。

反转是指对产品或服务的一个或几个元素进行反向思考或否定思考。

把新鲜出炉的比萨变为不新鲜的比萨，冷冻比萨就是这么来的。于是，比萨生产商又有了一方市场。

签约概念的反转：不与雇员签约这一反向思维导致了兼职概念的产生。现在，许多公司都会聘用兼职人员来应对高峰期。

人们有可能主动要求给他们发送广告，这一顺序的颠倒产生了通过互联网进行许可营销的概念。对某广告感兴趣的人们通过电子邮件接收它们，并将获得积分或现金奖励。这种服务的一种补充形式是发送调查问卷或广告测试问卷。

二维码 5-3-5

模块 4　从 4P 到 4I 的市场营销组合认知

市场营销是一门动态的科学，随着经济的发展和人们生活方式的变化，企业对营销组合的认识经过了从 4P 到 4C、4S、4R、4V、4I(简称4PCSRVI)的过程。我们需要从市场营销的管理理论、行销策略及企业市场营销的核心理论，进行分析和应用，从而帮助企业结合自身的实际把理论应用到实践中。

二维码 5-4-1

【案例 5-4】

邦迪：扫描创可贴

强生公司聘请纽约知名的 JWT 广告公司，运用增强现实技术，为邦迪创可贴开发了一款邦迪 Magic Vision App 应用。孩子们对邦迪创可贴进行扫描，就能获得与

知名动画玩偶青蛙科米(Kermit)以及其他玩偶伙伴亲密接触的机会。JWT称,他们希望使用邦迪创可贴的人们可以"感受到快乐,而不仅仅是磕磕碰碰的伤疤带来的痛苦",此外,他们也希望将邦迪创可贴从"伤疤"一类的印象中脱离开来,并通过全新的产品形象吸引儿童和年轻妈妈们的注意。强生公司通过这次移动App应用开发进一步提升了品牌的曝光率——媒体报道超过1500万次,在iTunes上这款应用评级为4.5颗星。

把产品的可用性扩展到可交互设备上的技术将会有非常大的潜力。这款应用不仅让邦迪创可贴和用户之间建立了全新的联系,而且这种创新对整个康复领域而言,也极具参考价值。

【案例思考】

1. 扫描创可贴的创意营销策略整合了哪些先进技术,满足了哪类人群的何种心理需求?

2. 互联网时代的信息传播具有哪些特征?

【创意启迪】

将先进技术整合进营销中,会使企业产品在市场中凸显个性,更能吸引一批热衷技术的消费者。我们需要及时跳出现有市场的路径。

【理论阐释】

企业要满足顾客,实现经营目标,就不能孤立地只考虑某一因素和手段,必须从目标市场需求和市场营销环境的特点出发,根据企业的资源和优势,综合运用各种市场营销手段,形成统一的、配套的市场营销战略,使之发挥整体效应,争取最佳效果。这些市场营销手段的综合运用,构成了市场营销组合。

一、4P 营销理论的内涵与应用

1960 年,麦卡锡在《基础营销》一书中提出了著名的 4P 组合概念。他认为,企业从事市场营销活动,一方面要考虑各种外部环境,另一方面要制定市场营销组合策略,通过策略的实施,适应环境,满足目标市场需要,实现企业目标。

4P 是最传统,也是最基础的市场营销组合。4P 分别指产品(product)、价格(price)、地点(place)、促销(promotion)。产品的组合,主要包括产品的实体、服务、品牌、包装等。它是指企业提供给目标市场的货物、服务的集合,包括产品的效用、质量、外观、式样、品牌、包装和规格,还包括服务和保证等因素。价格的组合,主要包括基本价格、折扣价格、付款时间、借贷条件等。它是指企业出售产品所追求的经济回报。地点的组合通常称为分销的组合,主要包括分销渠道、储存设施、运输设施、存货控制,它代表企业为使其产品进入和达到目标市场所组织、实施的各种活动,包括途径、环节、

场所、仓储和运输等。促销的组合是指企业利用各种信息载体与目标市场进行沟通的传播活动,包括广告、人员推销、营业推广与公共关系等。以上 4P 是市场营销过程中可以控制的因素,也是企业进行市场营销活动的主要手段,对它们的具体运用形成了企业的市场营销战略。

4P 市场营销组合具有如下特点:

(1)可控性。构成市场营销组合的各种手段,是企业可以调节、控制和运用的因素,如企业根据目标市场情况,能够自主决定生产什么产品,制定什么价格,选择什么销售渠道,采用什么促销方式。

(2)动态性。市场营销组合不是固定不变的静态组合,而是变化无穷的动态组合。企业受到内部条件、外部环境变化的影响,必须能动地做出相应的反应。

(3)整体性。市场营销组合的各种手段及组成因素,不是简单的相加或拼凑集合,而应成为一个有机的整体,在统一目标指导下,彼此配合,相互补充,求得大于局部功能之和的整体效应。

二、4C 营销理论的内涵与应用

随着产品的日益丰富,以消费者为中心的市场营销理念逐步形成,以消费者需求为中心的营销组合理论演化为 4C 营销组合理论。

4C 分别指消费者(consumer)、成本(cost)、便利(convenience)、沟通(communication)。

(1)消费者。消费者是指消费者的需要和欲望。企业要把重视消费者放在第一位,强调创造消费者比开发产品更重要,满足消费者的需求和欲望比开发产品功能更重要,不能仅仅卖企业想制造的产品,而是要提供消费者确实想买的产品。

(2)成本。成本是指消费者获得满足的成本,或是消费者满足自己的需要和欲望所肯付出的成本价格。这里的营销价格因素延伸为生产经营过程的全部成本,包括:企业的生产成本,即生产适合消费者需要的产品成本;消费者的购物成本,不仅指购物的货币支出,还有时间耗费,体力和精力耗费以及风险承担。新的定价模式要求:消费者支持的价格-适当的利润=成本上限。因此,企业要想在消费者支持的价格限度内增加利润,就必须降低成本。

(3)便利。便利是指购买的方便性。比之传统的营销渠道,新的观念更重视服务环节,在销售过程中,强调为消费者提供便利,让消费者既购买到商品,也购买到便利。企业要深入了解不同的消费者有哪些不同的购买方式和偏好,把便利原则贯穿于营销活动的全过程:售前做好服务,及时向消费者提供关于产品的性能、质量、价格、使用方法和效果的准确信息;售后应重视信息反馈和追踪调查,及时处理和答复消费者意见,对有问题的商品主动退换,对出现使用故障的商品积极提供维修服务,大件商品甚

至终身保修。

（4）沟通。沟通是指与用户沟通。企业可以尝试多种营销策划与营销组合，如果未能收到理想的效果，说明企业与产品尚未完全被消费者接受。这时，不能依靠加强单向劝导顾客，而要着眼于加强双向沟通，增进相互的理解，实现真正的适销对路，培养忠诚的顾客。

三、4S 营销理论的内涵与应用

4P 和 4C 的市场营销组合都是适应于传统市场的占有率推销模式，4S 的行销战略则强调从消费者需求出发，建立起一种全新的"消费者占有"的行销导向。

4S 分别指满意（satisfaction）、服务（service）、速度（speed）、诚意（sincerity）。要求企业对产品、服务、品牌不断进行定期、定量的综合性消费者满意指数和消费者满意级度的测评与改进，以服务品质最优化，使消费者满意度最大化，进而提升具有高"美誉度"的"知名度"，同时强化企业抵御市场风险、经营管理创新和持续稳定增效的"三大能力"。

4S 市场营销组合具有如下市场营销战略意义：

（1）满意。满意即指顾客满意，强调企业以顾客需求为导向，以顾客满意为中心。古人云："感人心者，莫先乎情。"要想赢得顾客的人，必先投之以情，用真情服务感化顾客，以有情服务赢得无情的竞争。企业要站在顾客立场上考虑和解决问题，把顾客的需要和满意放在一切考虑因素之首。

（2）服务。服务也称微笑服务待客，指随时以笑脸相迎顾客。SERVICE 由七个方面的内容组成：

S（smile for everyone），即微笑。微笑是诚意最好的象征。

E（excellence in everything you do），即精通业务上的工作。为顾客提供更多的商品信息，经常与顾客联络，询问他们是否需要次日送货或有更紧急的要求，此举会使顾客感谢你的提醒所带来的便利。

R（reaching out to every customer with hospitality），即对顾客态度亲切友善。实行"温馨人情"的顾客管理策略，用体贴入微的服务来感动顾客。

V（viewing every customer as special），即将每一位顾客都视为特殊和重要的人物。顾客是我们的主人，不是我们的佣人，顾客是上帝，我们只有与之友好相处，才能生存发展。

I（inviting your customer to turn），即邀请每一位顾客下次再度光临。企业要以最好的服务、优质的产品、适中的价格来吸引顾客多次光临。

C（creating a warm atmosphere），即要为顾客营造一个温馨的服务环境。要求加大企业文化建设力度，注重环境氛围的营造，给顾客带来舒适、温馨之感。

E(eye contact shows we care)，即用眼神表达对顾客的关心。用眼睛去观察，用头脑去分析，真正做到为顾客提供体贴入微的服务。

二维码 5-4-2

乔·吉拉德说，有两种力量非常伟大：一是倾听，二是微笑。他说，有人拿着 100 美元的东西，却连 10 美元都卖不掉，为什么？你看看他的表情。要推销出去自己的产品，面部表情很重要：它可以拒人千里，也可以使陌生人立即成为朋友。

笑可以增加你的面值。乔·吉拉德这样解释他富有感染力并为他带来财富的笑容：皱眉需要 9 块肌肉，而微笑，不仅用嘴、用眼睛，还要用手臂、用整个身体。

"当你笑时，整个世界都在笑。一脸苦相没有人愿意理睬你。"他说，从今天起，直到你生命最后一刻，用心笑吧。

（3）速度。速度即指不让顾客久等，要能迅速地接待顾客、办理业务。

（4）诚意。诚意即指以具体化的微笑与速度行动来服务顾客。

总之，4S 要求企业实行"温馨人情"的顾客管理策略，用体贴入微的服务来感动顾客，向顾客提供"售前服务"敬献诚心，向顾客提供"现场服务"表示爱心，向顾客提供"事后服务"以送谢心。

四、4R 营销理论的内涵与应用

4R 营销理论是在 4C 营销理论基础上提出的。4R 分别指关联（relevance）、反应（reaction）、关系（relationship）、回报（reward）。随着市场的发展，企业需要从更高层次上以更有效的方式在企业与顾客之间建立起有别于传统的新型主动性关系。

（1）紧密联系顾客。企业必须通过某些有效的方式在业务、需求等方面与顾客建立关联，形成一种互助、互求、互需的关系，把顾客与企业联系在一起，减少顾客的流失，以此来提高顾客的忠诚度，赢得长期而稳定的市场。

（2）提高对市场的反应速度。多数公司倾向于说给顾客听，却往往忽略了倾听的重要性。在相互渗透、相互影响的市场中，对企业来说最现实的问题不在于如何制定、实施计划和措施，而在于如何及时地倾听顾客的希望、渴望和需求，并及时做出反应来满足顾客的需求。这样才利于市场的发展。

（3）重视与顾客的互动关系。4R 营销理论认为，抢占市场的关键已转变为与顾客建立长期而稳固的关系，把交易转变成一种责任，建立起和顾客的互动关系。而沟通是建立这种互动关系的重要手段。

（4）回报是营销的源泉。由于营销目标必须注重产出，注重企业在营销活动中的回报，所以企业要满足顾客需求，为顾客提供价值，不能做无用的事情。一方面，回报

是维持市场关系的必要条件；另一方面，追求回报是营销发展的动力，营销的最终价值在于其是否给企业带来短期或长期的收入能力。

4R营销理论以竞争为导向，在新的层次上提出了营销新思路。根据市场日趋激烈的竞争形势，4R营销理论着眼于企业与顾客建立互动与双赢的关系，不仅积极地满足顾客的需求，而且主动地创造需求，通过关联、关系、反应等形式建立与顾客独特的关系，把企业与顾客联系在一起，形成了独特的竞争优势。4R营销理论的反应机制为建立企业与顾客关联、互动与双赢的关系提供了基础和保证，同时也延伸与升华了营销便利性。为了追求利润，企业必然实施低成本战略，充分考虑顾客愿意支付的成本，实现成本的最小化，并在此基础上获得更多的顾客份额，形成规模效益。这样一来，企业为顾客提供的产品和追求回报就会最终融合，相互促进，从而达到双赢的目的。可以说，4R营销的回报使企业兼顾到成本和双赢两方面的内容。

五、4V营销理论的内涵与应用

21世纪步入新经济时代，高科技产业迅速崛起，高科技企业、高技术产品与服务不断涌现，互联网、移动通信工具、发达交通工具和先进的信息技术使整个世界面貌焕然一新，原来那种企业和消费者之间信息不对称的状态得到改善。沟通渠道的多元化，使得越来越多的跨国公司开始在全球范围进行资源整合。

在这种背景下，4V营销理论应运而生。4V分别指差异化（variation）、功能化（versatility）、附加价值（value）、共鸣（vibration）。

4V营销理论首先强调企业要实施差异化营销，一方面使自己与竞争对手区别开来，树立自己的独特形象；另一方面也使消费者相互区别，满足消费者个性化的需求。其次，要求产品或服务有更大的柔性，能够针对消费者的具体需求进行组合。最后，更加重视产品或服务中的无形要素，通过品牌、文化等满足消费者的情感需求。

六、4I营销理论的内涵与应用

在传统媒体时代，信息传播是"教堂式"的，信息自上而下，单向线性流动，消费者们只能被动接受。而在网络媒体时代，信息传播是"集市式"的，信息多向、互动式流动。声音多元、嘈杂且互不相同。网络媒体带来了多种"自媒体"的爆炸性增长，博客、论坛、IM、SNS……借助此，每个草根消费者都有了自己的"嘴巴"和"耳朵"。面对这些"起义的长尾"，传统营销方式要从"狩猎"变成"垂钓"。营销人需要学会运用"创意真火"煨炖出诱人"香饵"，而品牌信息作为"鱼钩"巧妙地包裹在其中。如何才能完成这一转变？网络整合营销4I原则给出了一个指引。

网络整合营销4I原则包括趣味原则（interesting）、利益原则（interests）、互动原则(interaction)、个性原则(individuality)。

(1) 趣味原则。笑话、段子、八卦、新闻、投票，让用户参与进来，感受到创意文案的带入性和乐趣。其中包括的情绪有恶俗、搞笑、煽情、感性等，无论哪一点做到极致都可以称为"趣味"。

趣味原则是创意营销的重要原则。看看以下"猜猜哪位名人会来"的案例：

在美国肯塔基州的一个小镇上，有一家格调高雅的餐厅。店主人察觉到每星期二生意总是格外冷清，门可罗雀。

一个星期二的傍晚，店主人闲来无事，随便翻阅了当地的电话簿，他发现当地竟有一个叫约翰·韦恩的人，与美国当时的一位名人同名同姓。

这个偶然的发现，使他计上心来。

他当即打电话给这位约翰·韦恩，说他的名字是在电话簿中随便抽样被选出来的，他可以免费获得该餐厅的双份晚餐，时间是下星期二晚上8点，欢迎偕夫人一起来。

约翰·韦恩欣然应邀。

第二天，这家餐厅门口贴出了一幅巨型海报，上面写着："欢迎约翰·韦恩下星期光临本餐厅。"海报引起了当地居民的瞩目与骚动。

到了星期二，来客大增，创造了该餐厅有史以来的最高纪录，大家都要看看约翰·韦恩这位巨星的风采。

到了晚上8点，店里扩音机开始广播："各位女士、各位先生，约翰·韦恩光临本店，让我们一起欢迎他和他的夫人！"霎时，餐厅内鸦雀无声，众人目光一齐投向大门，谁知那儿竟站着一位典型的肯塔基州老农民，身旁站着一位同他一样不起眼的夫人。

人们开始一愣，当明白了这是怎么一回事之后，便迸发出了欢笑声。

客人簇拥着约翰·韦恩夫妇上座，并要求与他们合影留念。

此后，店主人又继续从电话簿上寻找一些与名人同名的人，请他们星期二来享用晚餐，并出示海报，普告乡亲。

于是"猜猜谁来吃晚餐""将是什么人来吃晚餐"的话题，为生意清淡的星期二的餐厅带来了高潮。

名人效应利于促销，这谁都知道，但"巧用"名人，却很花心思，关键是要能够把趣味原则用得恰到好处。

(2) 利益原则。共赢思维、共享经济思维、社交思维等，这几个新媒体常玩的思维方式，都是围绕利益展开的。网络是一个信息与服务泛滥的江湖，营销活动不能为目标受众提供利益，必然寸步难行。将自己变成一个消费者，设身处地、扪心自问一句："我要参加这个营销活动，为什么呢？"网络营销中提供给消费者的"利益"外延更加宽

泛,除了物质利益外,还包括信息、资讯,功能或服务,心理满足或者荣誉等非物质利益。广告的最高境界是没有广告,只有资讯。消费者抗拒广告,但消费者需要其需求产品的相关信息与资讯。直接推销类的广告吃到闭门羹的概率很大,但是如果化身成为为消费者提供的资讯的话,面对免费利益,消费者的接受度自然会大增。

(3)互动原则。网络媒体区别于传统媒体的一个重要特征是互动性,如果不能充分挖掘并运用好 USP(unique selling proposition,独特的销售主张),新瓶装旧酒,直接沿用传统广告的手法,无异于买椟还珠。再加上网络媒体在传播层面上失去了传统媒体的"强制性",如此"扬短避长"、单向布告式的营销方式,肯定不是网络营销的前途所在。只有充分挖掘网络的交互性,充分利用网络的特性与消费者进行交流,才能扬长避短,让网络营销的功能发挥至极致。

加粉、活跃、转化,都是老生常谈了。如何互动?如何注入"鸡血",不要再让消费者仅仅单纯接受信息?数字媒体技术的进步,已经允许我们能以极低的成本与极大的便捷性,让互动在营销平台上大展拳脚。而消费者们完全可以参与到网络营销的互动与创造中来。在陶艺吧中亲手捏制的陶器弥足珍贵,因为融入了自己的汗水。同样,消费者亲自参与互动与创造的营销过程,会在其大脑中刻下更深的品牌印记。把消费者作为一个主体来看待,发起其与品牌之间的平等互动交流,可以为营销带来独特的竞争优势。未来的品牌将是半成品,另一半由消费者体验、参与来确定。当然,营销人找到能够引领和主导两者之间互动的方法很重要。

(4)个性原则。个性化的营销,让消费者心里产生"焦点关注"式的满足感,个性化营销更能投消费者所好,更容易引发互动与购买行动。例如,你在百度中搜"苹果",反馈的结果是应该给你水果呢,还是给你手机?对比"大街上人人都在穿""全北京独此一件,专属于你"这两种不同的表述可知,后一种表述突出了专属性、个性,更容易俘获消费者的心。在传统营销环境中,要做到个性化营销其成本非常之高,因此很难推而广之,仅仅是极少数品牌品尝极少次的豪门盛宴。但在网络媒体中,数字流的特征让这一切变得简单、便宜,细分出一小类人,甚至一个人,做到一对一行销已成为可能。

二维码 5-4-3

【思考题】

1. 如何理解"'创意的行动'其实质就是'二旧化一新'"这句话?如何通过联想,让创意成为有目的、有计划的活动?

2. 简述检核表技术的具体应用。

3. 简述 SCAMPER 策略的含义,结合实际谈谈 SCAMPER 策略在创意营销中的具体应用。

4．简述企业对营销组合的认识所经过的从 4P 到 4C、4S、4R、4V、4I（简称4PCSRVI）的过程，并分析 4P、4C、4S、4R、4V、4I 的内涵及应用。

5．阅读下面的故事，谈谈创业的体会。

雷·克罗克把麦当劳做成拥有两万多家分店的成功快餐连锁集团

全球已拥有两万多家分店的成功快餐连锁集团麦当劳，连 3 岁的小婴儿看到拱形M 字母都会发自内心地露出喜爱的微笑，这足以证明它的成功是深入人心的。

然而，这故事要从麦当劳的创始人雷·克罗克说起。起初他推销奶昔制造机给汉堡贩卖店，他注意到其中有一个客户——一家位于加州小镇的汉堡店，购买数倍于其店址与规模正常需要的机器。他对这种现象加以调研，发现有个老年人通过将快餐作业加以系统化创新，改变了快餐业的运营方式。于是，克罗克买下了他的设备，并基于原始拥有者的意外成功，将它建构成一个如今数百亿美元级的大企业。

麦当劳并没有发明任何新东西，在它供应汉堡产品之前，众多美国餐厅都能够供应同样的产品。但是，通过应用管理的概念和技术（思考顾客所重视的价值），使产品标准化、规格化，设计流程与操作工具，以及分析工作流程与结果并设定标准，并依据该标准培训员工，麦当劳不但大幅提高了资源的产出，而且开创了一个新市场和新顾客阶层。

（资料来源：詹文明.创新就是创造一个新市场[EB/OL].（2009－12－21）[2018－08－15].http：//finance.sina.com.cn/leadership/sxypx/20091221/14357132308.shtml.）

单元六

创意营销人生及素养

通过本单元内容的学习,你将达到以下学习目标并完成能力训练任务:

【学习目标】

知识目标	能力目标
1. 理解产品或服务整体概念; 2. 理解市场营销思维; 3. 理解"描绘价值主张"对于营销活动的意义; 4. 理解自我营销的概念及在创意营销过程中的意义; 5. 理解纵向思维下创新的形式及效用; 6. 理解水平营销思维及其在创意营销实践中的应用。	1. 能够分析出典型创意营销案例中产品或服务整体概念中的层次; 2. 能够在创意营销设计过程中,以情感人,把故事讲好; 3. 能够在日常学习和生活中培养市场营销思维; 4. 能够结合具体案例,挖掘案例中商家为消费者所描绘的"价值主张"; 5. 能够应用纵向思维下创新的形式策划营销创意; 6. 能够应用水平营销思维策划营销创意。

【能力训练任务】

1. 搜索相关创意营销案例,理解其中产品或服务整体概念中的层次;

2. 关注一个社会热点,应用"以情感人"的理念,完成一篇创意营销设计;

3. 结合具体案例谈谈在日常生活中,如何培养市场营销思维;

4. 结合具体案例,挖掘案例中商家为消费者所描绘的"价值主张";

5. 应用纵向思维下创新的形式策划营销创意;

6. 应用水平营销思维策划营销创意;

7. 认真完成实训任务,加深对本单元知识的理解。

本单元内容学习建议学时:9学时。

　　星巴克卖的不是咖啡,是休闲;法拉利卖的不是跑车,是一种近似疯狂的驾驶快感和高贵;劳力士卖的不是表,是奢侈的感觉和自信;麦肯锡卖的不是数据,是权威与专业。美国营销大师盖瑞·亥尔波特说,世界上没有营销,只有人性,当你悟透了人性,一切营销都将迎刃而解。我们无法左右变革,我们只能走在变革时代的前面。唯一可

能取得成功的原则是努力创造未来。努力创造未来是要冒很大风险的,然而,它的风险比被动地接受未来小得多。

模块 1　感知甚于信息和逻辑

情感是全球共通语言。营销最直接的目的是实现交易,获取财富的增值,而最需要隐藏的也正是这个目的。营销中需要加入故事,使得没有人性的商品附加有人性的思想和感情。芭比娃娃的营销是这样,一张"无价"的售房宣传单也是这样。

二维码 6-1-1

【案例 6-1】

一张"无价"的售房宣传单

华盛顿西北部有一个环境和风景都非常优美的社区,那里的房子向来很受人们的欢迎。由于交通便捷,学区也好,因此也特别适合年轻夫妇在此生养孩子。而一些退休后的老住户则搬离这里,要么住进养老院,要么落叶归根回到乡下老家去住。因此,这里的二手房买卖很是红火,一些房产中介的业务员经常给一些想在此买房的顾客邮寄印有房产出售信息的广告宣传单页。但这些单页内容基本上千篇一律,都是大肆宣传所要出售的房子是多么好、价格有多么优惠、房子又是如何得抢手。一名叫克里斯汀的公司职员,几乎每周都能收到类似的宣传单页,这让他和自己新婚不久的妻子相当厌烦,很多时候,他们只是瞟一眼,便直接将它们扔进垃圾筒里。但有一天,克里斯汀却突然收到了一份与众不同的宣传单页,上面是这样写的:

"1957 年,华盛顿大学最年轻的教授霍华德·史密斯和他的妻子花了 3 万美元买下了这套漂亮的房子。他们很喜欢这里的一切,结实的、毫无污染的实木地板,大格子条纹的落地窗,门外不远处一大片的草坪,常年流动的溪水以及放置在院子里的橡木水车,古老的英式壁炉架,还有围绕在整个房子周围的花园和池塘……史密斯夫妇在这里养育了 3 个孩子,他们现在都已长大成人,分别在哈佛大学、华盛顿州政府以及美国广播公司工作。

"在 2013 年的 3 月份,史密斯 90 岁的时候,他们夫妇俩搬到了西雅图的一家养老院,并委托我们卖掉这套房子,我们很愉快地接受了委托,并重新粉刷了墙壁,修葺了围栏。现在,我们很荣幸地邀请您——克里斯汀及您的妻子入住进来,成为这套房子新的主人,感染飘荡在房间里的一切幸运和幸福。"

整个宣传单页上没有一个字提及房子的价格和面积,却打动了克里斯汀夫妇俩的

心。等到周末,他们便去看了这套房子,然后决定买下它!

(资料来源:徐立新.一张"无价"的售房宣传单[J].知识窗,2013(10):23.)

【案例思考】

1."无价"的售房宣传单为何能博得潜在购买者的心?

2.一项产品或服务的整体概念往往具有核心产品、有形产品、期望产品、附加产品和潜在产品等五个层次。本案例的营销策划在产品整体概念的哪个层次上有新颖创意?

【创意启迪】

单页上不提价格,这看似是一个很大的失误,但事实上,高明之处却恰恰在于此——房子能卖多少钱,根本无须陈述,因为买主只要打听一下同一社区里的房子,或者通过手机上网搜索一下,便能轻易得知。提到价格,反而会破坏整个文字叙述所营造出来的情感效果。

房子很快成交了,如果你卖的只是一件冷冰冰的商品,那么你永远只能看买主的脸色,但如果你卖的是故事和情感,那么情况将大为不同。人本身就是一个情感动物,他们喜欢有故事的东西。

【理论阐述】

一、产品整体概念

人们通常理解的产品是指具有某种特定物质形状和用途的物品,是看得见、摸得着的东西。这是一种狭义的定义。而市场营销学认为,广义的产品是指人们通过购买而获得的能够满足某种需求和欲望的物品的总和,它既包括具有物质形态的产品实体,又包括非物质形态的利益,这就是产品的整体概念。产品整体概念有五层次论和四层次论。

(一)产品整体概念的五层次论

一般来说,产品整体概念包含核心产品、有形产品、期望产品、附加产品和潜在产品五个层次,如图6-1所示。

1.核心产品

核心产品是指顾客购买某种产品时所追求的利益,是顾客真正要买的东西,因而它在产品整体概念中也是最基本、最主要的部分。顾客购买某种产品,并不是为了占有或获得产品本身,而是为了获得能满足某种需要的效用或利益。所以,核心产品也称实质产品,如买自行车是为了代步,买汉堡是为了充饥,买化妆品是希望美丽、体现气质、增加魅力等。因此,企业在开发产品、宣传产品时应明确地确定产品能提供的效用或利益,这样产品才具有吸引力。

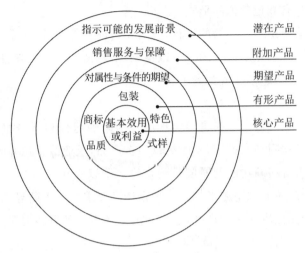

图6-1 产品整体概念五层次论

2. 有形产品

有形产品是核心产品借以实现的形式,即向市场提供的实体和服务的形象。如果有形产品是实体品,则它在市场上通常表现为产品质量水平、外观特色、式样、品牌名称和包装等。如电冰箱,有形产品不仅仅指电冰箱的制冷功能,还包括它的质量、造型、颜色、容量等。产品的基本效用必须通过某些具体的形式才能得以实现。市场营销者应首先着眼于顾客购买产品时所追求的利益,以求更完美地满足顾客需要,从这一点出发再去寻求利益得以实现的形式,进行产品设计。

3. 期望产品

期望产品是指顾客购买某种产品通常所希望和默认的一组产品属性和条件。一般情况下,顾客在购买某种产品时,往往会根据以往的消费经验和企业的营销宣传,对所欲购买的产品形成一种期望,如旅店的客人,期望的是干净的床、香皂、毛巾、热水、电话和相对安静的环境等。顾客所得到的,是购买产品所应该得到的,也是企业在提供产品时应该提供给顾客的,对于顾客来讲,在得到这些产品基本属性时,并没有太多的要求和形成偏好,但是如果顾客没有得到这些,就会非常不满意,因为顾客没有得到他应该得到的东西,即顾客所期望的一整套产品属性和条件。

4. 附加产品

附加产品是顾客购买有形产品时所获得的全部附加服务和利益,包括提供信贷、免费送货、质量保证、安装、售后服务等。附加产品的概念来源于对市场需要的深入认识。因为购买者的目的是满足某种需要,因而他们希望得到与满足该项需要有关的一切。美国学者西奥多·莱维特曾经指出:"新的竞争不是发生在各个公司的工厂生产什么产品,而是发生在其产品能提供何种附加利益(如包装、服务、广告、顾客咨询、融

资、送货、仓储及具有其他价值的形式)。"

由于产品的消费是一个连续的过程,既需要售前宣传产品,又需要售后持久、稳定地发挥效用,因此,服务是不能少的。可以预见,随着市场竞争的激烈展开和用户要求不断提高,附加产品将越来越成为竞争获胜的重要手段。

5. 潜在产品

潜在产品是指一个产品最终可能实现的全部附加部分和新增加的功能。许多企业通过对现有产品的附加与扩展,不断提供潜在产品,企业给予顾客的不仅仅是满意,还能使顾客在获得这些新功能的时候感到喜悦。所以潜在产品指出了产品可能的演变,也使顾客对于产品的期望越来越高。潜在产品要求企业不断寻求满足顾客的新方法,不断将潜在产品变成现实的产品,这样才能使顾客得到更多的意外惊喜,更好地满足顾客的需要。

期望产品和潜在产品也可以合并为心理产品,即产品的品牌和形象能够提供给顾客心理上的满足,这就是产品整体概念的四层次论。

(二)产品整体概念的市场意义

产品整体概念是对市场经济条件下产品概念的完整、系统、科学的表述。它对市场营销管理有着重要意义。

(1)它以消费者基本利益为核心,指导整个市场营销管理活动,是企业贯彻市场营销观念的基础。企业市场营销管理的根本目的就是要保证消费者的基本利益。消费者购买电视机是希望业余时间充实和快乐;消费者购买计算机是为了提高生产和管理效率;消费者购买服装是要满足舒适、风度和美感的要求等。概括起来,消费者追求的基本利益大致包括功能和非功能两方面的要求。消费者对前者的要求是出于实际使用的需要,而对后者的要求则往往是出于社会心理动机。而且,这两方面的需要又往往交织在一起,并且非功能要求所占的比重越来越大。而产品整体概念,正是明确地向产品的生产经营者指出,要竭尽全力地通过有形产品和附加产品去满足核心产品所包含的一切功能和非功能的要求,充分满足消费者的需求。可以断言,如果营销者不懂得产品整体概念,就不可能真正贯彻市场营销观念。

(2)只有通过产品整体概念五层次或四层次的最佳组合才能确立产品的市场地位。营销者要把对消费者提供的各种服务看作是产品实体的统一体。由于科学技术在今天的社会中能以更快的速度扩散,也由于消费者对切身利益关切度的提高,使得企业的产品以独特形式出现越来越困难,消费者也就越来越难以确认哪个厂家、哪种品牌的产品是自己喜爱和满意的。例如,国内消费者在购买家电产品时,往往对有两层包装纸盒的产品("双包装产品")更为信任,对于不少缺乏电器专业知识的消费者来说,他们判别家电产品的质量可靠性,往往是以包装好坏作为依据。对于营销者来说,

产品越能以一种消费者易觉察的形式来体现消费者购物选择时所关心的因素,就越能获得好的产品形象,进而确立有利的市场地位。

（3）企业要在激烈的市场竞争中取胜,就必须致力于创造自身产品的特色。不同产品项目之间的差异是非常明显的。这种差异或表现在功能上,如鸣音水壶与一般水壶之别;或表现在设计风格、品牌、包装的独到之处上,甚至表现在与之相联系的文化因素上,如各种服装的差异;或表现在产品的附加利益上,如各种不同的服务,可使产品各具特色。总之,在产品整体概念的五个层次上,企业都可以形成自己的特色,而与竞争产品区别开来。而随着现代市场经济的发展和市场竞争的加剧,企业所提供的附加利益在市场竞争中也显得越来越重要。国内外许多企业的成功,在很大程度上应归功于它们更好地认识了服务等附加产品在产品整体概念中的重要地位。

（三）产品整体概念的企业意义

产品整体概念是市场经营思想的重大发展,它对企业经营有着重大意义。

（1）产品整体概念指明了产品是由有形特征和无形特征构成的综合体,表明了产品的有形和无形特征。为此,一方面企业在产品设计、开发过程中,应有针对性地提供不同功能,以满足消费者的不同需要,同时还要保证产品的可靠性和经济性;另一方面,对于产品的无形特征企业也应充分重视,因为它也是产品竞争能力的重要因素。

产品的无形特征和有形特征的关系是相辅相成的,无形特征包含在有形特征之中,并以有形特征为后盾;而有形特征又需要通过无形特征来强化。

（2）产品整体概念是一个动态的概念。随着市场消费需求水平和层次的提高,市场竞争焦点不断转移,对企业产品提出更高要求。为适应这样的市场态势,产品整体概念的外延处在不断再外延的趋势之中。当产品整体概念的外延再外延一个层次时,市场竞争又将在一个新领域中展开。

（3）对产品整体概念的理解必须以市场需求为中心。产品整体概念的层次,清晰地体现了一切以市场要求为中心的现代营销观念。一个产品的价值,是由顾客决定的,而不是由生产者决定的。

（4）产品的差异性和特色是市场竞争的重要内容,而产品整体概念五个层次中的任何一个要素都可能形成与众不同的特点。企业在产品的效用、包装、款式、安装、指导、维修、品牌、形象等每一个方面都应该按照市场需要进行创新设计。

（5）把握产品的核心产品内容可以衍生出一系列有形产品。一般地说,有形产品是核心产品的载体,是核心产品的转化形式。这两者的关系给我们这样的启示:把握产品的核心产品层次,产品的款式、包装、特色等完全可以突破原有的框架,由此开发出一系列新产品。

二、情感和故事的创意营销

CCTV广告经营管理中心客户部总监石正茂这样说,商业广告都是针对某一产品进行包装推广,所以必然具有一定的局限性,没有产品可以代表全世界,只有情感是唯一的全球通用语言。

相关统计显示,只有4％的女性认为自己是漂亮的,那么怎样帮助其余96％的女性相信"她们远比自己想象中要美丽"呢?奥美(巴西)为日化品牌多芬策划了一个名为"Real Beauty"的有趣实验:广告里一位联邦调查局的嫌犯素描师根据女性对自己的描述以及别人对她们的描述分别作画。素描师看不到她们的样子,只是通过她们对自己的描述和别人对她们的描述分别画了两组画像。最后,举办了素描展。通过两组画像对比,两者的差别非常惊人:女性们承认,陌生人描述的画像,比自己描述的画像更美丽、更快乐、更精确。这说明很多女性其实比自己想的更美丽。作品让受众重新认识了女性美,让女性发自内心地认同多芬的品牌理念"女人,你比想象的更美"。

多芬与普通消费者共同重新定义美丽标准,甚至引发了人们对于人与品牌关系的思考。"Real Beauty Sketches"视频放到YouTube平台后,8天内就有超过1600万人次观赏,并且得到高达97.3％的认同率。10天内,多芬在Facebook上的粉丝增加了33.7万,关于多芬的推文每日增加14368％。多芬官网的点击量增加430万,在线搜索量增加了5倍。该作品取得病毒式营销的巨大成功,并摘取了2013年戛纳国际创意节"钛狮全场大奖"。

(一)故事的魅力

在信息纷繁复杂的今天,人们还是需要能够撞击自己心灵、产生情感共鸣的作品。除此之外,品牌的社会责任感也逐渐得到重视。以可口可乐为代表,其已经脱离了产品和品牌本身,倡导的是一种新型的社会责任,做正确的事情让社会变得更好。

随着媒介与技术的发展,品牌尝试着与媒体内容进行合作和创新。如果依赖广告本身,其营销效果是有限的。如何把品牌的信息隐晦地、聪明地放在消费者愿意看的媒体内容里面,隐性地影响消费者?

这就需要我们对高科技进行应用,但运用技术不是为了炫耀高科技,而是使用户体验更加完美。如果被科技牵着鼻子走,创意的生命力就不会长。因为永远会有更好的技术与平台出现。

创意到底是什么?虽然不同的时代有不同的方式和内容去演绎人的情感与本性,但对人性的观察和研究,永远是营销业从业人员的基础。

（二）有时代感的讲述方式

在信息越来越透明的环境中，品牌要直面用户挑战。针对有人质疑这样的问题：为什么在快餐店买到的汉堡与麦当劳广告中的汉堡不一样？广告中的汉堡看起来似乎比实物更大？图片里的鸡肉看起来似乎更加美味多汁？大部分食品厂商都会用包装袋上的一行小字告诉你：图片仅供参考，请以实物为准。但麦当劳显然不满足于此——2014年秋天，麦当劳美国公司展开了一场名为"Our Food，Your Questions"的系列行动（如电视广告、YouTube 视频、Facebook 和 Twitter 的动态更新等）应对包括这些问题在内的各种情况。在这次活动中，麦当劳不仅回答了那些意料之中的、客户感兴趣的问题，还回答了很多社交媒体上一些出乎意料的提问。通过调动所有运营体系、餐厅后厨、门店经营者等资源，直接地、透明地回答公众几千个问题，并把这些消费者的提问变成麦当劳的传播内容，同时在消费者心中建立起一个真诚、透明、有勇气的企业形象，麦当劳成功地将食品危机公关变为事件营销。

二维码6-1-2

"Real Beauty Sketches"回归到了广告人对受众的理解，对消费者心理的把握。把常识加了些调味的料，用不常见的方式来吸引大家重新关注，正是他们的创意。

（三）创意和技术并重

作品有了情感，就一定能打动人吗？创意和技术，哪个是制胜关键？我们可以通过短片《关爱失智老人——打包篇》的制作过程，得到一些启发。

感人的故事，还要有善于把握、诠释情感的好导演。故事首先深深触动了香港金牌导演侯仲贤。在这个基础上，侯仲贤要尽全力通过拍摄技术把这份感动传递给更多的观众。为了更好地体现短片的内容，侯仲贤用一个月的时间去老年痴呆医疗中心、托管所走访，去体会失智老人的生活状态，对剧本的情节、场景进行多次修改。策划团队也在前期筹划上倾注了大量精力，走访和调研了许多失智老人家庭。经过多轮策划和沟通，方案才最终敲定。

短片前期策划准备用了三个月之久，真正拍摄却只用了两天，剪辑也基本在两周内完成。而《关爱失智老人——打包篇》之所以能用极朴实的画面和语言打动评委，原因就在于前期情感的深度挖掘。所以，每个广告都应该有属于自己的特性及侧重点，在操作过程中不要过分追求全面，而应在重点方面取得突破，把亮点做透。

正因于此，《关爱失智老人——打包篇》短片一出，无论在电视、网络传播上，还是在业内，都受到一致好评。

二维码6-1-3

模块 2 创意营销思维

我们在决定购买产品或服务时,其背后必然存在市场营销相关人员苦思冥想得出的策略和手段。我们的消费决定是在这些策略和手段的影响下做出的。市场营销思维就是如此贴近我们的生活,所以"市场营销思维"是每个人都必须具备的一种技能,而不是只针对部分从事市场营销工作的人。可是事实上,大多数人都没有学过市场营销的相关知识。而是否了解"市场营销",会给企业员工的工作带来截然不同的结果。

二维码 6-2-1

【案例 6-2】

三个业务员寻找市场

一家美国鞋业制造公司派出业务员杰克逊和板井去开拓市场。他们一同来到太平洋中的一个岛国,发现当地人全都赤足!从国王到贫民,从僧侣到贵妇,竟然无人穿鞋子。当晚,杰克逊向国内总部拍了电报:"上帝啊,这里的人从不穿鞋子,有谁还会买鞋子呢?我明天就回去。"板井也向国内总部拍了电报:"太好了,这里的人都不穿鞋子。市场潜力大得很!我准备把公司的鞋卖给他们。"

公司总裁收到了两份内容截然不同的电报,为了能清楚了解市场的真实情况,公司又派出了第三位业务员到这个岛国。这位业务员在这里待了三个星期后,给公司发回电报:"这里的人不穿鞋,原因是他们长有脚疾。他们也想穿鞋,过去不需要我们公司生产的鞋,因为我们的鞋太窄。我们需要生产宽的鞋,才能适合他们对鞋的需求。同时,他们部落的首领不允许我们在这里做买卖,除非我们借助政府和公关力量在此地做大规模营销活动。我预计我们打开这个市场需要投入 1.5 万美元,这样我们就能够每年大约卖 2 万双鞋并赚取较高的利润,经初步测算投资收益率约为 15%。"两年后,这里人都穿上了鞋子。

【案例思考】

1. 营销人员应该具备什么样的基本工作素质?

2. 三个业务员在营销思维方面存在什么样的差异?

【创意启迪】

这是一则最能够阐释"半杯水,是半空还是半满"原理的营销案例。

有一个智者在沙漠的边缘建了一间草房,专门招待从沙漠中走出来的旅客,而给每一个旅客的第一样食品就是半杯清水。这一年的夏天,气温高达 50 多摄氏度,从沙漠中走出来一个中年人和一个年轻人。他们都嘴唇干裂,疲惫不堪地来到草房,智者迎上去表示欢迎,房屋中央的桌上就是两只各装了半杯水的茶杯。年轻人一见只有半杯水就来火了:"老头子,我已经有三天没有喝水了,你怎么只给我半杯水?"智者答道:"沙漠地区水非常珍贵,按规定,每位旅客只能给半杯水。"中年人却非常高兴,对智者说:"我也三天没喝上水了,这半杯水可以解渴了!"

同样的半杯水,有人看到的是缺失的那一半,有人看到的却是拥有的那一半。所以,对于创意营销,我们要看到拥有的那一半,并总能够想着拥有的那一半,只有这样才能拓宽我们的视野,发现市场机会。

1. 市场在于发现。许多人常常抱怨难以开拓新市场,事实是新市场就在你的面前,只不过你没有发现这个市场而已。

2. 前面的案例是一个过程和内容很简单的故事,我们可以看到三个人对于同一件事情的不同态度。态度决定一切,不同的态度,使人在同一个市场获得的感悟和行为有着质的区别。同时,我们必须要看到,三个业务员对待市场不同态度的背后,是他们自身不同的工作素养。

哪里有不便,哪里就有市场机会,众所周知的淘金故事中,真正发大财的并不是蜂拥而至的淘金客,而是卖淘金铲的人。

【理论阐述】

一、理解市场营销思维的概念

假设你要从杭州去北京出差,那是坐高铁,还是飞机?你因为有两个选择而徘徊不定——"对了,新闻里说高铁上可以免费使用 Wi-Fi","噢,不,坐飞机的话会赠送里程数,还可以打折,或许坐飞机更划算"——这样想来想去,如果你最终选择了坐高铁,这就说明高铁在针对你的市场营销中胜出。

再假设某个上小学的孩子想要生日礼物,他既想要神奇宝贝卡片,又想要最近流行的"妖怪手表"系列产品。可是,如果只能二选一,孩子想来想去最终决定要"妖怪手表"的话,那么这说明"妖怪手表"的市场营销所起的作用更大。

可见,我们的消费决定是在市场营销相关专业人员苦思冥想得出的策略和手段的影响下做出的。

(一)能够直接影响工作成果的思维能力

知道"市场营销"和不知道"市场营销",会给企业员工的工作带来截然不同的结果。因为市场营销是"盈利"这一工作目标的专业化技能。

各类书籍等鼓励公司职员们用"经营者的视点"来思考问题,简单地说,就是成为围绕公司"可持续盈利的机制"而工作的人才。而经营者要求的正是这样的人才,即具

备"市场营销思维"的人才。

所谓"市场营销思维",简单地说,就是"思考如何让顾客在众多的选项中选择你公司的产品或服务",即"创建让顾客选择你公司产品或服务的理由"。

顾客把"你公司"和"其他公司"进行比较,然后决定购入你公司产品或服务的思考过程即为市场营销的思维过程。再说得直白一点,这就是思考"如何创建畅销机制"的一种思维。

要使你公司的产品或服务畅销,就必须具备别的选项没有的"优势"。

要实现这一优势,不是仅依靠从事市场营销的员工就能做到的。能够成为"优势"的有很多,例如:从事生产活动的人,可以通过创建"成本更加低廉"的生产过程来创建优势;从事后勤工作的人,可以通过调整"便于员工创意的工具或环境"来为创建"更加具有魅力"的产品做出自己应有的贡献。

(二)找出优势以及产生优势的独有源泉

明白了市场营销思维的必要性之后,我们首先要做的是找出优势以及产生优势的独有源泉。

企业经常置身于竞争之中,要在竞争中胜出,就必须有自己独特的优势。然而,如果这个优势只是昙花一现,那也是毫无意义的。因此,企业必须拥有不断产生优势的源泉。换句话说,所谓"市场营销思维",就是一种向顾客展示区别于竞争对手的特有优势,明确产生优势的源泉的思维。

那么,如何才能创建其他公司没有、自家公司才有的"特有优势"呢?那就是必须拥有公司自身的"独有源泉"。有了独有源泉,就能和其他公司拉开差距,拥有其他公司无法复制的优势。

二、日常生活中的市场营销思维

(一)经常竖起天线收集情报

锻炼市场营销思维,需要循序渐进,要求我们平时能够养成时刻关注周遭信息的习惯。例如,我们是否能够在很短的时间内列举出近一两年热销的五个商品或服务,并给出理由。

如果能够经常关注一些行业的网站消息,我们就可以得到很多的市场信息。以微商为例,近几年微商已成为草根创业的一个不错的平台。随着微信营销的普及,品牌数量越来越多,如护肤类、私护避孕类(独家)、减肥类、服装类以及珠宝类等,那么我们要如何在众多的微商大军中脱颖而出呢?首先是产品定位,选择一个好产品等于成功了一半;其次是团队选择,有责任心的供应商、顾客来源等都非常重要,更重要的是,我们要养成时刻关注商品资讯信息的习惯。"时下什么产品畅销?""为什么畅销?"——

如果我们经常这样竖起天线收集此类信息的话，就能发现人们需求的变化、企业的市场营销趋势。

（二）从热卖产品中解读市场的消费倾向

我们在关注时下热卖产品的同时，如果进一步沿着热卖产品的足迹追溯一下，就能发现各个年代的需求以及消费倾向的变化。我们不妨设想一下如何用关键词来表现目前的消费倾向？

例如，针对这几年热卖产品的变化，有人设想了这样三个关键词：间隙时间、全新的产品、抵消意识。

1. 间隙时间

龙族拼图等社交游戏的大热，不仅在于它具有趣味性，还在于它满足了人们填补间隙时间的需求。

便利店的咖啡之所以热卖，不仅是因为其独特的味道或低廉的价格，更是因为便利店坐落于人们上下班或上下学的途中。也就是说，便利店的咖啡在消费者的间隙时间内满足了他们的需求。

网络购物的出现，很大程度上也是因为大家利用一点间隙时间就能浏览产品，轻轻一点就能购物。

世界变得越来越方便，对于成天忙碌的人们来说，这种间隙时间就变成了推动消费行为的重要因素。

2. 全新的产品

飞利浦公司推出的全自动无油空气炸锅，是一款不用油就可以煎炸食品的健康环保产品。"不用油来煎炸食品"这种全新推出的概念，无疑确立了其无人超越的优势。

日本百乐公司出品的可擦圆珠笔深受学生的喜爱。以前，学生写错了字都是用修正液的，现在他们不再需要修正液了。瞬间，市场结构就发生了变化。

百乐公司的可擦圆珠笔和飞利浦公司的空气炸锅一样，都具有其他同类产品不可比拟的优势，是技术革新赐予的礼物。像这样因技术革新而推出的全新产品，今后必将成为引领消费的主力军。

3. 抵消意识

所谓抵消意识，简单地说，就是基于"抵消掉它"这样的意识所产生的消费行动。这几年大热的花王特定保健用食品，从减肥茶到咖啡以至可乐，充斥着整个消费市场。

追捧这种健康保健食品的，往往不是那种平素就注意保养的人，而是那些平时不注意保养、容易暴饮暴食的人。这种消费行为的背后，是强烈的"抵消意识"在起作用——"因为昨天吃得太油腻，喝点减肥茶吧！"人们通过喝减肥茶类的保健饮料来"抵消"之前吃的东西对身体的不良影响。

减肥茶等保健食品之所以受欢迎,大抵都是基于上述理由。我们在不知不觉中认定自己的身体是可以简单地重置的,就像电脑可以重置一样。

这是一种利用其他物品来复原的消费行为。"抵消意识"的高涨将给今后的消费行为带来极大的影响。

从过去到现在,消费行为发生了怎样的变化?今后又将发生什么样的变化?——经常思考这样的问题,就能提高你的市场营销思维能力。

(三)顾客是谁,他们要的价值是什么

正如前面所叙述的那样,具有市场营销思维的人会通过设想来分析顾客长期选择某产品或服务的理由。如果说对于混合动力汽车受欢迎的理由只能简单地给出"经济实惠"这样的回答,那么就说明你的市场营销的思维能力还没有提高。

我们追求的不是简单地给出"因为经济""因为方便""因为便宜"等之类的回答,而是要深入地探讨顾客的购买行为。在进行市场营销思维实践时,我们不妨试着设置以下三个递进式疑问:

1. 谁是象征性消费的顾客

消费者对商品的情感性、夸耀性及符号性价值的要求,已经超过了产品或服务的物质性价值。消费一般可以分为物质性消费与象征性消费两类。象征性消费更能够体现消费者的自我意识与价值取向,对反映某个时期或某类群体的文化特色具有重要意义。象征性消费是"消费的象征",即消费者的消费表达和传递出某种意义和信息,包括消费者的地位、身份、个性、品位、情趣和认同等。消费过程不仅是满足人的基本需要,而且也是社会表现和社会交流的过程。象征性消费也是"象征的消费",即消费者不仅消费商品本身,而且消费这些商品所象征的某种社会文化意义,包括消费时的心情、美感、氛围、气派和情调等。象征性消费蕴含着消费动机、个性特征、社会心理、生活方式和消费时代等多个理论范畴,也蕴含着如何有效地制定营销策略,更好地满足人们象征消费需要的实践问题。如果企业能够从消费者的象征性消费心理出发,以其真实感受制定营销策略,那么往往就能具有广阔的前景。企业要分析象征性消费人群的特征,如他们是男性还是女性?处于哪个年龄段?是社会人士还是学生?——只有这样具体分析,才能对顾客的嗜好以及追求的价值形成具体的印象。

2. 顾客能得到的价值是什么

顾客在使用产品或享受服务时得到了什么样的满足?或者说他们得到了什么样的"利益"?观察的重点不应放在功能方面,而应放在"价值"方面。

3. 交付价值的机制是什么

交付价值的机制是指为顾客提供价值或创造顾客能得到的价值的机制。建立交付价值的机制可以利用 4P 等市场营销组合理论进行具体策划。

从这三点出发去探索如何长久地吸引顾客，能够从本质上发现顾客追求的价值，从而提高市场营销的思维能力。

（四）市场营销思维分析案例

这里以全智能 Roomba 扫地机器人为例，来展示市场营销思维分析过程。许多厂家都推出了扫地机器人。尽管扫地机器人的价格有些贵，却深受市场欢迎。在家电市场竞争不断加剧的背景下，我国扫地机器人这几年保持了较好的增长势头：2015 年销售额近 27.8 亿元，销售量达 206.8 万台；2016 年销售额达 43.4 亿元，销售量达 307.3 万台；2017 年销售额达 56.7 亿元，销售量近 400 万台；2018 年销售额达 67.4 亿元，销售量近 483.4 万台。旺盛的需求意味着有广阔的市场。为什么扫地机器人的销售势头如此强劲呢？如果单是给出"方便""打扫得干净"之类的理由，那么，这就不是市场营销的思维。

按照上述试着设置的三个递进式疑问，来展开扫地机器人市场营销的思维分析。

1. 寻找象征性消费的顾客

如今，大多数家庭夫妻双方都有工作，多数时间不在家，洗衣服、打扫卫生等活一般都堆在周末。而且，某种程度上，这样的人往往住房面积较大，所以，打扫卫生就更麻烦。可是反过来说，这样的空间反倒利于使用扫地机器人。

此外，这样的家庭往往都有一定的收入，一台 3000～5000 元定价的扫地机器人对其来说不算什么负担。

2. 界定给顾客提供（顾客能得到）的价值

这里，关键是要用价值而不是功能这个基准来思考问题。也就是说，通过扫地机器人能获得什么样的价值。

针对这个问题，回答最多的是"买到了时间"。在自己在外工作期间，扫地机器人把家打扫得干干净净，这样周末就不用再挤出时间来打扫了。可见人们之所以愿意购买扫地机器人，不是因为"能自动打扫房间"这一功能，而是因为"赢得了时间"，这才是顾客追求的价值。

3. 明确交付价值的机制

我们可以用最基础的 4P 市场营销组合来分析一下交付价值的机制。

（1）产品。这是一款依靠出色的技术力量打造出的扫地机器人产品。全智能 Roomba 扫地机器人是美国 iRobot 公司推出的研发产品，从智能芯片到感应器，从整体外观到每一颗小螺丝，都包含了工程师对技术的孜孜追求和对细节的完美考究。这一款扫地机器人具有极强的清洁功能。

（2）价格。不同厂家有各自不同的产品阵容，因此价格很难一概而论。虽然有厂家以降价几百甚至上千元的优惠力度进行促销，但稳居市场份额前三名的 Roomba 智

能扫地机器人,仍在不断推出 4000 元以上的产品。这就证明顾客认为 Roomba 智能扫地机器人虽然贵,但是物有所值。

(3)促销。虽然在电视上偶尔也有关于扫地机器人的广告,但并不特别有创意。网络、杂志等媒体的评价或许更能够影响人们的购买欲望。

(4)地点。扫地机器人的销售渠道一般都放在苏宁、国美等家电商场,可是,最近专业的电视购物频道的销售量却大增。去家电商场购买扫地机器人的顾客,大多是有购买计划的,而电视购物频道却能勾起那些原本无购买计划者的购买欲望。

如前所述,能长久吸引顾客、受到顾客追捧的产品或服务,一定有某种特殊的理由和根据。只有弄清"满足了谁的什么样的价值需求而被选择"这个问题,针对本公司的产品或服务所采取的市场营销才会成功。不要随便地冠以某个理由,而要用市场营销的思维去认真分析,只有这样才有助于大家在各自的工作岗位上创造各种各样的价值。

我们需要不断自问——顾客是谁?他们追求的价值是什么?如何才能提供这样的价值?

三、描绘价值主张

顾客追求的、只有自家公司才能提供的价值,称为"价值主张"。当初,绿茶被认为是很难产生附加值的一种无糖零卡路里的饮料。而花王公司的"Healthya 绿茶",给绿茶饮料这一成熟的市场类型带来了巨大变化。

花王投入了一个多达 600 人的研发团队,耗时两年,对其效果和性能进行了试验,最终获得日本厚生省颁发的"特定保健用食品"的称号。作为富含儿茶素、"适合减肥者饮用的茶饮料","Healthya 绿茶"首先在关东甲信越的便利店限量销售,之后才逐渐推广到全国。如此这般,花王并没有抢夺绿茶市场原来就有的这块蛋糕,而是通过开发新的种类,把绿茶市场这个蛋糕做得更大了。也就是说,花王利用自身在研究开发、公共关系、流通等方面的优势,开辟了高附加值绿茶饮料市场。

花王公司内部有一套完善的策略和机制,由此才能做到其他公司无法做的事。"价值主张"通过这样的策略和机制才得以产生、实现。

我们再来看一个利用现有产品打造新的优势的例子。为了推广高球鸡尾酒(highball,一种烈性鸡尾酒,由威士忌及汤力水或苏打水混合而成),三得利公司是怎么做到的呢?

首先是研究如何才能使口感最好。为了保证味道和质量,三得利公司开发了一种名为"高球塔"(就像啤酒服务器一样,放下拉杆,高球就会出来)的机器。

为了扩大销路,三得利公司开设专卖店、做电视广告进行宣传。

三得利公司采取的几项措施,并没有推出什么新的产品,要说有什么与众不同,也就是打造了"高球塔"这种使酒更好喝的工具。三得利公司就是通过推出"高球塔"这种饮酒工具,使顾客充分感受到了威士忌的魅力,从而给自家产品增加了新的优势。

那么,三得利公司怎么会想到这一绝招呢? 在日本,随着日式小酒馆的增加,去欧美风格的酒吧消费威士忌的人锐减。威士忌是适合餐后饮用的酒,而小酒馆需要的是一边吃一边喝的酒。于是,为了让顾客在餐饮过程中享用威士忌,三得利公司想出了用高球塔在威士忌中加苏打水的办法。

从三得利公司的案例中我们可以看出,改变公司产品的宣传方法,有可能使自身产品的推广方式独树一帜,成为别人无法效仿的模式。

充分利用公司自身的优势,彰显产品或服务的与众不同,为公司的自我主张打下坚实的基础。这个基础越是坚实,价值主张就越是明确。

二维码 6-2-2

模块3　自我营销

你一生中最值得推销的产品,就是你自己。营销是一门艺术,是满足他人的策略,是提高性价比的智慧。

二维码 6-3-1

【案例 6-3】

史上最牛销售员,23年来每天赚10亿,波音曾为他换掉8位总监

近日,空客宣布其销售总监雷义(John Leahy)先生将于明年1月退休,消息一出,瞬间成为航空业最受关注的消息。

他做了什么? 为什么会被万众瞩目?

过去的23年中,他为空客卖出了1.6万架飞机,平均每天就卖出去了2架,约合人民币10亿元;1994年担任销售主管,仅4年,把空客的全球市场份额从18%拉到了50%,而空客高层的目标仅是30%;波音曾先后换了8位销售总监和他竞争,结果一一落败!

在退休前,他的老客户向他订了30架合计72亿美元的飞机!

仅2017年,他已经赢得了875架飞机订单,金额超过1000亿美元!

这就是雷义,史上最牛推销员!

在退休前,他要把他的销售秘诀说出来了!

1. 卖产品就是卖自己,永远保持活力

雷义经常说的一句话是:"卖产品就是卖自己。"他的意思是最好的销售员,一定是

最有活力的人。没有人愿意和精神萎靡、哈欠连天的人做生意。

为了保持活力,他每天坚持锻炼一小时,从不饮酒,清淡饮食。这说起来简单,然而很少有人能够几十年如一日的自律。

而他的自律也取得了相当的成效,据客户反映,他们很喜欢雷义,每次都被他的神采奕奕、精神饱满的状态所感染!

2. 了解自己的产品

大家都知道推销员要了解自家产品,但为什么要了解? 很多人却不甚明了。雷义不喜欢拿着千篇一律的推销词读给客户听,他认为,了解自己的产品,是为了找到自己的产品和用户需求的匹配点,了解得越多,越容易找出匹配的点,成功率也就越高。

雷义不仅对空客所有机型的数据烂熟于心,甚至对劲敌波音公司的机型数据也了如指掌。他将飞机的相关知识学到了专业的水准!

3. 所有推销,在见面之前已经开始

雷义说,当你见到客户才开始推销,你已经落后 100 年了。

雷义是怎么做的呢? 在见到客户之前,他会做有氧运动,保持最好的精神状态;他会了解自己和对手的产品数据,调查客户的痛点,找到精准的销售策略! 另外,他还相信主场优势。在临近成交的洽谈时,他会要求地点在空客的总部会议室。

4. 与其用嘴巴说自己多专业,不如想什么工具可以让自己变得更专业

空客的其他销售总监们向客户展示自己的高科技飞机,采用的是幻灯片,一页一页地投影出照片,再慢悠悠地和客户讲解,其枯燥和呆板程度可想而知。

这种方法被雷义认为是垃圾,他认为:卖高科技产品,就应该用高科技去展示!

于是他花了大价钱请来著名的导演为空客飞机拍宣传片,气势宏大、炫酷无比,给客户带来最直接的心灵震撼和视觉冲击! 其效果远非静止的幻灯片可以比拟!

5. 为客户提供专精的服务

顾客明知道你要赚他的钱,为什么还要接受你的推销? 因为他要享受你的服务,他不知道哪种产品最合适自己,怎么买最有利,他需要你为他提供专业的分析、合理的建议。

雷义认为,推销员和顾客的关系不是服务员和上帝的关系,而是师生关系。推销员需要利用自身的专业素养,帮助顾客买到最合适的商品。

雷义自身把专精做到了极致。他从小对飞机极感兴趣,曾当过驾驶员,又卖了多年飞机,所以对整个航空运输业有很深的理解,所以他常常一边推销飞机,一边帮顾客分析对方公司的未来发展,客户通常边听边频频点头,喜爱和敬重之情溢于言表。

(资料来源:肉肉.史上最牛员工每天挣 10 亿,纪录保持 23 年! [EB/OL]. (2017 - 12 - 08) [2018 - 08 - 15]. http://www.meirijinrong.com/article - 125647 - 1.html.)

【案例思考】

1. 雷义在营销方面,有哪些独特的方法?

2. 为了实现最佳业绩,雷义做了哪些准备? 为什么这些准备对于营销至关重要?

【创意启迪】

对于营销人员而言,不要甘于恶劣的个人成长环境和剧烈的市场竞争环境,需要主动通过学习和培训等方式,给自己充电。要想赢得市场、赢得客户好评,首先要让自己值钱,通过投资自己让自己在同行业中提升品牌和口碑效应。

广为人知的乔·吉拉德也演绎了一场营销人员自我营销、自我奋斗的经历。"通往成功的电梯总是不管用的,想要成功,就只能一步一步地往上爬。"这是吉拉德最爱挂在嘴边的一句话。凭着不想再回头过苦日子的决心与毅力,吉拉德自创许多土法炼钢的行销做法,在汽车业务重兵集结的底特律杀出一条血路。

因为有严重口吃,靠嘴谋生的吉拉德特地放慢说话速度,比谁都更注意聆听客户的需求与问题。而没有人脉的吉拉德,最初靠着一部电话、一支笔和顺手撕下来的四页电话簿作为客户名单拓展客源,只要有人接电话,他就记录下对方的职业、嗜好、买车需求等生活细节,虽吃了不少闭门羹,但多少有些收获。曾有人在电话中用半年后才想买车的理由打发他,半年后,吉拉德便提前打电话给这位客户。他靠着掌握客户未来需求、紧迫盯人的黏人功夫,促成了不少生意。

吉拉德很有耐性,不放弃任何一个机会。或许客户五年后才需要买车,或许客户两年后才需要送车给大学毕业的小孩当礼物;没关系,不管等多久,吉拉德都会隔三差五打电话追踪客户,一年十二个月更是不间断地寄出不同花样设计、上面永远印有"I like you!"的卡片给所有客户,最高纪录曾每月寄出 16000 张卡片。

"我的名字'乔·吉拉德'一年出现在你家十二次! 当你想要买车,自然就会想到我!"展示着过去所寄出的卡片样本,吉拉德的执着令人折服。

美国前第一夫人安娜·埃莉诺·罗斯福曾经说过:"没有得到你的同意,任何人也无法让你感到自惭形秽。"15 年间,业绩突出的吉拉德有很多跳槽、升迁的机会,但是他总是拒绝,他名片上的头衔始终是"销售员"。

因此吉拉德能持续每天在前线从事推销工作,享受每一次成交所带来的快感与金钱奖赏。他兴奋地指出:"今天我卖出 6 辆,明天我就渴望成交 10 辆! 我感觉每成交一次,其实都像是被顾客升迁了一次!"

【理论阐释】

一、自我营销的概念与意义

所谓营销,通俗地讲就是卖东西。自我营销(marketing yourself)是一种由个人

或团体作为主体参加,个人或团体通过自我介绍履历表等形式,采用惊奇性、创意性、幽默性等策略,展示自我形象、人品以及情感,以达到个人或团体预期目的的活动。

自我营销这个概念兴起不久,但是现在逐渐得到了广大团体、个人的关注,这是为什么呢?简单地说,自我营销对于团体和个人是有一定重要意义的,能给团体和个人带来附加价值,例如自我营销有助于提高魅力。

"营销就是让销售成为多余",自我营销的目标就是塑造出一个有核心竞争力、有独特社会需求的自己。自我营销是一个以个体为出发点,在个人成长发展过程中,完成自我定位、为自己设计规划营销组合、建立竞争优势等的过程。

自我营销具有如下优势:

(1)自我营销对于个人而言,有利于树立良好的个人形象,增加个人魅力及吸引力。同样,这也适用于团体组织,可以树立良好的公众形象等。

(2)自我营销有益于影响他人的行为,帮助自我营销的主体通过一定的手段和方式实现一定的目的。

(3)自我营销对于个体而言,可以帮助主体形成良好的人际关系,有利于人际交往的发展,在此基础上可以形成销售顾客网络。

(4)自我营销作为一种成功推销的策略,可以帮助主体成功开展推销活动。

(5)自我营销最明显、最直接的效益在于可以促进销售。

二、自我营销策略

(一)塑造个人品牌

在充满机会、个人容易成功的时代,塑造个人品牌对于自身的发展十分重要。要塑造良好的个人品牌,需要从以下几个方面着手:第一,你要有很好的能力,包括适应能力、沟通能力、学习能力和创新能力等,没有能力作基础,你将来是做不了事情的,也就没有了个人品牌的基础;第二,要用你的能力做出良好的业绩来,业绩是你个人品牌的外在表现;第三,要有良好的个人口碑,如果没有口碑,那你的业绩有可能不真实、不确定或者不稳定,也不可能得到传播。个人品牌的形成是一个逐渐培养和积累的过程,是由他人对你的认知所逐渐形成的,当你有了一定的认知度后,就要去考虑提升美誉度。

(二)个人品牌定位

所谓个人品牌,是指由一个人的外在形象和内在素质所构成的一种特质,由一个人的人生轨迹、口碑等一系列因素组成。由于每一个人的学识和经历存在差距,必然存在不同的"个性",作为一个营销人,认清自己和找准定位是关乎职业生涯成功的重要一环,我们首先要清楚自己适合什么,适合朝哪方面发展。很多成功的商人,都很注重个人品牌的塑造,并创造出与其他企业家之间的差异。如方太集团董事长茅理翔利用所著专著

《管理千千节》和经常参加一些高层次社会活动（如去北大讲学、走进央视对话节目等）等机会大谈民营企业、家族式企业的发展与管理等，进而提高其个人和企业的知名度。

（三）强化个性化形象

个人品牌确定后，一定要强化内功修炼，丰富"个人品牌"的内涵。内功修炼来自"学习力"的提高，要尽可能地博览群书，经济、历史、金融、体育、组织行为学等都需知晓，要视读书为自己最大的知识之源和乐趣，这是因为日常工作中你要与许多专业和非专业的人士进行沟通与交流，要有与其沟通的知识面。在读书的同时要强化对实践经验的总结与互动，将实践与你所学习的书本知识进行对照，反复研究判断，锤炼自己的竞争优势和核心竞争力——形成自己独特的销售主张（unique selling proposition，USP），使别人无法复制或一段时间内无法与你并肩比齐！尤其是在同质化竞争越来越激烈的时代，如果你不能首先在包装上出位，就失去了进一步竞争的基础。

实际上，个性是个人品牌定位的具体体现，是对定位在日常生活中的阐释。个性形象的塑造包括以下三个重要部分：

（1）人生观、世界观、价值观、人才观、工作观、学术观以及创新观等思想部分，体现的是一个人的内涵与修养，着重于自身的"内秀"。例如，英特尔公司前 CEO 安迪·葛洛夫相信"只有偏执狂才能生存"，在他的领导下，英特尔不屈不挠、单兵突进，奠定了微处理器领域无可争议的地位，葛洛夫也成了业界"偏执狂"的代名词。搜狐 CEO 张朝阳半裸登上时尚杂志封面和跳街舞是为了保持其与搜狐网站青春活力的形象，该举动吸引了众多眼球。

（2）仪容仪表、礼仪服饰、办公环境、个人空间风格、签名、用车、办公用品、名片等，体现的是一个人的外表风格，着重于个人形象的外在表现。如潘石屹一天到晚就是那身中式打扮，小平头似乎一直没有变过，这种另类的打扮长期重复，有效地刺激了人们的感官，让人们能够清晰地记得他。

（3）为人处事、社交活动、运动休闲、生活喜好、演讲风格等，表现的是一个人对社会的态度。如富华国际集团主席陈丽华喜欢收藏、制作紫檀精品，甚至个人建起了中国紫檀博物馆，这种不俗的品位极大地提升了她在企业家中的形象。

（四）善于品牌宣传

要有很强的自我推销能力，善于在不同的场合、人群中进行自我推销。可以通过撰文、个人站点、人脉转介绍、演讲等方式进行自我"促销"，扩大自己的影响面，推动个人品牌的发展，灵活运用"推""拉"等方式进行自我"促销"宣传，扩大自己的知名度。无论你从事哪个行业，一定要在业界经常保持有你的声音，抓住一切有可能的机会多参与行业的相关会议和论坛，在行业的论坛、会议、媒体上发表你的观点和构想，树立你自己的观点、旗帜。当然，观点应鲜明并具有特色，切忌陈词滥调、人云亦云。事件

要新、奇、特,并且要有充足的理论依据支撑;发布的时机也要掌握好;事件要具有针对性、焦点性、争议性等特征;要寻找影响扩散面宽、快的媒体和场合发布。

例如地产大亨王石,他有登山、滑翔、出书等足够吸引人们眼球的事件,他的每一个动静,都不会被媒体遗漏。他一身名人风范,行走在聚光灯下,集聚了足够多的粉丝。

(五) 构建关系网络

完善的关系网络不仅包括人际关系网络,也包括企业战略网络以及资本资源网络。人际关系网络包括管理团队、员工、股东等内部网络,还包括客户、消费者、政府、银行、社区、合作伙伴、投资者以及竞争对手等外部网络,网络决定了企业家及其企业的成败。因此,你要和网络成员形成良好的互动沟通模式,从而保证企业决策的实施和企业经营管理的有效运行。不要把自己局限在小圈子里,应尽可能多地参加社交活动,向人们推销你自己的观点、理论、个性、能力,以获得人们的认知和关注。每个人都有自己的网络,你现在应该做的是设法把它扩大并利用起来,充分获得网络成员的认可与尊敬。

(六) 挑战或接近更有影响力的人

共生与寄生都是生存方式。站在巨人的肩膀上可以使你省去搭建起跳平台的工夫。不要惧怕权威,要知道权威之所以成为权威,大多是因为他们建立和发现了比其他权威更有说服力的论点。不要惧怕和迷信权威,如果你有合理的理由和论点,完全可以与权威们来一番论辩和争议。《胡雪岩》这本书曾在商界被炒得很热,大有经商做生意非看《胡雪岩》不可的态势。潘石屹却见解独到:"我看了这本书并没觉着怎么好,中华民族精神的主流是勤劳、智慧、诚实,而不是纵横捭阖、投机钻营。胡雪岩是官场、商场、情场、赌场、酒场左右逢源场场皆通的人,根本没有专业精神。而中国需要一批真正专业化的商人,需要把工作当作终生事业去做的人。"

(七) 抓住每一个事件营销的机会

企业家应该敢于抓住机会,实现"惊险一跳"。在信息社会里,对于商机和信息、情报的把握能力成为衡量企业家领导能力的一个标准。创业也好,经营也好,企业家既要有谋,还要有勇,抓住每一个可能的机会进行营销。尤其在危机时刻,往往大多数人六神无主、束手无策,在此时,如果你有足够的信心和胆量的话,那么你就应该挺身而出,临危受命,这是你树立个人品牌影响力和威信的关键时刻。如在山西假酒事件出现后,古井集团的总经理王效金迅速做出反应,一方面慰问受害者家庭,一方面组建成立"中国打击假酒基金会",让古井集团及王效金的知名度迅速提升。2001 年年底,加拿大 PPG 公司向加拿大海关和税务总署对我国包括福建福耀等 4 家出口风窗玻璃厂家提出反倾销指控,加拿大国际贸易法庭初步裁定产业侵害成立,认定福建福耀倾销24.09%,判定将对福建福耀产品加征关税。以曹德旺为首的福建福耀集团等中国 4

家企业进行了积极回应。2002 年 8 月,加拿大国际贸易法庭裁定,来自中国的汽车玻璃在加拿大的销售不构成侵害,福耀玻璃等 4 家企业经过 9 个多月的艰苦努力终于获得了最后胜利。这是我国加入世界贸易组织后的第一例反倾销胜诉案,作为夺取这场官司胜利的领军人物曹德旺,也因此成为 2002 年度经济人物候选人。

三、自我营销的七种方法

(一)创作文章

这里所说的创作文章,即指把你的专业知识写出来,让网络用户阅读并自发地将文章分享传播。这是一种强大而又非常专业的方式,能够让更多的人了解你独特的才能。你可以将文章发布到微信公众号、新浪微博、百度百家等自媒体,而且你无须支付任何成本,如果拥有较高的阅读量你还会收到奖励。

(二)公众演讲

只要你加入一些活跃的社交平台,你就会经常收到各种聚会的邀请。当你参加聚会的时候,要敢于发言,将你的专业知识与现场听众进行交流。参加这样的聚会,你可以快速拓展人脉,而且你还能没有成本地获取人脉。

(三)媒体采访

有影响力的人士大多接受过杂志、报纸、广播、电视等新闻媒体的采访,媒体自身拥有一定的用户,可以迅速传播有关你的资讯。接受新闻媒体的采访对于一般人来说或许成本过高,但是如果你能够制造新闻事件,让媒体主动传播那就不一样了。这种能力经过实践也是可以造就的,如你可以从一些小的报纸、地方电视台、网站等着手。

(四)讲故事

有效的文章、谈话和采访的秘诀之一是讲述你与客户的故事。当你描述他们的挑战和成就时,你可以揭示你在帮助他们时所扮演角色的价值,而不会给人自我夸耀的感觉。同样,你也可以在给客户演示你的个人品牌或你的产品(服务)时使用相同的技巧来增强你的信誉。

(五)客户评价

每当你为客户做好服务时,可以请他们给你写一封简单的感谢信,描述你为了让客户满意而做了什么。然后在你的网站、宣传册或其他营销材料上提供他们的评价。让用户告诉别人你的价值,远胜于你自己说。

(六)打包成就

传统的营销人员通常会制作自己的展业手册,在网络时代的营销活动中你更应该如此,你可以收集照片、用户评价和其他代表成就的资料,并将其显示在你的网站、营销工具包或 PPT 演示文稿中。

（七）创造产品

制作能全面展示你的专业知识、个人品牌内涵的电子书、小视频和录音等产品，如制作成精美的 U 盘，赠送给顾客，或把这样的电子书、小视频和录音等通过网络发送给顾客，让他们对你产生兴趣，诱导他们对外宣传和推介你，这样做有助于提高你的信誉和影响力。

世界上没有谁仅靠一种模式而能长期占有足够的财富。在信息泛滥的时代，如何让自己在大量的资讯面前脱颖而出，获得更多的认同者、支持者，以及形成个性鲜明的个人品牌，这是互联网生态环境下每个营销人员都应思考的问题。

在使用上述自我营销的七种方法时需要时时提醒自己，当你在传播自身价值、提供公司产品或服务的时候，你的核心在于为用户解决了什么样的问题、创造了什么样的价值。如果你真的想花费更少的精力来营销自己，就应该让你的潜在客户知道更多关于你的成就。

二维码 6-3-2

模块 4　纵向思维下的营销创新

改变产品的物理特性、规格、包装、设计、配料等，是纵向思维下营销创新的策略，它能使产品更精确、更好地满足现有或者潜在市场中某一部分人群。这种创新方式的结果是通过更好地满足目标市场，从而扩大整个市场的规模。

二维码 6-4-1

【案例 6-4】

星巴克的"星享卡"

在全球做咖啡厅生意，做得最好的其实有两家，一家是星巴克咖啡，另一家就是COSTA（咖世家）咖啡，它们就像快餐界的肯德基和麦当劳，一般不是开在对面，就是离得不远的位置。

有一天，星巴克咖啡发现最近生意越来越不好，而 COSTA 咖啡的生意反而没有下滑，很奇怪，所以派人去打探，结果发现原来 COSTA 咖啡采用了新的营销策略，就是它们的会员打折卡。

一张会员打折卡怎么会造成如此大的威力？

它们的玩法不同。

当你走进 COSTA 咖啡点了一杯 36 元的拿铁咖啡，准备掏出钱包付款时，服务员告诉你："先生你知道吗？这杯价格 36 元的咖啡，你今天可以免费得到。"

此时你一定会关心怎么得到。

服务员会接着说："很简单,你办理一张 88 元的打折卡,这杯咖啡今天就是免费的。并且这张卡全国通用,你在任何时候到 COSTA 咖啡消费,都可以享受 9 折优惠哦。"

结果数据表明,有 70% 左右的客户都会购买这张打折卡。

这有什么不对劲呢? 此策略可谓一箭双雕,非常巧妙,轻易不为人知,一起来看看:

扩充消费者第一次消费客单价

如果每天有 100 个用户,每个人消费 36 元,那么销售额就是 3600 元,如果每杯咖啡的成本是 4 元,那么利润就是:3200 元。

推出打折卡之后呢? 如果向 100 人介绍,有 70 人购买了打折卡,那么就是(30 人×36 元/人)+(70 人×88 元/人)=7240 元,如果每张卡的制作成本是 2 元,那么利润就是:6700 元,不难发现在客户数量不变的情况下,利润竟然增加了一倍。

更加神奇的是,用户还感觉自己占了便宜,为什么呢?

原因很简单,因为对于用户来说,咖啡的价值是 36 元,办一张打折卡 88 元,送一杯咖啡,88 元-36 元=52 元,然后这张卡以后还可以持续打折,所以挺好的。

但是真实的情况是什么呢? 其实就是多花了 52 元,什么都没有买到。因为打折是建立在你消费的基础上,你不消费,这张卡对你毫无意义,就算你消费那也是给它持续贡献利润。

锁住消费者

当你响应了 COSTA 咖啡的主张之后,你获得了一张打折卡,就在你拿卡的一瞬间,其实它们已经锁定了你的消费。因为 COSTA 咖啡与星巴克咖啡定价接近,所以当你下一次要喝咖啡的时候,你会发现有张打折卡,然后你基本不会考虑星巴克。

但星巴克也不是傻瓜,发现之后,他们也推出了"星享卡",这个与 COSTA 咖啡的打折卡不同,营销策略接近,也是在你消费的时候,说,先生,其实这杯咖啡是可以免费的,然后卖卡给你,但是这张卡不能打折,可以积分,还有一些优秀的设计,例如:

亲友邀请券:是指您一次性购买两杯时只需要付一杯的钱(含三张);

早餐咖啡邀请券:是指您早上 11 点之前购买任意中(tall)杯饮品,免费;

升杯邀请券:是指您购买大杯饮品,只需要付中杯分量的钱。

这些设计,第一可以让你邀请小伙伴一起喝咖啡,其实就是让用户帮它们"抓潜",后面两张券的设计,主要是让用户感觉值回票价,然后用户感觉自己的身份发生了改变,有了莫名其妙的存在感。

并且星享卡的奇妙之处,是设计了"升级"体系,人们天性就喜欢升级,人往高处

走,水往低处流。

看到上面写的"玉星级"了吗?当我们集齐5颗星星时,就会升到玉星级了,玉星级又有各种优惠,而玉星级之后又会有金星级!

1积分=1块钱,50积分=1颗星星,也就是当你够250积分(即5颗星星)时,可以升为玉星级。

到这里,不知道你有没有茅塞顿开的感觉?

星巴克的价格陷阱

首先,我们来看看它们头顶上的点餐牌,看看能否从中发现什么端倪:

不错,你没有看错,那就是不管是它们的什么产品,中杯、大杯、特大杯之间的价格差都只有3元,你知道这么设计的目的是什么吗?

其目的只有一个,就是让客户在对比中自动前进。

当你看到这样的价格牌时,你会对比,大杯比中杯只贵3元,当然选大杯了,因为大了那么多只贵了3元,对于一杯30元的咖啡来说,选择大杯的客户高达90%。此刻你比较完了吗?其实没有,当你决心要购买大杯的时候,你兴奋地发现特大杯只要36元。

就这样,客户在思考的时候,自己就把自己的价格锚点一步步拔高,然后说"服务员,我要大杯"。服务员没有引导你的消费,这是你自己的决定。

这是为什么?这就是人性,是大脑本来的运作机制决定的。

(1)人们经常会放大自己的需求。我们经常认为自己是理性的,其实并不是,当我们在选择"杯型"的时候,几乎所有人都忘记了自己能否喝得下这么多,而是盲目地考虑买哪个更划算,多3元可以多那么多,似乎选择大杯更划算,以免自己亏了。虽然最后喝不下,扔到了垃圾桶里。

(2)人们对产品的价格是没有认知的,只会在可见的空间内对比。美国《经济学家》杂志做过一次实验。以前他们卖杂志都是两种版本:实物版本,100美元;电子版本(内容是一样的),60美元。通常80%的人会选择电子版本,20%的人会选择实物版本。

这时,销售额为:(80人×60美元/人)+(20人×100美元/人)=6800美元。他们的预订量遇到了瓶颈,即如果订购人数不增加的情况下,要增加销售额只有一种选择,那就是增加客单价。

后来,还是那两个同样的版本,同样的杂志内容,但销售额却增长迅速,为什么?

方案是这样的:实物版100美元,电子版60美元,实体加电子版105美元。

结果,80%的人选择了"实体加电子版",10%的人选择了实体版,10%的人选择了电子版,就这样在没有增加任何成本的情况下,销售额增长到了10000美元。

不难发现,人们对价值的判断是没有绝对标准的,原本杂志的客户在60美元和100美元之间做选择,后来加入了"实体加电子版"这个选项之后,人们就在105美元和160美元之间做比较了。

就这样,商家在有限的时间和空间里,只要展示不同等级,人就会自动地对其进行对比,然后选择看似最佳选择的那个,以免自己吃亏,他们所有的认知都建立在对比之上!

后来,该杂志社又调整了策略,实体版100美元;电子版60美元;实体加电子版100美元。会发生什么情况?

(资料来源:[美]约瑟夫·米歇利.星巴克领先之道[M].周芳芳,译.北京:中信出版社,2015.)

【案例思考】

1. COSTA咖啡"会员打折卡"或星巴克"星享卡"在给顾客节约费用的同时为什么能够实现咖啡店的营销目标?

2. 为什么《经济学家》杂志仅仅是提供了三种不同的规格和价格,就能够一下子增长很多的消费额?

【创意启迪】

从"升级"到"占便宜",星巴克店内的销售策略,始终没有离开"人性"本身。星巴克咖啡店铺内,的确隐藏着太多不为人知的营销秘诀。很多时候,一小点的改变,带来的可能是无限的商机。

【理论阐释】

一、纵向思维下创新的六种形式

纵向思维之下的市场营销"创新"通常来源于以下六种基本形式。

(一)改变产品的物理特征

改变特定产品或服务的一项基本特征,或者强化,或者弱化,以达到改变产品功能或者物理特征,并推出新产品的效果。例如太阳能电池,通过调整硅片的厚度,可形成单晶硅太阳能电池、多晶硅太阳能电池、多晶硅薄膜太阳能电池、非晶硅薄膜太阳能电池、微晶硅薄膜太阳能电池等多种产品,以适应不同的使用需求。

(二)改变产品的规格

在产品规格上不断细分以创新产品。若延伸到服务行业,则表现为在时间上、人数上、次数上等的细分。如健身房售卖的会员卡,通过调整不同的时长,可以创新出次卡、月卡、季卡、年卡、双年卡、终身卡等不同规格的会员卡,扩大了消费人群;星巴克咖啡店通过不断调整优惠细则,创新出多种规格的会员卡,激发了顾客的消费欲望。

(三)改变产品的包装

不同的包装能够满足消费者不同场合的需要,能够给消费者不同的产品体验,能

够创造不一样的产品价值。以茶叶为例,过去茶叶的售卖方式是散装售卖,以"两"为单位,现在市场上的茶叶出现了礼品装、收藏装和小包装等多种不同的包装形式,极大地促进了茶叶的销售。如普洱茶采用翡翠玉石来进行包装,借助翡翠的珍藏价值提高了普洱茶的珍藏价值;用红木礼盒来包装碧螺春嫩芽茶叶,提升了茶叶作为礼品的价值感;而英国立顿红茶的独立小包装既能满足热衷茶道的部分人群的需求,又能适用于酒店摆放的消费情境等。

(四)改变产品的设计

产品、容器或者包装保持不变,而让设计或外观发生变化,以此向消费者传达不同的价值理念,达到进一步筛选目标人群的目的。像 iPod、长城酷熊汽车等都曾经因为出色的设计而受到广泛关注。smart 轻便四轮轿车,其全新的设计理念,则紧紧抓住了年轻的汽车消费群体——无忧无虑的年轻人。

(五)改变产品的配料

在基本产品中添加某种配料就能创造出新花样。如超市里面沐浴液的种类非常多,有含精油的、含花露水的,有芳草味的、有茉莉香味的,有杀菌的、有祛湿的等。

(六)改变购买成本

这种创新并没有创造出新产品或者新市场,但是它改变、改良或者丰富了原有产品,扩大了目标市场,使潜在消费者转变成现实消费者,对市场有积极的效果。屈臣氏公司是一家个人护理用品连锁销售商,它们在市场调研中发现,消费者在购买个人护理用品时热衷于比较价格,于是它们推出"买贵退 2 倍差价"的政策,使消费者可以免去舟车之苦,直接购买到具有廉价保障的商品。

纵向思维下的创新类型及其在市场中的影响如表 6-1 所示。

表 6-1 纵向思维下的创新类型及其在市场中的影响

创新类型	内容	在市场中的影响
改变产品的物理特征	强化或者弱化产品或服务的任何特征	扩大目标市场,更好地服务细分市场
改变产品的规格	改变容积、数量、频率	扩大目标市场,拓宽消费场合
改变产品的包装	改变容器或包装方式	扩大目标市场,拓宽消费场合
改变产品的设计	改进设计以传达不同的生活方式	扩大目标市场,定位目标人群
改变产品的配料	增加成分或者提供额外服务	更好地服务细分或利基市场,增加产品品种
改变购买成本	减少顾客在购买过程中的投入	变潜在顾客为现实顾客,从而达到产品与服务最大限度的渗透

二、纵向思维下创新的效用

由于消费者对某种特定商品的消费时间、地点、情境都各不相同,这就造成了消费者的需求形式不同。例如,消费者去饭店有时候是堂食,有时候则是要打包带回家或要求饭店送餐;有时候他们买矿泉水是为了供自己饮用,有时候购买矿泉水是作为家庭生活饮水。于是,基于规格的创新产生了,在这些创新产品的开发中,产品的本身没有变化,改变的是产品供应的强度、频率和数量,这使得有更多的产品可以满足消费者的不同消费情境。家庭装矿泉水的出现,改变了原来大多数中国消费者在家里饮用开水的习惯;外带式餐饮店的出现,也让更多家庭主妇选择了购买成品食物。这些都印证了基于规格的创新是有效的,它能满足更多潜在消费者的需求,拓展市场。许多新规格的产品的面世,都能增加销售额。

同理,"方便墨汁"改变了墨汁的形态,更便于携带;桶装方便面为人们带来更多便利;iMac 电脑的卓越设计吸引了年轻时尚群体;草莓、黄桃、红枣、山楂味道的酸牛奶给消费者提供了更多的选择;最低价保障及赔付承诺也减少了消费者的购买风险……

二维码 6-4-2

模块 5　水平营销重新定义市场和需求

水平营销通过改变市场、改变产品、改变营销组合,重新定义了市场和需求;这些方面的质变能够带来新类别的产品或新的市场,从而给企业带来营销上的重大突破。如果将在企业内部广泛推行的水平营销的理念和方法作为一种产生新构想和解决问题的方法,那么企业就会转变成更具创新精神的市场开拓者,并获得竞争优势。

二维码 6-5-1

【案例 6-5】

边喝咖啡边化妆,Chanel 为何又开了快闪店

对于大牌开快闪店,我们似乎已经司空见惯了,如爱马仕的京都木架子、LV 开在百货里的非洲草原、J. M. Weston 的电影院鞋店、Short Sentence 牛仔裤改造的上海书报亭等。

这次,Chanel 在上海开了限时 12 天,名为"Coco Café"的快闪咖啡馆。这家店表面上是一家咖啡店,Chanel 真的会在这里卖咖啡,但除此之外,更大的目的是要在这里宣传新推出的美妆产品。

边喝咖啡边化妆是种什么体验？

这家只开业 12 天的上海 Chanel 咖啡店，设有吧台、卡座，摆放咖啡杯和甜点，店铺整体装饰充满了粉嫩的少女情怀，还设有互动装置，可以让用户进行各种拍照并现场制作成动画。店里的"Juice Bar"是卖香水的，"Bubble Bar"是做护理的，模样可人的糖果点心都是用唇膏等美妆产品伪装的。

开业期间，该店将主推 Rouge Coco Gloss 唇彩系列，会展出 24 款基本唇彩与 3 款高光唇蜜，还会配有专业彩妆师在现场传授化妆技巧。

为何又是快闪咖啡馆？

这不是 Chanel 第一次以快闪形式开咖啡馆，此前在多伦多、东京、迪拜都曾出现，时间间隔并不久。

为何同样的内容又再一次复制到了上海呢？原因有三：

（1）快闪店具有特殊属性。快闪店是为新品探路的一种极佳方式。品牌可以迅速收集市场的反馈信息提升反应速度，并且这种信息真实有效。快闪店的主题鲜明，良好地传递了自己鲜明的品牌烙印。在社交气息浓厚的当下，去一家快闪店本身就是个高面值的社交货币。

（2）以消费者目前对咖啡馆的主要需求来看，环境本就是重点。

（3）根据消费心理学分析，消费者决定购买有两个关键时刻："买的时候"和"用的时候"。购买行为直接由这两个时间点的"情感"所决定——因此，增加卖场环境和产品本身的乐趣就是增加销售的关键。

花样百出的 Chanel 怎么了？

除快闪咖啡馆外，Chanel 这几年尝试了很多不一样的花样，如布局电商平台、"太空站"秀场，推出 emoji 表情……一向高冷的奢侈品品牌大胆尝试这是为了什么？

据悉，2016 年 8 月，Chanel 向荷兰阿姆斯特丹监管当局提交的文件披露了 Chanel 2015 年的业绩状况。截至 2015 年 12 月 31 日，集团销售额为 62.4 亿美元，同比下跌 17%；营业利润为 16 亿美元，同比下跌 23%。在前两年奢侈品市场不景气的背景下，不少奢侈品品牌销售额与利润均呈下跌趋势。Chanel 的销售额下滑幅度较大，营业收入、净利润均有不同程度下跌。

面对如此困局，Chanel 不得不加大了投入与创新。更加注意线上线下的连接、年轻消费者的需求、产品创意的加强、供应链的加强、销售渠道的扩大，经过一系列改革，终于奏效了。Pavlovsky 在去年 10 月接受 FT 采访时表示"2016 年是香奈儿最好的一年"。

眼下，奢侈品市场正在回暖，但竞争仍然激烈。若想保持增速，Chanel 又怎能不花样百出？

（资料来源：张美玉.边喝咖啡边化妆，Chanel为何又开了快闪店[J].成功营销，2017(3)：78.)

【案例思考】

1. 香奈儿本是化妆品店，为什么能够与咖啡店融为一体？

2. 香奈儿在应对困局方面采取了哪些举措？效果如何？

【创意启迪】

"流行稍纵即逝，唯风格永存。"这句至理名言，在当今瞬息万变的时尚圈中，仍然被奉为金科玉律并被人们膜拜。香奈儿不盲目跟风，一直追求的便是简约、舒适和大气。它独树一帜、与众不同，保持最根本的理念不变又同时能够设计新的产品不断创新，所以风靡世界。创新不是问题，问题在于谁有持续创新的能力。管理大师彼得·德鲁克说："企业的两个功能就是营销和创新。"而我们说："营销实际上也来源于创新。"也就是说，创新是企业发展的原动力，是企业在市场竞争中持续获得优势的根本保证，产品创新、营销组合创新、商业模式创新都是企业需要考虑的问题。

在众多创新方式中源于市场内部的创新是最为普遍的创新方式，这种创新方式简单易行，但是所得到的新产品不过是原有产品的变体而已。

一、突破纵向思维营销瓶颈，催生创意营销

市场越分越细，新产品推广的成本越来越高，越来越多的企业感受到了营销的尴尬。在日益复杂的现代营销作用下，新产品、新品牌迅速推出，但它们中的大多数不能避免"一出现即注定失败"的命运。在这种情况下，如果把原本不相关的两个因素联结在一起，构成新的产品或功能，或许可以提高和巩固企业的市场竞争力。

如在"芭比娃娃"诞生之前，美国市场上给小女孩玩的玩具大多是可爱的小天使，圆乎乎、胖乎乎的，类似著名童星秀兰。但童星秀兰的形象是大人对小孩子们玩具的想象，从大孩子们的角度来看，这种玩具却略显"幼稚"，因为大孩子们需要的是跟自己年龄相仿的玩伴。

芭比娃娃的设计者露丝在设计芭比娃娃时已经是一个孩子的母亲。一天，她突然看见女儿芭芭拉正在和一个小男孩玩剪纸娃娃。这些剪纸娃娃不是常见的那种婴儿宝宝，而是一个个少年，有各自的"职业"和"身份"，让女儿非常着迷。

"为什么不做一款成熟一些的玩具娃娃呢？"露丝脑中迸发出了灵感。后来，露丝到欧洲出差，看到了一个叫"丽莉"的娃娃。"丽莉"十分漂亮，是照着一个著名卡通形象制作的，高18~30厘米，长长的头发扎成马尾拖至脑后，身穿华丽的衣裙，身材无可挑剔，且穿着非常暴露。

露丝买下了三个"丽莉"，带回美国。她想以"丽莉"为模型设计一款"成熟"的玩具，但公司男员工却认为"丽莉"衣着太暴露，不适合孩子们玩。

露丝没有气馁,她想,孩子们需要一种成熟但不暴露的娃娃。于是,在技师和工程师的帮助下,露丝终于设计出了"芭比娃娃"。

露丝把自己的女儿芭芭拉的昵称"芭比"给了这款可爱的娃娃。与以往的娃娃不一样的是,"芭比娃娃"是个大人,虽然只有约 30 厘米高,但四肢修长、清新动人,脸上还流露出美国著名明星玛丽莲·梦露般的神秘笑容。

第一批"芭比娃娃"于 1959 年在美国玩具博览会上首次亮相,参展的主题是"芭比——少女的榜样"。遗憾的是,"芭比娃娃"遭到了玩具经销商的冷遇。但摆在经销商货架角落里的"芭比娃娃"却受到了孩子们的欢迎,这完全改变了经销商们的想法,订单像雪片一样飞到了美泰公司,公司花了 10 年时间才满足人们对"芭比娃娃"的需求。10 年里,"芭比娃娃"的销售金额也达到了 5 亿美元。

后来,露丝又设计出多款"芭比娃娃",并使她拥有了更多的"职业",如医生、宇航员、企业家、警官等。目前为止,芭比娃娃的"职业"已经超过 80 种,拥有超过 40 种宠物,她有自己的男朋友"肯",这是以露丝儿子的名字命名的,她还有自己的 3 个姊妹。

据美泰公司统计,一个 11 岁的美国小女孩可能拥有过 10 个"芭比娃娃"。不仅孩子,数百万的成年女性也购买"芭比娃娃"。"对她们而言,她已成为她们的一部分。"

"芭比娃娃"的诞生是典型的水平营销的结果。露丝发明"芭比娃娃"之前,市场上的娃娃都是婴儿娃娃。露丝看到女儿把娃娃们想象成大人的角色,她意识到市场上的婴儿娃娃和女儿想象中的大人形象形成了空白,这给了露丝一个触动,即把娃娃设计成大人的样子,这就是"芭比娃娃"的诞生。

二、催生新概念与新思想

水平营销的创新可以让企业在市场中重新找到着力点。当然,创新不一定是大变革,不一定需要原创,不一定是新奇、绝妙的,事实上我们更多需要的是"微变",即"我们需要的是新的陈词滥调"。

20 世纪 70 年代初期,市场上还完全没有包裹隔夜送达的服务。要想在特定的时间里把包裹完美无缺地送到指定地点基本不太可能,传统的美国邮政总局很难做到这一点。除非用户刚好住在一个提供货物空运的城市,而且他想寄出的包裹的目的地也恰好是能够提供货物空运服务的城市。

史密斯建立联邦快递正好填补了这个市场空白。联邦快递提出"隔夜肯定送达"的口号,并提供隔夜送达服务。于是,一个新兴的快递行业迅速发展了起来。从 20 世纪 70 年代到 80 年代,再到 90 年代的大部分时间里,联邦快递的营业额一直处于两位数的增长率水平。

水平营销是一个过程,虽然它是一种创新性的思维,但也是有法可依的。当企

业的产品进入成熟期,市场进入稳定期,运营模式和运作手段也已步入惯性运作阶段,传统的 4P 已经没有差异化竞争的优势时,水平营销的创新就是必需的,也是有效的。

对企业来说,营销中的创新主要表现在产品创新、营销策略创新、营销管理创新三个方面。

(一) 产品创新

企业在营销过程中面临"瓶颈"时,可以反思产品是否存在下列问题:

(1) 产品在市场上与竞争产品是否类同?

(2) 产品是否有明显的质量、价格、个性上的差异?

(3) 产品是否能让消费者感到物超所值,而又能让企业获得满意的利润?

在思考上述问题的过程中,营销人员应先根据同品类产品的特点、企业现有产品的弱点,对目标消费者的需求做进一步的研究分析或进行消费者心理探测,再对企业资源进行系统分析,同时打开思路,这样企业才能够研发出具有差异化优势的好产品。

(二) 营销策略创新

营销策略的创新可以从包装设计、推广传播、品牌策略、渠道、顾客关系、售后服务等多方面进行。

(三) 营销管理创新

营销管理重在规范和控制,它不能直接给企业带来销售利润,却是企业实现销售业绩和利润的保障,即通过有效的营销管理创新,确保产品创新和营销策略创新得以落到实处、有效执行并取得效果。

在现有的企业营销管理体系中,我们应进行系统思考,结合企业的发展战略和市场实际情况,以检讨、审查的目光,分析营销管理是否与企业发展战略相吻合?营销管控体系是否健全?营销业务流程是否合理、规范、高效?有没有动态的营销过程管理?管理制度与销售政策是否合理?销售指标管理是否合理?营销费用和预算管理是否正确?经销商管理体系是否完善?绩效考核是否能刺激和调动体系的积极性?……我们需要从这些角度去反思营销管理,发现并锁定关键问题进而得出调整或完善方案,提升系统效率。

三、三个步骤推进水平营销

水平营销是一种横向思考,它跨越原有的产品和市场,跳过了纵向营销运行的三步骤,通过原创性的理念和产品开发激发出新的市场和利润增长点。

一般来说,市场营销应该是要满足顾客需要,从目标顾客的角度出发定义产品,但水平营销却是从选择产品或服务开始的。这么做的原因在于创造力发端于具体的事物。

水平营销首先是创造性的思考,科特勒称之为"跳出盒子的思考",它不同于纵向营销的逻辑思维,本质上是一种基于直觉的创造。这种思维的基本步骤是:

(一)选择一个焦点进行横向置换

传统的纵向营销有三个层面:市场定义层面、产品层面和营销组合层面。每一个层面又包含多种因素,比如市场定义层面包含了消费者、使用情境等因素。水平营销就是要选出一个层面,再对该层面的某一因素展开横向思考,比如用途、目标市场等,从而催生全新的产品。

产品层面包括要解决的即要进行水平营销的产品;市场定义层面包括功能或需求(为何)、消费者和购买者(谁),以及用途或情境(何时、何地、和谁在一起);而营销组合层面并不关心这些问题,它只关心如何去销售产品。

例如,聚焦于生活中总是会凋谢的花,将凋谢置换成不凋谢,这时候就产生了"不凋谢的花"这一刺激,这个刺激对于市场是有价值的,但在实现过程中产生了逻辑思维的中断,此时通过引入塑料等材质,创造出永不凋谢的塑料花,这就成功地建立了联结。

如果我们要在市场定义层面进行置换,我们可以把产品置于其他情境中去,如为骑摩托车者设计的啤酒、晚间喝的橙汁、摆放在旅馆服务台的苹果、加油站出售的食品、网球运动后喝的牛奶等。也就是说,只要找到产品其他可能的用途或不同的使用情景等就可以了。

如果在市场定义层面上寻找营销的亮点,就意味着带着一个明确的目标去工作。企业要想出一个实质性的解决办法,并且建立一种不合情理的功能、目标、用途或情境,然后在这种新的背景下寻找一个有效的解决方法以达到我们想要达到的目标。

(二)进行横向置换以形成空白

横向置换是对逻辑思维的一种中断。这个中断就是一个空白,也就是创造力的来源。仍以"花"为例,"永不凋谢"是对花的特征的置换,"花"和"永不凋谢"之间形成空白。我们联结这种空白的方法就是把这种花想象成"假花",因为只有假花才会永不凋谢。

横向置换以形成空白的创新技巧通常有六种:替代、反转、组合、夸张、去除、换序。我们用生活中的小例子简单地说明如何运用这六种横向置换的技巧以形成空白。

替代:情人节送柠檬。

反转:一年之中除情人节外,每天都送玫瑰花。

组合:情人节送玫瑰花和铅笔。

夸张:情人节送大把玫瑰花(扩大夸张)或情人节只送一朵玫瑰花(缩小夸张)。

去除:情人节不送玫瑰花。

换序：情人节由被爱的人向其倾慕者送玫瑰花。

（三）想方设法建立联结

以"花"为例，进行横向置换后，"花"和"永不凋谢"之间形成了空白，我们需要在这之间建立一个联结，这种联结为营销提供了一个契机。

要进行联结，就必须分析刺激中的信息并对其进行价值评估。评估的技巧有三种：

1. 逐步跟踪刺激的购买程序

该技巧要求我们"假设"购买者的购买及使用程序，而后记下每个有价值的点子。例如，我们想象迪厅里有一对情侣，他们买了爆米花，但是因为黑暗而看不清楚，这时你想到了"荧光爆米花"。他们坐下来吃爆米花，感到口渴，于是他们点了饮料。这是个多么有趣的假设，吃爆米花会引起口渴，那么提供免费的爆米花就可能卖出更多的饮料。

于是，假设中出现的两个空白我们便都解决了。爆米花公司的商机便是说服迪厅在桌上或吧台上摆放免费的爆米花。人们会吃爆米花，然后会觉得口渴，多卖一份饮料所带来的利润相当于卖出近 4.5 份的爆米花，而撒上彩盐的爆米花就是"荧光爆米花"了。

2. 提取有用的积极事物

这种技巧的原理是在不合理的刺激中找寻积极因素。随后我们可以忘掉这些刺激，采用其他的方法来产生那些积极效果。

3. 找一个可能的情境

找一个可能的情境（环境、你身边的人、地点、时间、场合）来使刺激产生意义，然后移动或改变刺激，直到它适合那个情境为止。

建立联结并不容易，但也不是十分困难，它需要练习和培训，还需要在观察刺激时保持非常积极的心态。

水平营销是一个工作过程，它能够产生目前未涵盖的需求、用途等，它通过置换、替代、联结为市场创造新产品、新功能和新市场。

吸油烟机是厨房电器的重头戏，也是现代厨房的必备之物，受到广大消费者的青睐。由于市场需求的迅速增大，厨电厂家赚得盆满钵满，但同时也吸引了大批的竞争者加入，市场竞争越演越烈。

吸油烟机的品牌涵盖了高、中、低各层次、各价位的产品，虽然产品功能和外观设计方面也是应有尽有，但如果撕掉商标后消费者几乎不能有效分辨生产厂家。在这样的情况下，我们应该认真思考如下问题：

产品的同质化导致了诉求的单一化。目前市场上各产品吸油烟机的诉求无非是：

大吸力、免拆洗、防油、特殊材料、外观美等。从这些诉求中可以看出,吸油烟机都在挖掘技术,追求时尚美观等。到了终端,各厂家的介绍大多也大同小异。

吸油烟机最核心的价值在于把厨房的油烟吸干净,因此,吸油烟就不应该作为彰显产品竞争力的条件而只能作为参与竞争的条件。如果能够跳出吸油烟的思维惯性,或许可以突破市场僵局甩开对手。我们可以运用水平的思维假设一种新产品,它不但可以吸油烟而且具有杀菌功能,给消费者创造一个更加健康的厨房环境。

第一步,选择产品层面的产品功能作为焦点。消费者购买吸油烟机是为了吸油烟,而吸油烟又是为了什么呢?是为了得到舒适的环境,只有有了舒适的环境人们才能健康生活。这样不断挖掘下去,就能够发现消费者购买吸油烟机其实是为了自己和家人的健康。

第二步,通过功能组合制造营销空白。通过组合让其不仅具备吸油烟的功能,而且具备产生健康的功能。这样就形成了逻辑中断,出现了营销空白。

第三步,采取措施创新产品,建立联结。厨房健康就是要空气干净没有细菌,如果让吸油烟机具备杀菌的功能,将决定其是否能创造健康的环境。于是我们的联结方式就是创造一种在吸油烟的同时可以杀菌的吸油烟机。从技术角度来讲,在吸油烟机上添加杀菌装置不存在困难,对产品来说却是超越了其原本的功能。

2016 年,老板电器公司推出空气净化油烟机 26A8B,着重宣传可以净化空气的特征,赢得了市场竞争优势。

瑞士英雄集团通过水平营销思维,重新定义了麦片的使用价值。它选择把麦片当作任何时候都能食用的健康食品(而不是当作常吃的早餐),生产出了麦片加上巧克力条的新产品——麦条。而日本的 7 - 11 便利店也跳出常规市场,突破了对原有市场的界定,即"满足全天都能买到食品和其他日用品的需求",从而创造出了给网上客户供应货物的"货运服务"这一新市场。

二维码 6 - 5 - 2

四、用六面镜子完成横向置换

横向置换是水平思维创新的关键环节。在进行横向置换时,我们有以下六个工具可以应用。

二维码 6 - 5 - 3

(一)有色眼镜——换个颜色看世界

在生活中,我们形容一个人在待人接物上带有强烈的主观色彩时,通常说,他戴着"有色眼镜"看人。在水平营销思维中,"有色眼镜"是一个褒义词,代表赋予所见事物一个新色调,从此可以换个颜色看世界。

戴上有色眼镜,试着将平常的东西换个用途,将已经习惯了的行为换个时间、地

点,为亲密的朋友换个角色……于是,开始有公司专门搜集废旧内存来制作钥匙链,专门卖给 IT 从业者或电子产品发烧友;有提供办公桌和会议室的咖啡馆诞生;有提供"朋友式、保姆式"英语私教的培训机构不断涌现。有了这些创新,世界焕然一新。

【案例 6 - 6】

太平洋咖啡——把办公室、写字间搬到咖啡馆

太平洋咖啡是香港著名的咖啡连锁品牌,在香港、新加坡市和北京共有几十家连锁店。与其他咖啡店不同的是,这里工作日的生意比非工作日更加火爆。每个周二的下午,星巴克里面零零散散地坐着一对约会的情侣和两个观光的游客,偶尔有几个附近的白领点外带咖啡,这个时候太平洋咖啡正聚集着开创意会的白领、读书的大学生和做作业的中小学生……用他们的话来说:"太平洋咖啡是最好的工作室、小教室,即使是用来做宾馆也是比较合适的。"

与星巴克的小座椅和局促的空间相比,太平洋有着标志性的宽敞红沙发、适合开小型会议的圆桌、专门的"作业区域",甚至有专门的"会议区域"。在这里可以把两张长桌合并成一张大会议桌,还能提供投影仪……简直是公司白领的午后乐园和小孩子放学之后的避风港。

太平洋咖啡的成功源于在市场层面的"地点"元素上使用了"有色眼镜"。最初,太平洋咖啡在工作日的午后生意冷清,因为这个时候他们的主要目标消费者正在办公室里面写文件或者在会议室里面头脑风暴。之后,他们接到了一些外送订单,这些订单来自附近的写字楼,白领在工作日午后这个困倦的时光需要一杯咖啡来提神,这为太平洋咖啡提供了"焦点"——工作日的午后在会议室开会。之后,太平洋咖啡认为这个焦点应该蒙上一层色调——轻松、自由的氛围更有助于思考,于是他们试图把白领请到咖啡馆里面办公。有了这个想法,之后所要做的工作无非是布置工作空间,等待消费者光临。

太平洋咖啡不满足于此,之后他们又用同样的逻辑为学生提供了自修和做作业的场所,为他们提供热饮、简餐、网络、课外书和安静的环境,让学生在放学之后、回家之前有一个温暖舒适的港湾,虽然价格不低,但是还是受到了学生的喜爱和家长的信赖。

如今,太平洋咖啡已经不是一间简单的咖啡厅,而是一个创意阶层的聚集地,是创意人群最喜爱的品牌文化场所。

(二) 墨镜——去掉那些不必要的元素

墨镜能去掉某些色彩,让世界变得更加简单,或者也可以称作纯粹。对于某些产品而言,过于复杂的功能、过于周到的附加服务意味着消费者要支付额外的价格,有时候这些复杂的功能、华丽的包装或者细致的服务就成了消费者的负担。

在产品的五层次论中,核心产品是消费者购买产品所要获得的根本利益属性;有形产品是核心产品的存在形式,包括质量水平、产品特色、包装、款式等;附加产品则是核心产品和有形产品之外的价值,是超出消费者想要获得利益之外的价值,包括送货、安装、售后服务、品牌、情感利益等。纵向市场营销的思路就是通过有形产品层面和附加产品层面的竞争来实现优势,经过了多年的沉淀,企业已经习惯于提供"全面而复杂的产品",消费者也已经习惯于为之买单。

这时候,就需要墨镜了。

摩托罗拉和诺基亚对手机发展的贡献不容小视,大屏幕、超长待机、彩屏、拍照、音乐、mp3、手写输入、游戏等功能一应俱全,已经成为现代手机的标配。然而沃达丰发现,在手机的使用者中有76%以上的人只使用通话和短信息功能,甚至有23%的使用者不能完全掌握自己手机的功能,于是它推出了"简单手机",满足了中老年市场以及其他追求简单功能和低价格的消费者群。

【案例 6-7】

2 美元 1 晚的 Tune Hotel

马来西亚 Tune Hotel 是亚洲航空集团旗下的经济型连锁酒店。与其他的酒店不同,Tune Hotel 成立之初先进行市场调研,对消费者选择酒店所看重的要素进行排序。排序的结果是:①价格合理;②干净;③舒适;④便利;⑤安全。基于大多数消费者在意价格的需求,他们制定了"最大限额地降低成本、降低价格"的营销策略。

在竞争激烈的酒店业,如何做到这一点?Tune Hotel 将消费者看重的其他四大要素分解成五大卖点:五星级的床;舒适的淋浴;便利的地理位置;干净卫生的环境;24 小时安保。

2 美元住 1 晚,只有以上服务是免费的,其余服务比如说有线电视接入、互联网接入、一次性毛巾、房间整理服务、叫醒服务、行李存放都需要额外付费。

不仅如此,Tune Hotel 还取消了富丽堂皇的大堂和衣着典雅的大堂经理,取消了免费的早餐、洗发水和拖鞋,取消了酒店配套的桑拿中心、KTV、健身房、小花园等设施。而是把酒店的底层作为商业地产来招租,允许麦当劳、星巴克、超级市场、对外健身房、时装专卖店等进驻,既能增加收入,又能为房客带来更多便利。

Tune Hotel 的模式受到了大多数个人旅行者的青睐,现在 Tune Hotel 已经成了全世界游客到马来西亚自由行的绝佳选择。中国出发的自由行旅客有相当一部分都选择了 Tune Hotel。

(三) 潜望镜——看到世界的其他维度

潜望镜是指从海面下伸出海面或从低洼坑道伸出地面,用以窥探海面或地面上活动的装置。其构造与普通地上望远镜相同,只是加了两个反射镜使光线经两次反射而折向眼中。潜望镜在军事领域主要应用于在潜水艇和坦克内观察外部敌情。在水平营销的创新中,潜望镜的意义是发现行业、区域、市场之外看似不相干的元素,将之组合到现有的市场、产品或者营销战略中来。

比如说,在市场层面,银联在扩大自己连锁网店数量时,发现了"便利店"这个非金融渠道,最终实现了"在便利店为信用卡还款"的功能。

在产品层面,女子 SPA 会所发现了现代男性也有美容需求,于是推出了"双人SPA""情侣套餐"等服务。

在营销组合层面,碧浪洗衣粉和海尔洗衣机联合推广;玉兰油和好利来蛋糕使用相同代言人等。

【案例 6－8】

Crocs 与丹佛市联合推广

Crocs 的传奇故事始于 2002 年 7 月,当时来自科罗拉多州的三位创始人一直梦想着会出现适合于划艇运动的鞋子,并把时尚和趣味性融入这双最舒适的鞋子中。仅仅三年,Crocs 就已经在世界各地掀起热潮,除了划艇人士外,Crocs 还深受医生、厨师、运动员、户外爱好者、名人和普通家庭的青睐。Crocs 把生产制造中心设在了丹佛市,它的销售网络遍布全世界。第一款产品 beach 获得成功之后,Crocs 又陆续推出其他风格的系列产品,包括 aspen、athens、niles、professional、turbostrap 和kneepad 等。

随着 Crocs 在全球的风靡,它的 logo 小恐龙图腾也深入人心。这只小恐龙的来历,就是"潜望镜"智慧的体现。Crocs 的创始人一直想为自己的品牌建立轻松、时尚、幽默的内涵。他们分析品牌的资产现状时,发现了企业所在地"丹佛",那是一个坐落在洛基山下有着秀美自然风光的旅游城市,Crocs 的休闲定位、轻松幽默的品牌内涵与城市品牌高度一致。如何将城市品牌内涵融入产品品牌? 这时,创始人关注了当时看来完全不搭边的元素——《丹佛,最后的恐龙》。

这部动画片在全球风靡,但是它讲的却是发生在加州的故事,只不过小朋友们给当时的最后一只小恐龙取名为"丹佛",此丹佛并非彼丹佛。但是 Crocs 认为,恐龙形象符合品牌主张,并且有神秘、猎奇、幽默的内涵,年轻人应该喜欢。

就这样,Crocs 采用了卡通恐龙作为 logo,并且与旅游城市丹佛展开了"来丹佛,寻找最后的恐龙"大型公关活动,活动组委会在丹佛市很多位置放置了 Crocs 的装饰牌,供穿 Crocs 的游人"寻宝",提升了旅行的趣味性和休闲性。这次活动也成了城市品牌和产品品牌联合推广的经典之作。

（四）平面镜——反过来思考

平面镜里面可以看到反转的世界,让人们以相反的角度看本来的世界面目。我们习惯把订婚戒指戴在左手,而在镜子里面,戒指就戴在右手之上。有商家据此得到启发专售"右手戒指",右手戒指成了暧昧中的男女或者因为各种原因只能短暂存在的感情的最好纪念。

过去人们追求"快递"的"快",但是随着生活节奏的加快、压力的增大,人们的内心逐渐趋向于寻找"慢"的快乐,比如美好的记忆、珍贵的礼物等,于是产生了"慢递"这项业务。

【案例 6 - 9】

卖乐队网站,让歌迷投资乐队

荷兰一家投资公司投资了"卖乐队"网站,在网站上任何乐队都可以建立个人主页,提供乐队介绍和试听音乐,网站帮助这些音乐人找投资人。

网友喜欢某个乐队,在网上可以购买乐队的期权收益,每股 10 美元。当乐队募集到 5 万美元时,卖乐队网站就为乐队录制专辑,当初投资的网友不但能获得一张正版CD,还能获得收益分成,包括所有下载歌曲、广告、网络 CD 的收入,都会平分给乐队、投资者和网站。

这种模式奇妙之处就是运用了平面镜原理,进行了反转思考,让乐迷实现了角色转化——从购买者到投资人。他们所投入的还是 10 美元——一张 CD 的价格,但是获得的利益除了一张 CD 以外还有其他收益的可能性。通过这样的商业模式,卖乐队网站不仅将制作成本转移给了大众,还为乐队寻找到了一批重要的"粉丝"。

（五）哈哈镜——变形,变形,最后让人会心一笑

哈哈镜是一种常见的玩乐设施,即通过其表面凸凹不平的镜面让人本来的面目发生变形来产生幽默感,并将局部的幽默感夸张到极致。在市场上,这种夸张可以用来对产品服务的组合方式进行解构、变化从而形成新产品、新服务。

比如说,消费者到饭店消费原本最看重的产品是饭菜品质,但是海底捞却通过夸张的服务赢得青睐。哈哈镜就是把焦点细节放大或者扭曲到夸张的程度,形成冲击效果、幽默效果、实用效果,以冲击消费者心灵。

【案例 6 - 10】

Ring4Freedom：通过一个假电话来摆脱你所不想遇到的人

在生活中,总有一些喋喋不休的不受欢迎的人,他们有可能是第一次见面的网友,有可能是已经没有距离感的老朋友,还有可能是唠叨的老妈。人们有时候希望找到一

个礼貌的方式摆脱他们。那 Ring4Freedom 也许就是答案。

Ring4Freedom 是一个基于网络的服务。它能让使用者的手机或固定电话如愿随时随地地响起来,帮助用户摆脱那些喋喋不休的骚扰。

这是一个软件,与 Windows 系统托盘放在一起。只要点击这个图标(或按 Ctrl-D),它将发送一个 Ring4Freedom 的服务器,然后它就会给手机打电话了。这样就可以告诉你不想见的客人,你很忙,然后就把他们送走了。而这个服务的费用,你会非常吃惊,只需要每月 4.95 美元。

这种服务关注"想摆脱不想继续聊下去的人"这一非常具体的焦点,把过去人们的解决方案,诸如自己摆弄手机假装接电话、找朋友打电话脱身、假装有事等几个情境进行高度集中、凝练和放大,最终提供一套近似夸张的解决方案。

(六) 后视镜——看后面不必回头

我们的后脑勺没有眼睛,一般我们想看身后的情况,必须回头。在汽车行驶过程中,转头的 0.1 秒就极有可能造成交通事故。所以,每一台汽车都至少有三个后视镜,分别在左、右车门前方和驾驶舱中央上方,后视镜的特点就是可以通过它看到后面的情况而不用回头。假如没有后视镜,驾驶员需要"转头—观察—反应",运用后视镜则可以节省为"观察—反应",也就是说它改变了习惯行为的顺序。

后视镜改变行为顺序,这种思维运用在水平营销领域,可以发挥很大的作用,尤其是在产品设计或营销组合创新方面。比如说"先尝后买""不满意不收费",以及当前文化传播领域中的某些电视剧先开播,再根据观众的期待来设计结局,让观众满意,这些都是后视镜思维的体现。

【案例 6-11】

网友设计 T 恤,创造难以置信的利润

传统的服装生产销售模式是设计师设计,生产商制造,品牌商贴牌,渠道商分销,消费者购买。杰克·尼克尔和雅各布·德哈特两个人是辍学高中生,他们在 2000 年创办了无线网 Threadess 公司。他们关注服装生产的"设计"环节,他们的初衷是希望民间设计师能够以"参赛"的形式来提交 T 恤设计方案,由用户选择最好的方案。后来他们运用了"后视镜"工具,改变了传统服装营销的顺序。在传统服装销售中,生产商先设计后生产,之后产品才与消费者见面。而在 Threadess 公司的时间表中,网友先参与设计,再等待网站去生产制造,最后完成购买。

除了改变整个服装销售链的先后顺序之外,网站还放大了普通大众的能量,让"非设计师""消费者""一般大众"来进行设计。网站的功能是,让所有人都可以在线提交设计方案,用户投票选择最好的,获奖者可以免费得到他们自己设计的 T 恤,而其他

参与投票的人可以自由购买。

结果这个网站的成长速度惊人。因为网友厌烦了商店里面那样呆板、俗气和量产的 T 恤,他们认为不管是提交方案还是对方案进行投票,都等于参与到了 T 恤的设计过程中。

网友设计 T 恤,为无线网创造了难以置信的利润。无线网只需按照设计方案花 5 美元成本请代工的服装厂做一件 T 恤,然后以 12～25 美元售出,而且不用做市场推广,因为用户群在这方面的贡献惊人:为说服朋友为自己投票,设计者会做免费宣传,投票者也会因为有参与感而主动购买。

(七)"镜子智慧"的组合使用

在水平营销的创新中,六面镜子的应用不是一成不变的,也不是一定要独立运用的,它们可以组合运用,可以交替运用,也可以单独使用。用什么镜子不重要,重要的是换个角度看世界。

六面镜子大多数时候都是组合使用的。在发现焦点的环节上,扫描眼看细节,望远眼看未来,它们的组合使用很好理解;在横向置换环节上,各种工具也可以组合运用,比如说在反转的同时也必然换序,在使用潜望镜之后也有可能需要继续使用夸张或者去除工具。

六面镜子交替、组合使用的例子如下:

潜望镜+后视镜=存话费,送手机。

潜望镜+哈哈镜=内置于手表之中的袖珍手机。

有色眼镜+墨镜=交友网站男士付费,女士免费。

有色眼镜+平面镜+哈哈镜="众包"概念。

……

【案例 6-12】

众包的意义

我们对互联网的普及习以为常,2017 年 6 月,全球网民总数达 38.9 亿,普及率为 51.7%,其中,中国网民规模达 7.51 亿,居全球第一。对于网民个体而言,每天通过门户网站获得新闻信息,通过登录邮箱来进行工作沟通和文件传递,通过在线聊天软件和交友社区来进行情感沟通……我们几乎没有考虑过单个网民的能量。

在使用扫描眼工具之后,我们放大了网民的数量这一重要事实,以网民的数量为焦点,对网民单一作业的模式进行了横向置换。

运用"哈哈镜",将参与人数设想为"全体""最大化";

运用"有色眼镜",利用网友的探秘心理,让网友提供隐秘信息,而不仅仅只是关注

这些隐秘信息；

运用"平面镜"，反转网友的角色，让他们从观察者变成参与者；

运用"墨镜"，让网友滤去对价格或收益的关注，而激发网友的兴趣，以此来吸引网友；

运用"后视镜"，让网友先进行工作，最后知道结果。

经过一系列思考，一种"众包"的商业模式被设计出来，原本需要花钱请人做的事情，现在可以邀请大众来做，并且他们不要钱。

《卫报》：用大家的力量来进行审计

许多"众包"想法之所以没效果，可能都是因为目标不够大、不够难！当目标大到某种程度（如有45万份文件要看），那所有网友的兴趣就来了！

英国政府修法，将所有的国会议员的收入明细全部公开在阳光下，让大众知道。结果这些明细还没正式公布，就被《每日电讯报》先买到手！它所拿到的资料是几百万页扫描过的收据、发票。

《每日电讯报》是《卫报》最大的竞争者，他们派一大组记者分析、整理成一篇篇新闻，在某一段时间，每天爆料，天天都有丑闻！在短短11天后，每天多卖5万份，比原本81万份发行量多5%！

《卫报》不甘示弱，要怎么办？答案：网络。当你在实际世界无解时，此时求助于网络就对了。

英国政府看到资料已经外泄，就加快资料公开的步伐。于是《卫报》赶在政府将所有资料公开之前，先在他们的网站中做了个专题页面："帮忙检查你的国会议员的花费状况"。

等到政府公布所有文件，《卫报》立刻将其全部丢到网站上，并在同一天宣布开站！邀请所有英国民众上这个网站，按下"开始检查"钮，你就会看到一份文件。

如这份：这是一份某国会议员的电话账单，你看一看这份账单，看看有没有可疑或可议之处？有的话就按下"我想要多检查"；没有的话，再看下一张。

果然是福尔摩斯的故乡，《卫报》成功挖掘了英国人当侦探的潜力！短短四五天内，在所有的45.7万份文件中，民众已看过18.5万份，看完了四成文件。这些热心民众高达2.2万人，平均每人看9份文件。

其实这个数字并没有多高。但这2万多名"福尔摩斯"，可是在极短时间内号召出来的，他们在极短时间内完成了极困难的任务，帮《卫报》挖出竞争对手用整个月时间都不可能挖出的新闻！

这次《卫报》巧妙地让每个读者体验当福尔摩斯的感觉，每个人都可以找到一个线索，并努力地去完成使命。

由此可见，目前许多众包的想法之所以没有效果，可能都是因为"目标不够大、不够难"，当目标大到这种程度——有45万份文件要看时，那所有网友至少在按下一个按钮后，就必须负责一份以前从来没人看过的文件，兴趣就来了："我真的是福尔摩斯了！"

520万人，一起找外星人

加利福尼亚大学伯克利分校从事寻找外星生物的工作，已有近30年的时间。外太空的电波，不停地以高能量粒子冲击大气层，各种大型电波望远镜可以收集到这些数据。通过扫描这些记录并进行分析，科学家希望能在噪音中，识别出反常的信号——那将证明在其他星球上有智慧生命的存在。

1997年，一群天文学家和计算机学家提出了一个新奇的方案：征用公众的电脑时间来完成这个项目。志愿者将下载一个简单的屏保程序，当使用者停止使用他的电脑时，这个程序就启动。当一台电脑扫描完一个信息包的数据后，会自动回传给中央服务器。中央服务器再将新的数据包发给这台电脑继续工作。

这个计划在1999年5月开始，有一个看上去胃口很大的目标：寻找10万人参与。结果证明，这个目标还是保守了。到2005年520万用户下载了屏幕保护程序，记录的计算机时间近300万年。吉尼斯世界纪录大全称之为"历史上最大一次计算"。

尽管这个项目没有找到任何外星生命存在的证据，它却成功证明了人多力量大。

五、改变维度的水平营销

在进行水平营销的过程中，如果不改变产品，我们就需要发掘能够使其适用于新维度的功能。营销上的"维度"是指产品所能提供的多方位的功能与条件。由于市场是需求、目标、时间、地点、情境、体验的结合体，此时运用替代的一个简单技巧就是改变其中的一个维度，这也是情境替代的最有效方法。

【案例 6 - 13】

汉方吃茶店

1974年，日本伊仓产业公司原是一家从中国进口中药的贸易公司，然而，在西药称霸的时代里，中药的销路并不好，药品大量积压在仓库。

伊仓产业公司在水平营销的思维指导下，将中药和日本人习惯的茶饮联系起来，决定在东京中央区开办一家把中药与茶结合起来的新行业，结果这个被称为"汉方吃茶店"的生意之火爆程度，令人羡慕。

中药和茶并无本质上的关联，但跳出中药的行销领域，伊仓产业公司创造了新的

市场。我们在产品的生产和营销过程中,其实也只要做出一些小小的"维度"改变,完全能够开辟新的市场。科特勒认为,改变维度可以从以下方面进行:

(1)改变需求:选择新功能。红牛饮料在解渴的需求之外,引进了补充能量的需求,这个改变需求的做法也使红牛饮料开发了广大的市场。红牛的做法改变的维度是需求,即涵盖了另一种功能。

(2)改变目标:消除购买障碍。在营销过程中,我们会发现一些阻碍购买或消费的因素,只要消除这些障碍就可以吸引新的消费者和增加销售了。原来乐队伴奏是职业歌手的专利,而卡拉OK则通过改变目标,使得大家都能享受音乐伴唱。

(3)改变时间:选择新时段。一般来说,餐馆吃饭是不限时的,但如果进行情境反转,那么可否实现限时收费的餐馆经营?市场已有先例。在日本的一些餐馆中,每张餐桌上放一个大钟,计算顾客的就餐时间。如果顾客在规定时间内吃完饭,餐馆便给予优惠价。意大利米兰市有一家餐厅,它不按菜肴的价格收费,而是根据用餐时间的长短向顾客收钱——每分钟1000里拉。

(4)改变地点:将产品置于一个新情境中。某些产品总是与特定的地点联系在一起,如在电影院里吃爆米花、在飞机上吃花生等。这样,我们就可以设想一个"不可能"的地点或情境来改变常规。选择顾客常规思维下某产品或服务不会出现的购买地点、使用地点或消费地点,向他们提供这些产品或服务。

除了改变以上列举的各种维度外,我们还可以通过改变场合等维度实施水平营销。例如,奥斯卡金像奖是电影界的一个成功标志,用到市场上则被赋予庆祝个人成功或夺冠的意义。通过使用"改变维度"这一方法进行横向置换后,我们将获得一个新情境下的产品或服务。

六、创意、资金、人才市场:水平营销组合

在多数情况下,在组合层面进行的水平营销置换将会促生亚类别或者创新性商业战略,而不是产生全新的行业或类别。在这一层面进行水平营销所引发的结果也许会与纵向营销的结果出现重合。以横向置换为焦点,其余营销组合因素(价格、地点和促销)意味着改变当前向顾客呈现产品或服务的方式,但不改变产品或服务的本质,也不改变需求、目标或产品、服务的适用情境。

选择营销组合层面作为焦点进行置换,其优点在于应用直接。原创的新概念和新产品的开发需要时间,而这种水平营销则更讲究策略,更偏重短期效应,更快速地生成新点子。创意市场、资金市场和人才市场就形成了水平营销组合层面的三个体系。

【案例 6-14】

迪士尼魔法：让每个人都梦想成真

沃尔特·迪士尼在拍摄他的第一部完整的动画片《白雪公主和七个小矮人》时，要求所有的员工都为电影想一些笑话，每个想出好点子的员工都会得到一些奖金。通过一系列的激励机制，迪士尼很好地激发了公司员工的创新性思维，从而有效地推进了水平营销组合的创意市场。

水平营销框架能够有效解决"头脑风暴"造成的不清晰、没有章法的想法的问题。市场经理只要说："你们对以下的横向置换有什么想法？我们应该花时间去思考如何联结它吗？"所有的员工都会明白经理是要开始进行水平营销。这就是水平营销对于创意市场的影响。

创意市场是指公司建立起一个积极征求、搜集和评估新创意的体系。公司任命一位高级主管负责这个体系，主管应该定期筹集资金用以试验那些更具吸引力的创意。如果市场营销人员能积极运用水平营销方法，好创意就能源源不断地提供给创意市场。

除了创意市场外，水平营销框架还能在资金市场和人才市场上对营销组合产生影响。

资金市场：企业需要投入资金来衡量具有吸引力的创意的最终价值。一个好的创意可能会拿到 5 万美元以支持核心小组开展研究，一个好的构想也可能需要 20 万美元用来测试一种新型磁盘驱动器的价值，获得资金的数额与创意本身能够产生的价值有关。

部分资金不仅应该用于研究新创意的潜在价值，而且应该用于组织员工进行横向思维。除此之外，还应不吝啬出资举办水平营销的研讨会或培训班。市场营销人员必须学会在这种新的框架中共同合作，接受它并且使之系统化。

人才市场：企业必须具备或雇用它所需要的人才去开发最佳创意，公司需充分发挥市场营销调研员、电子工程师或其他人员的才干。

人才也是联结横向置换所必需的。水平营销过程的第一部分是"进行横向置换"，该部分可以由个人单独完成。他只需从三个层面中选出一个，然后应用本书所描述的六种置换技巧中的一种或几种即可。

某些置换将会被淘汰，其他一些置换或许会被评定为具有潜在价值，所以，也许可以只展示那些具有潜在价值的创意。

水平营销会议应致力于倾听横向置换提议，并思考联结这些置换的可能方法。在会上，工作小组运用分析思维和纵向思维进行商讨。请记住，"进行联结"要求我们比

以前更多地运用逻辑进行推理。

纵向营销和水平营销是市场营销创新的两种不同路径。纵向营销是在某一特定市场内部做创新性调整。在市场界定过程中,纵向营销通过采取市场细分和定位策略,调整现有的产品或服务,以使市场多样化。纵向营销要求企业必须首先界定市场,利用市场定义来创造竞争优势。而水平营销通过不具选择性但更富探索性、可能性和诱导性的创新思维,对已知信息进行重组来产生新用途、新情景、新目标市场以开创新类别、运作市场,实现产品的销售。应该说,水平营销与纵向营销两者并无优劣之分。企业可以运用水平营销去拓展产品或服务的市场空间,而运用纵向营销在新的市场空间上去精确地满足那些有差异性的顾客需求。实际上,两者是不可或缺的相互补充,如果没有纵向营销来提供多样性,水平营销也就不能充分发挥作用。

水平营销与纵向营销的关系主要是:

第一,从理论思考的出发点看,水平营销是根据被忽视的市场需要、客户群、产品的用途或功用,随时对企业的任务重新定义,先确定企业当前要提供什么产品,然后再进行创新。而纵向营销是根据市场需要、客户群、产品的用途或企业的任务,先确定企业要成为一家什么样的公司,然后再进行创新。

第二,从技术层面的运作原理看,水平营销是水平方向的,在营销过程之外。而纵向营销是垂直方向的,遵循营销过程。

第三,从初期阶段的作用与地位看,水平营销在于创造新的市场、新的产品类别或子类别,且能照顾到现有产品无法顾及的目标客户或产品用途。而纵向营销则在于市场的发展壮大,让更多潜在客户成为现实客户。

第四,从销售量看,水平营销主要是新增的,一般不影响其他市场,或只是在广泛的竞争范围内影响到多种产品的市场份额。而纵向营销则往往要夺取竞争对手的市场份额及将潜在客户转变为现实客户,或将潜在用途转变为真实用途。

第五,从运用的时机看,水平营销是在一个市场或一种产品生命周期的成熟阶段,能使用高风险策略、高端资源(利用替代品)从外围进攻市场。而纵向营销则是在一个市场或一种产品生命周期的早期阶段(成长阶段),能使用低风险策略、低端资源通过分割市场来保护市场。

第六,从负责部门看,水平营销不一定是营销部门负责,还有创意代理机构、企业家、中小企业、研发部门、工程师等参与;而纵向营销主要由营销部门负责。

水平营销与纵向营销的区别如表 6-2 所示。

二维码 6-5-4

表6-2　水平营销与纵向营销的区别

比较项目	纵向营销	水平营销
根据	市场需要、客户群、产品用途或功用	被忽视的市场需要、客户群、产品用途或功用
任务	先确定我们要成为一家什么样的公司,然后再进行创新	在必要的情况下随时对我们的任务进行重新定义,先确定我们当前要提供什么东西,然后再进行创新
运作原理	垂直方向的,遵循营销过程	水平方向的,在营销过程之外
初期阶段	市场发展壮大,潜在客户成为现实客户	新的市场、产品类别或子类别被创造出来,且能够照顾到现有产品无法顾及的目标客户或产品用途
成熟阶段	低增长性,但新概念的推广更容易	高增长性,但这种选择风险更高
销量来源	夺取了竞争对手的市场份额,以及将潜在客户转变为现实客户,或将潜在用途转变为真实用途	完全新增的,不影响其他市场,或在广泛的竞争范围内影响到多种产品的市场份额
适合时机	一个市场或产品生命周期的早期阶段(成长阶段),能使用低风险、低端资源通过分割市场来保护市场	一个市场或一种产品生命周期的成熟阶段,能使用高风险策略、高端资源从外围进攻市场
负责部门	营销部门	不一定是营销部门,还包括其他机构

【思考题】

1. 简述产品或服务整体概念。产品整体概念在市场经济条件下对市场营销管理的意义、对企业经营的意义有哪些?

2. 如何理解"商业广告都是针对某一产品进行包装推广,所以必然具有一定的局限性,没有产品可以代表全世界,只有情感是唯一的全球通用语言"这句话?

3. 在创意营销设计过程中,如何能够以情感人,把故事讲好?

4. 如何理解市场营销思维的概念?

5. 结合具体案例谈谈在日常生活中,如何培养市场营销思维。

6. 为什么"描绘价值主张"对于营销活动非常重要?

7. 如何理解"营销就是让销售成为多余"这句话?

8. 自我营销有哪些意义?

9. 简述自我营销策略。

10. 个性形象的塑造包括哪三个重要部分?

11. 常用的自我营销方法有哪几种?

12. 纵向思维下的营销创新具有哪六种形式?

13. 纵向思维下创新的效用在现今社会的表现如何?

14. 水平营销在现今社会具有哪些重要意义?

15. 结合实际案例,谈谈推进水平营销思维的基本步骤。

16. 结合实际案例,谈谈在推进水平营销的过程中,建立联结的技巧。

17. 简述完成水平营销横向置换的六面镜子。

18. 如何改变维度以进行市场层面的水平营销?

19. 水平营销与纵向营销存在哪些联系与区别?

参考文献

[1] 白晶晶.营销学[N].金华日报,2013－12－27(10).

[2] 彼得·德鲁克.创新与企业家精神 [M].蔡文燕,译.北京：机械工业出版社,2007.

[3] 彼得·德鲁克.管理：使命、责任、实务[M].王永贵,译.北京：机械工业出版社,2009.

[4] 彼得·菲斯克.营销天才[M].树军,赵莉,译.北京：企业管理出版社,2008.

[5] 查尔斯·都希格.习惯的力量：为什么我们会这样生活,那样工作[M].吴奕俊,等译.北京：中信出版社,2017.

[6] 陈碧蓝.微笑的力量[J].内蒙古林业,2015(2)：40.

[7] 胡雪梅,谭利娅.荷兰科学家开"试管餐厅"所售食品均来自实验室[EB/OL].(2015－05－25)[2018－08－15]. http：//world.huanqiu.com/exclusive/2015－05/6517790.html.

[8] 黄金萍.所有人都在握紧专利,马斯克为何免费赠送[N].南方周末,2014－06－19(21).

[9] HR Institute. HR 学院市场营销思维的 30 个技巧[M].谭冰,译.上海：上海交通大学出版社,2015.

[10] 林景新.世界上最好的工作：大堡礁全球推广的绝妙策划[EB/OL].(2009－06－02)[2018－08－15]. http：//mobile.adquan.com/detail/13－2565.

[11] 林伟贤.免费停车赚足钱[N].现代女报,2013－11－14.

[12] 刘华鹏.极简营销[M].北京：金城出版社,2017.

[13] 迈克·费瑟斯通.消费文化与后现代主义[M].刘精明,译.南京：译林出版社,2000.

[14] 肉肉.史上最牛员工每天挣 10 亿,纪录保持 23 年[EB/OL].(2017－12－08)[2018－08－15]. http：//www.meirijinrong.com/article－125647－1.html.

[15] 史光起.回忆营销：用生命痕迹打动你[J].企业家信息,2011(4)：77－79.

［16］苏一．用"裸男""美女"代言的性感营销已经 out,什么才是内衣品牌的新风向？〔EB/
OL〕．(2017－03－06)〔2018－08－15〕．http：//www.sohu.com/a/128054817_114778.

［17］谭宇轩,汤春玲．宝洁公司的多品牌营销战略探析［J］．中国市场,2017(32)：132.

［18］托夫勒,等．财富的革命［M］．吴文忠,等译．北京：中信出版社,2006.

［19］汪中求．营销人的自我营销［M］．北京：新华出版社,2003.

［20］徐立新．一张"无价"的售房宣传单［J］．知识窗,2013(10)：23.

［21］姚群峰．冲突营销的花样玩法［J］．销售与市场(管理版),2016(4)：71－73.

［22］约瑟夫·米歇利．星巴克领先之道［M］．周芳芳,译．北京：中信出版社,2015.

［23］曾落灵．一碗牛肉粉日销 200 万元！这位北大硕士究竟做了啥？〔EB/OL〕．
(2018－01－29)〔2018－08－15〕．http：//www.yxtvg.com/toutiao/5039232/
20180129A09SKK00.html.

［24］詹姆斯·韦伯·扬．创意的生成［M］．祝士伟,译．北京：中国人民大学出版
社,2014.

［25］詹文明．创新就是创造一个新市场［EB/OL］．(2009－12－21)〔2018－08－15〕．
http：//finance.sina.com.cn/leadership/sxypx/20091221/14357132308.shtml.

［26］张德鑫．小鲜肉汉堡大战,杰瑞：成本透明的策略"我们只以利润率为基础定价"
［J］．人大复印资料《市场营销(实践)》,2017(10)：76－79.

［27］张美玉．边喝咖啡边化妆,Chanel 为何又开了快闪店？［J］．成功营销,2017
(3)：78.

［28］张忠文．赤脚走进名鞋店［N］．东方烟草报,2013－08－05.

［29］周鸿纬．从客户至上,到用户至上的观念转变［N］．中国青年报,2013－12－09(2).

［30］周瑞华．购物季花样玩法 N 招［EB/OL］．(2017－12－27)〔2018－08－15〕．https：
//mp.weixin.qq.com/s?＿biz＝MjM5MDAyMDgwMA％3D％3D＆idx＝
1＆mid＝2650911676＆sn＝bc3a2b8916e5621b91386ec25f54ff9a.

后 记

本书是在全国高校纷纷兴起学生创业热潮的背景下编写的。在大学生创业教育方面，义乌工商职业技术学院具有特殊重要的位置。学校紧密依托义乌市场优势，打破常规、开拓创新，结合办学实际和市场需求走出了一条以"创"立校的特色办学之路，形成了创业教育、创意教育、国际教育三大特色教育，在培育创业创新人才、服务地方经济方面取得突出成绩。2017 年 6 月，学校入选浙江省优质高职校建设计划。首先，感谢义乌工商职业技术学院的创业学生们。我在众多场合谈到我们的学生时，都怀揣着敬佩的心情。在多次承担市场营销学课程和创意营销学课程的教学任务过程中，我被他们孜孜不倦的精神所打动，萌生出要编撰一部能够启发他们创意思维的市场营销学教材这一念头。在此，我向我的学生们表示深深的敬意！

其次，感谢在本书编写过程中做出贡献的各位老师、专家学者们，他们中有来自浙江明达专业集团朱明军总裁及其团队、江苏圣典（义务）律师事务所杨毓根律师及其团队、浙江商苑律师事务所王红标律师及其团队等。此外，义乌工商职业技术学院创业学院（电子商务学院）的部分老师在教材编撰过程中提出了很好的意见与建议，在此向他们表示衷心的感谢！

本书是（孙祥和）义乌工商职业技术学院在线开放课程"创意营销学"及浙江省普通高校"十三五"第二批新形态教材建设项目成果，是义乌工商职业技术学院义乌移动电子商务研究中心科研创新团队项目的建设成果，是义乌工商职业技术学院电子商务专业——浙江省高校"十三五"优势专业建设项目成果。

本书共六个单元，由孙祥和担任主编，负责体系的编写和定稿，完成本书单元一、二、四、五、六等五个单元的编写；由王红担任副主编，完成本书单元三的编写。

　　本书在编写过程中,大量参考和引用了很多作者和新闻记者的著作、教材、文章、报道等,部分已经列示在参考文献中,但疏漏在所难免,仍然会有很多著述未能列示在参考文献中。在此,对所有被引用的文献或学术观点的作者,一并表示感谢。

　　当然,由于编者学识和能力方面的限制,书中难免存在错误和不足,恳请广大读者和专家批评指正。

孙祥和　王红

2019 年 6 月